les départements

1 l'Ain
2 l'Aisne
3 l'Allier
4 les Alpes-de-Haute-Provence
5 les Hautes-Alpes
6 les Alpes-Maritimes
7 l'Ardèche
8 les Ardennes
9 l'Ariege
10 l'Aube
11 l'Aude
12 l'Aveyron
13 les Bouches-du-Rhône
14 le Calvados
15 le Cantal
16 la Charente
17 la Charente-Maritime
18 le Cher
19 la Corrèze
20 A la Corse-du-Sud
20 B la Haute-Corse
21 la Côte-d'Or
22 les Côtes d'Armor
23 la Creuse
24 la Dordogne
25 le Doubs
26 la Drôme
27 l'Eure
28 l'Eure-et-Loir
29 le Finistère
30 le Gard
31 la Haute-Garonne
32 le Gers
33 la Gironde
34 l'Hérault
35 l'Ille-et-Vilaine
36 l'Indre
37 l'Indre-et-Loire
38 l'Isère
39 le Jura
40 les Landes
41 le Loir-et-Cher
42 la Loire
43 la Haute-Loire
44 la Loire-Atlantique
45 le Loiret
46 le Lot
47 le Lot-et-Garonne
48 la Lozère
49 le Maine-et-Loire
50 la Manche
51 la Marne
52 la Haute-Marne
53 la Mayenne
54 la M[illegible]e-et-Moselle
[illegible]
[illegible]n
[illegible]
[illegible]
[illegible] Nord
60 l'Oise
61 l'Orne
62 le Pas-de-Calais
63 le Puy-de-Dôme
64 les Pyrénées-Atlantique
65 les Hautes-Pyrénées
66 les Pyrénées-Orientales
67 le Bas-Rhin
68 le Haut-Rhin
69 le Rhône
70 la Haute-Saône
71 la Saône-et-Loire
72 la Sarthe
73 la Savoie
74 la Haute-Savoie
75 Paris/la Seine
76 la Seine-Maritime
77 la Seine-et-Marne
78 les Yvelines
79 les Deux-Sèvres
80 la Somme
81 le Tarn
82 le Tarn-et-Garonne
83 le Var
84 le Vaucluse
85 la Vendée
86 la Vienne
87 la Haute-Vienne
88 les Vosges
89 l'Yonne
90 le Territoire-de-Belfort
91 l'Essonne
92 les Hauts-de-Seine
93 la Seine-Saint-Denis
94 le Val-de-Marne
95 le Val-d'Oise

Tout va bien

Lehrwerk für den
Französischunterricht

Band 2

von
Isa Diedrigkeit
Katrin Feist
Regina Gerber
Svenja Edringer
Antje Willma
Anja Reif
Marie-Hélène Stucky

Diesterweg

Tout va bien

Lehrwerk für den Französischunterricht (2. Fremdsprache) an Realschulen, Gesamtschulen, Mittelschulen, Regelschulen, Sekundarschulen und Regionalen Schulen

Band 2

Erarbeitet von
Isa Diedrigkeit, Potsdam
Katrin Feist, Markkleeberg
Dr. Regina Gerber, Potsdam
Svenja Edringer, Paderborn
Dr. Antje Willma, Althen
Anja Reif, Bad Dürkheim
Marie-Hélène Stucky, Plankstadt

Sprachliche Beratung:
Sandrine Belaval-Nink, Hühnstetten
Marlies Scholze, Schwerin

Phonetik:
Wolfgang Bufe, St. Ingbert

Zusatzmaterialien zum vorliegenden Schülerbuch

- *Cahier d'activités* (978-3-425-03622-9)
- Multimedia Sprachtrainer (CD-ROM) (978-3-425-03624-3)
- *Cahier d'activités* mit CD-ROM (978-3-425-03623-6)
- Audio-CD zu Schülerbuch und *cahier d'activités* (978-3-425-09637-7)
- *Guide pédagogique* (978-3-425-09632-2)
- Folien (978-3-425-09642-1)

Druck A 4 / Jahr 2011
Alle Drucke der Serie A sind im Unterricht parallel verwendbar.

Redaktion: Dr. Swantje Dietsche und Mechthild Piel
Herstellung: Harald Thumser, Frankfurt
Umschlaggestaltung: idüll, Frankfurt
Karten: Peter Palm, Berlin
Illustrationen: Andrea Naumann, Aachen, Lohse-Design, Büttelborn und Cathérine Beaumont, Vitry-sur-Seine
Vokabelanhang: Dr. Wißner Verlag, Augsburg (Satz: Sabine Schalwig)
Konzeption und Realisation: Lohse Design, Büttelborn
Druck und Bindung: Westermann Druck GmbH, Zwickau

ISBN 978-3-425-**03621**-2

Inhaltsverzeichnis • Table des matières

Erläuterung der Abkürzungen und Symbole

p.	*page* (Seite)
l.	*ligne* (Zeile)
LE / I	Verweis auf *Tout va bien 1 (Livre de l'élève)*
	Hörübung
	Ausspracheübung
	Schriftliche Übung
	Partneraktivität
	Gruppenaktivität
	C'est moi. (Übung zum Portfolio)
	DELF-Vorbereitung
	Révision (Wiederholungsübung)

CA	Verweis auf *cahier d'activités*
G	Verweis auf *grammaire*
AG	Verweis auf *atelier grammaire* im *cahier d'activités*
	Verweis auf zurückliegende Seiten oder Übungen, die **zuvor** absolviert werden sollen
1	Die blauen Übungen sind nur in manchen Bundesländern verpflichtend

Symbole in der *Grammaire*

- Regel
- Achtung! / Aufgepasst!
- Unterscheide! / Vergleiche!
- Tipp
- Zusammenfassung

- Verweis auf *Tout va bien 1*
- Verweis auf zurückliegende Paragrafen in *Tout va bien 2*
- Verweis auf folgende Paragrafen in *Tout va bien 2*

Bienvenue

In *Tout va bien 1* habt ihr viel über Paris erfahren und die Bewohner/innen des Hauses 11, *rue des Martyrs* kennen gelernt. *Tout va bien 2* lädt euch zu einer *Tour de France* ein, die euch in verschiedene Regionen Frankreichs führen wird. Einige Jugendliche, die sich in den Ferien kennen lernen, begleiten euch bei eurer Reise durch Frankreich. *Céline* und *Lucien* sind euch aus *Tout va bien 1* bereits bekannt.

- Welche Regionen Frankreichs kennt ihr bereits? Gestaltet eine ähnliche Collage wie hier im Buch abgebildet. Vielleicht habt ihr Freunde / Freundinnen in Frankreich, die ihr in ähnlicher Weise vorstellen könnt? Im Internet könnt ihr weitere Informationen finden.
- Beantwortet die Fragen, die euch von den Jugendlichen gestellt werden.

La colo – c'est rigolo!

Noémie: Salut, moi, je m'appelle Noémie. Et toi, tu t'appelles comment?
Adrien: Adrien. Je suis de Grenoble.
Noémie: Ah, c'est drôle! Moi aussi. J'habite près de Grenoble, à Domène.
Adrien: C'est super! Et vous, vous êtes d'où?
Jérémy: Moi, je suis de Paris. Et voilà Léa. Elle, elle est de Lille.
Léa: Et lui, c'est qui?
Jérémy: C'est Lucien. C'est notre moniteur. Il est de Paris comme moi.
Lucien: Bonjour, les jeunes, et bienvenue à la colonie. Maintenant, vous mettez vos bagages dans les chambres. Vos noms et prénoms avec les numéros des chambres sont là, sur le tableau.
Adrien: Et après?
Lucien: Ce soir, on va faire des jeux amusants.
Léa: Et qu'est-ce qu'on va faire demain?
Lucien: On va aller à la plage.

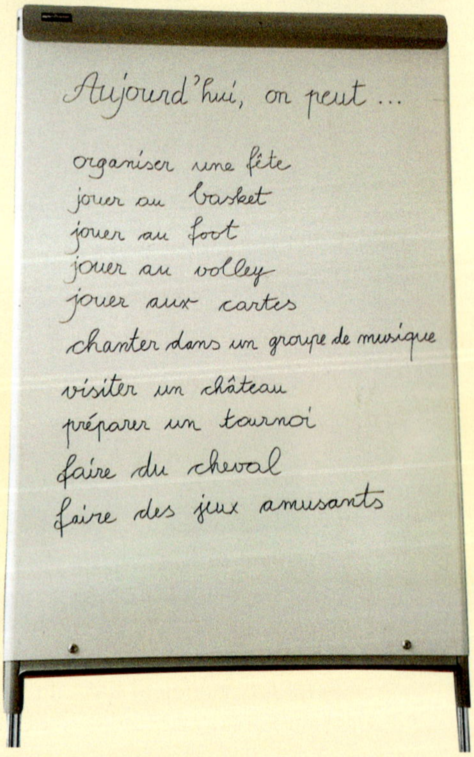

[1] ***sauter*** [sote] – springen
[2] ***vous serez privés de dessert*** [vus(ə)reprived(ə)desɛr] – zur Strafe bekommt ihr kein Dessert

Adrien: C'est génial, ce matin, on va faire un grand tournoi de volley.
Noémie: Oui, nous, nous jouons ensemble dans une équipe. Et eux, Léa et Jérémy, ils jouent avec nous.
Adrien: Ça va être une équipe formidable. Ah! J'aime le sport: le foot, bien sûr, mais je préfère le vélo. Le vélo, c'est mon hobby.
Lucien: Allez, on joue maintenant. Attention, n'oubliez pas la crème solaire.
Léa: Regarde, la jolie plage.
Jérémy: Et les jolies filles!
Léa: Maintenant, tu oublies les filles et tu penses au volley! C'est un tournoi important.
Jérémy: D'accord ...

Après le tournoi, les jeunes peuvent nager. Ils parlent de la colo ou de leurs hobbies, ils regardent les touristes ou ils rêvent ... Léa prend son livre. Jérémy joue au foot; sur le sable, ce n'est pas facile. Noémie et Adrien font un petit château de sable. Tout à coup, Noémie a une idée ... Pauvre Lucien!

savoir vivre

Les séjours de vacances[1]

En France, il y a beaucoup de séjours de vacances pour les enfants et les jeunes. Dans certaines[2] colonies de vacances, on fait beaucoup de sport. Dans d'autres, on a des cours de langues[3] et dans d'autres, on fait de la musique. Certains jeunes font des camps itinérants[4]: ils font chaque[5] jour une randonnée. Et il y a aussi des séjours pour les jeunes handicapés[6].
Chaque colo a un programme. Les jeunes apprennent des choses et ils jouent, ils rêvent, ils trouvent des amis, ils rigolent... Les colos, c'est super!

[1] ***le séjour de vacances*** [seʒurdəvakɑ̃s] – die Ferienfreizeit
[2] ***certain,e*** [sɛrtɛ̃, sɛrtɛn] – manche,r,s
[3] ***la langue*** [lɑ̃g] – die Sprache
[4] ***le camp itinérant*** [kɑ̃itinerɑ̃] – *hier:* das Zeltlager
[5] ***chaque*** [ʃak] – jede,r,s
[6] ***le / la handicapé,e*** [ɑ̃dikape] – der / die Behinderte

1 A Activités

1 *Corrigez les phrases.*

Exemple: Les jeunes passent leurs vacances avec leurs parents.
→ Non, les jeunes ne passent pas leurs vacances avec leurs parents, ils passent leurs vacances dans une colo.

1. Noémie est de Lille.
2. Lucien est le père de Léa.
3. Le soir, les jeunes vont regarder la télé.
4. À la plage, ils font un tournoi de foot.
5. Comme sport, Adrien préfère le skateboard.
6. Léa et Jérémy parlent des touristes.
7. Après le tournoi, Noémie et Adrien jouent au foot.
8. Sur le sable, jouer au foot, c'est rigolo!

2 *Vous arrivez dans une colonie de vacances. Faites des dialogues. Utilisez «moi, toi» et les expressions données.*

je m'appelle / tu t'appelles ~
habiter à ~
avoir ~ ans
aller à l'école « ~ »
aimer le foot / le vélo / le volley / la danse / ~
écouter les CD de ~
aimer le cinéma / les vacances / les chiens / ~

G § 1
AG § 1

3 *Complétez le texte avec «moi, toi, elle, lui (2 ×), nous (2 ×), vous, elles, eux (2 ×)».*
Ersetzt die Namen in Klammern. Achtet besonders darauf, wer gerade spricht.

On prépare le tournoi:

Lucien: Noémie, tu joues avec Adrien?
Noémie: Oui, je joue avec ~ (Adrien). Et Léa joue avec ~ (Noémie et Adrien). Jérémy, ~ (Jérémy), est aussi dans notre équipe.
Lucien: Ah bon, ~ (Léa et Jérémy), ils vont jouer ensemble?
Jérémy: Oui, ~ (Léa et Jérémy), nous allons jouer ensemble.
Christine: Et qui va jouer avec ~ (Christine)?
Lucien: ~ (à Christine), tu vas jouer avec Frédéric et Laurent.
Christine: Mais non, je ne veux pas jouer avec ~ (Frédéric et Laurent). Je veux jouer avec des filles!
Jérémy: Ah ~ (Christine), elle n'aime pas les garçons.
Lucien: Jérémy, arrête. Alors, Christine, tu vas jouer avec Adeline et Hélène.
Christine: D'accord, j'aime bien jouer avec ~ (Adeline et Hélène).
Lucien: C'est bien, les jeunes. Avec ~ (aux jeunes), il n'y a pas de problèmes.

4 a) *Complétez le dialogue avec:* je tu tu elle elle nous moi toi

Adrien: Je fais du vélo, et toi?
Jérémy: Moi, j'aime jouer au volley.
Adrien: Et tu aimes Léa. Tu la regardes toujours.
Jérémy: Oui, elle est jolie ...
Adrien: Alors, tu vas jouer avec elle?
Jérémy: Oui, bien sûr. Nous allons jouer ensemble.

b) *Qu'est-ce qu'il manque?* Welche **un**verbundenen Personalpronomen kommen nicht im Text a) vor?

c) *À vous de jouer! Distribuez les rôles et jouez le dialogue.* Verteilt die Rollen der vier Freunde und spielt den Dialog nach.

Noémie et Léa: Qu'est-ce que vous faites?
Jérémy et Adrien: Nous? Nous allons à la plage. Et vous?
Noémie et Léa: Nous allons faire du vélo.
Adrien: Super! Jérémy, on fait du vélo avec elles?
Jérémy: Oh non, moi, je préfère la plage.

d) *À vous maintenant! Faites des dialogues.*

Exemple: A et B: Qu'est-ce que vous faites?
C et D: Nous? Nous allons *Et vous?* au cinema.
A et B: Nous allons à *.* l'ecole.
C: Super! ~ , on ~ avec ~ ?
D: Oh non, moi, je ~ .

5 a) *Conjuguez les verbes et complétez le texte.*

Aziz (passer) ses vacances en Normandie, dans la colonie de Honfleur. Stéphanie et Luc (arriver).

Stéphanie: Salut, mon prénom, c'(être) Stéphanie. Et toi, tu (être) d'où?
Aziz: Je (être) Aziz de Paris. Et vous?
Luc: Nous (être) de Lille. Nous (aimer) beaucoup la mer. Ici, j'(aimer) nager et faire du VTT. Toi aussi, tu (faire) du VTT?
Aziz: Non, mais j'(adorer) faire de la planche à voile.
Stéphanie: Toi aussi! Moi aussi, je (préférer) la planche à voile. Alors, on (faire) de la planche à voile ensemble?
Luc: Oui, et nous (faire) du VTT!

CA

b) *Lisez le dialogue à tour de rôle.*

6 *Lisez la chanson à la page 10 et faites un dessin.* Illustriert das Lied über die *colonie de vacances*. Vielleicht fallen euch noch weitere Szenen dazu ein?

p. 10

7 a) *Sandra écrit un texte sur les colonies de vacances, mais elle a des problèmes avec «faire de» + article. Corrigez le texte.*

La colonie de vacances

En France, beaucoup de jeunes passent leurs vacances dans une colonie de vacances. Là, ils peuvent faire de la sport: ils font des vélo, du foot, de volley et du randonnées. Mais ils peuvent aussi faire de la canoë et du danse. Et, bien sûr, ils font des musique. À la plage, les jeunes peuvent faire de la planche à voile et du châteaux de sable!

b) *Qui a une mémoire d'éléphant?* Schaut Euch den **korrigierten** Text eine Minute lang an. Schließt die Hefte und merkt euch, welche Aktivitäten in einer *colonie de vacances* angeboten werden. Wer kann sich an die meisten Aktivitäten erinnern?

8 ***On joue à quoi?***

G § 2
AG § 2

Écoutez bien! Cherchez la réponse. Formez un mot avec les lettres devant les réponses correctes. Die Buchstaben vor den richtigen Antworten ergeben ein Lösungswort.

1) Qui parle?
- s Léa parle à Lucien.
- d Lucien parle à Adrien.
- f Adrien parle à Léa.

2) À quoi est-ce qu'ils jouent?
- o Ils jouent au foot.
- i Ils jouent au volley.

3) Quand est-ce qu'ils ont rendez-vous?
- o Ils ont rendez-vous le soir.
- p Ils ont rendez-vous le matin.

4) À quelle heure est-ce qu'ils ont rendez-vous?
- s Ils ont rendez-vous à six heures.
- t Ils ont rendez-vous à sept heures.
- u Ils ont rendez-vous à huit heures.

9 *Regardez les images et faites des phrases.*

Exemple:

Les jeunes ***jouent au*** *foot.*

Lucien ~ .

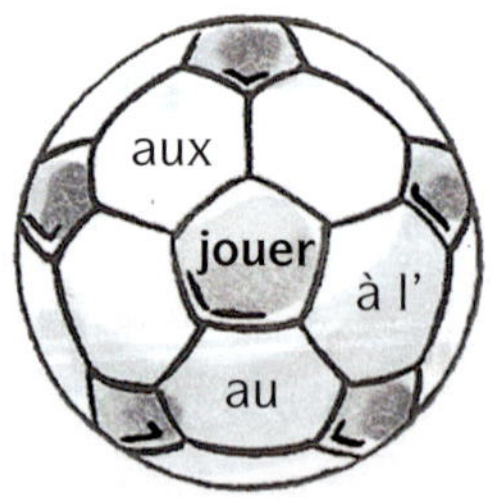

Nous ~ .

Léa et Jérémy ~ .

Vous ~ .

Les filles ~ .

10

⚀ foot	⚂ canoë	⚄ planche à voile
⚁ cheval	⚃ volley	⚅ basket

a) *Cherchez les expressions. Utilisez «jouer à» ou «faire de» + article.*

b) *On joue aux dés?* A stellt die Frage und B erwürfelt, was er / sie macht (1 = *jouer au foot*, etc.). Dann fragt B und A würfelt.

Exemple: A: Qu'est-ce que tu fais?
⚀ → *B: Je joue au foot. / Je fais du foot.*

11 *Vous êtes en colonie de vacances. Qu'est-ce que vous allez faire? Regardez le tableau avec les activités (p. 10).*

p. 10

Exemple: A: Qu'est ce que tu ***vas*** *faire aujourd'hui?*
B: Moi, je ***vais*** *organiser une fête.*

12 a) *Qu'est-ce qu'ils disent?*

a) C'est formidable!
b) Ce n'est pas facile!
c) C'est important!
d) C'est rigolo!
e) C'est joli!
f) Ce n'est pas drôle.

1. Céline prépare une interro de maths.
2. Aujourd'hui, c'est l'anniversaire de Luc.
3. Les élèves vont à l'école.
4. Noémie et Adrien font un château de sable.
5. Jérémy joue au foot sur le sable.
6. Lucien est dans le sable.

b) *À vous maintenant!* Bildet ähnliche Sätze und lasst eure Mitschüler/innen eine passende Reaktion suchen.

un rendez-vous important	un jeu } ✎	un ✎ château
une lettre ✎	une interro }	une ✎ plage
des rendez-vous ✎	des jeux } faciles	des jolis châteaux
des lettres importantes	des interros }	des ✎ plages

G § 5
AG § 5

13 *Faites des dialogues.*

Exemple: A: Tu aimes les jeux?
B: Oui, j'aime les jeux ***amusants****. Et toi, tu aimes ~ ?*

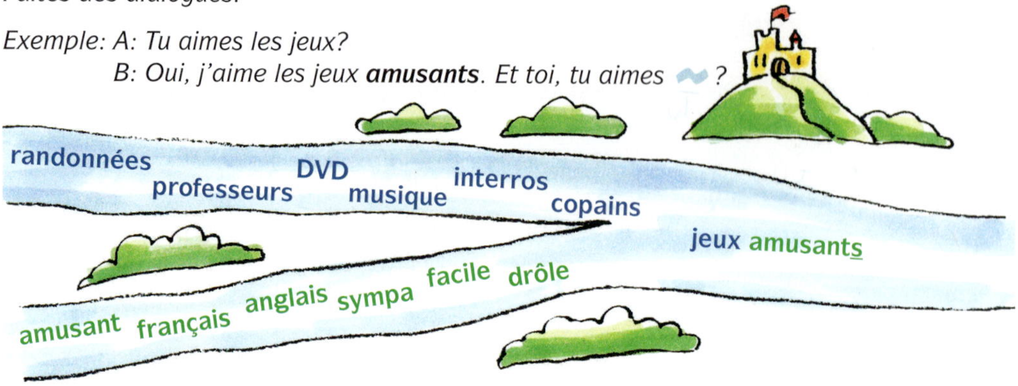

14 *Qu'est-ce que c'est?*

Exemple:  *C'est une* ***jolie*** *maison.*

grand
petit
joli

15 a) *Faites un mind-map sur le thème des vacances.*

b) *Travaillez à deux.* Ihr nennt abwechselnd ein Substantiv, euer Partner / eure Partnerin bildet dazu ein passendes Adjektiv. Achtet auf die richtige Stellung des Adjektivs!

Exemple: la randonnée → la randonnée ***amusante***

16 *Complétez les phrases.*

Des vacances intéressantes

Les vacances à la plage sont ? (formidable) parce qu'elles sont ? (drôle).
La plage est ? (joli) et il y a beaucoup de ? personnes ? (sympathique).
Deux ? filles ? (allemand) font un ? château ? (grand) de sable.
Il y a aussi beaucoup de ? touristes ? (anglais) et ils font un ? tournoi de foot ? (important) ?. Des ? enfants ? (petit) ont un ? canoë ? (joli). La plage est très ? (grand).

17 Attention à la prononciation!

a) *Écoutez et lisez le poème.*

Je rêve

Je rêve
d'un collège sur la plage
où je nage.

Je rêve
d'un collège, le matin
avec des magasins.

Je rêve
d'un collège magique
sans gymnastique[1].

Je rêve
d'un collège musical[2]
avec des guitares géniales.

Je rêve
d'un collège rigolo
près de l'eau.

Et toi, tu rêves?

b) *C'est [g] ou [ʒ]? Faites un tableau.*

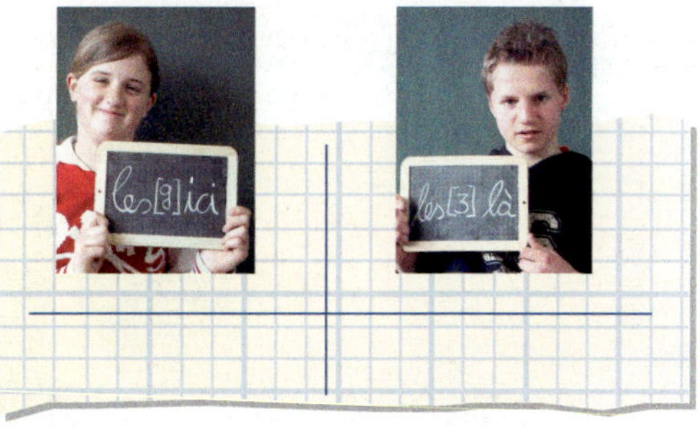

c) *Écoutez encore une fois. Comparez vos résultats et corrigez.*

d) *Trouvez la règle.* Vor welchen Vokalen wird *g* wie [g], vor welchen wie [ʒ] gesprochen?

e) *Qu'est-ce que vous remarquez?* Was ist das Besondere an der Form *nageons*?

f) *Cherchez d'autres exemples et complétez le tableau.*

g) *Vous rêvez aussi? Continuez.*

Je rêve d'un collège …

18

a) *À vous maintenant! Vous êtes dans une colonie de vacances en France. Le premier[3] soir, vous faites des fiches portraits[4]. Préparez une fiche portrait à remplir[5].*

b) *Travaillez à deux. Posez des questions. Complétez la fiche portrait avec les réponses de votre partenaire.*

Exemple: Tu t'appelles comment?

prénom:	Adrien
nom:	Gobillard
âge:	14 ans
ville:	Grenoble
famille:	un frère, Julien, 7 ans; une sœur, Sylvie, 5 ans; un chat, Minou
hobbies:	vélo, foot
j'aime:	♥ cinéma, ♥♥ chocolat
je n'aime pas:	♥ ranger ma chambre

c) *Écrivez un texte avec vos notes de b).*

Exemple:
C'est Adrien Gobillard et il a 14 ans. Il habite à Grenoble. Il a une sœur de 5 ans, Sylvie, et un frère, Julien. Il a 7 ans. Et ils ont un chat, Minou. Adrien fait beaucoup de sport, il joue au foot et il fait du vélo. Il aime le cinéma et il adore le chocolat, mais il n'aime pas ranger sa chambre.

[1] ***la gymnastique*** [ʒimnastik] – *hier*: die Gymnastik
[2] ***le collège musical*** [kɔlɛʒmyzikal] – Schule mit musikalischem Schwerpunkt
[3] ***premier*** [prəmje] – erster
[4] ***la fiche portrait*** [fiʃpɔrtrɛ] – der Steckbrief
[5] ***à remplir*** [arɑ̃plir] – zum Ausfüllen

Regardez: c'est Saint-Tropez!

Le garçon: Bonjour, qu'est-ce que vous prenez? Vous le savez déjà?
Mme Perrin: Oui. Trois grands cafés, un orangina, un diabolo fraise et un coca, s'il vous plaît.
Céline: Regardez les gens sur le grand bateau. Il y a un garçon très sympa. Maintenant, il descend.
Caroline: Non, ils descendent, lui et sa copine.
Céline: Oh, zut!
M. Perrin: Écoute, Céline, tu ne veux pas aller à la Fondation Maeght avec nous?
Céline: Bof! C'est un musée? Je n'aime pas beaucoup ça. Et on est en vacances ... Non, moi, je reste à Saint-Tropez et j'attends les stars!
Marie: Mais tu sais, la fondation, c'est un musée génial où il y a des sculptures très drôles.
Caroline: Nous le savons parce que c'est dans le guide de papa.
Marie: Et Mathilde, ma copine, a déjà visité la fondation. J'ai regardé ses photos. C'est super!
Céline: Alors, d'accord. Je vais là-bas avec vous.
Marie: Super!
Céline: Et toi, maman?
Mme Rocher: Moi, je reste ici.
Céline: Alors, c'est ça: toi, tu vas regarder les touristes et les artistes sur le port et dans les rues. Et tu vas peut-être rencontrer des gens célèbres.
Caroline: Vous allez aussi faire les magasins? Pour la mode, Saint-Tropez, c'est génial!
Mme Rocher: Mais non, je vais téléphoner et je vais travailler un peu.
Céline: Oh! Tu travailles toujours, même pendant les vacances!
Mme Rocher: Tu sais, trois semaines de vacances, c'est beaucoup pour moi.

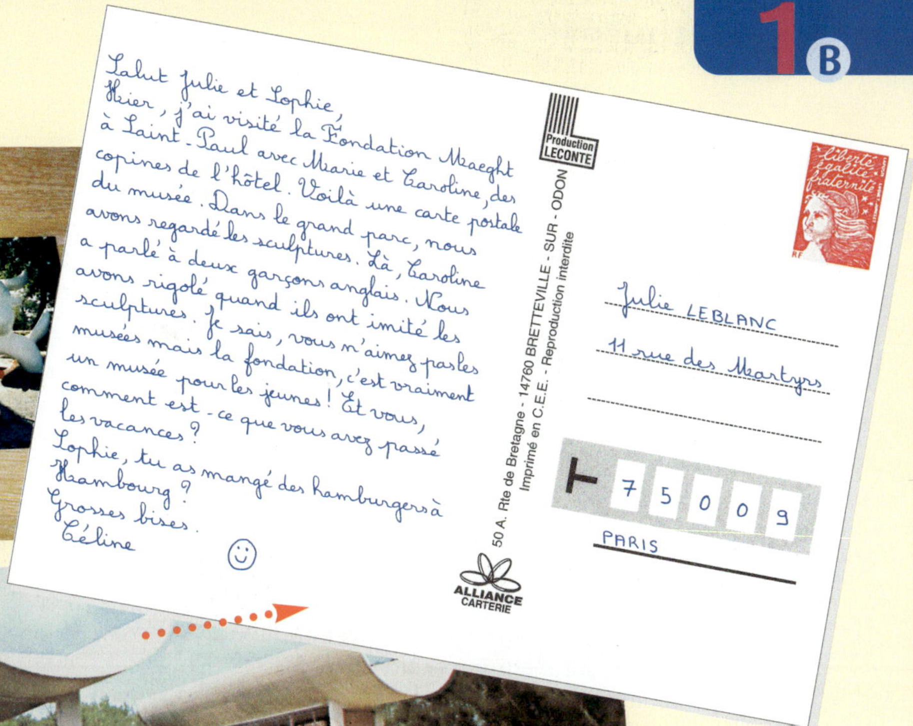
Salut Julie et Sophie,
Hier, j'ai visité la Fondation Maeght à Saint-Paul avec Marie et Caroline, des copines de l'hôtel. Voilà une carte postale du musée. Dans le grand parc, nous avons regardé les sculptures. Là, Caroline a parlé à deux garçons anglais. Nous avons rigolé quand ils ont imité les sculptures. Je sais, vous n'aimez pas les musées mais la fondation, c'est vraiment un musée pour les jeunes! Et vous, comment est-ce que vous avez passé les vacances?
Sophie, tu as mangé des hamburgers à Hambourg?
Grosses bises.
Céline

Julie LEBLANC
11 rue des Martyrs
75009
PARIS

Production LECONTE
50 A. Rte de Bretagne - 14760 BRETTEVILLE - SUR - ODON
Imprimé en C.E.E. - Reproduction interdite
ALLIANCE CARTERIE

savoir vivre

Le Midi

Eines der beliebtesten Ferienziele in Frankreich ist die *Provence-Côte d'Azur*. Die Franzosen nennen diese Gegend *le Midi*. Die Urlauber mögen besonders die schönen Landschaften, die Strände und das gute Wetter.
Es gibt auch tolle Städte, z. B. Saint-Tropez. Im Sommer kommen viele Touristen, um die teuren Yachten im Hafen anzusehen, oder in der Hoffnung, Stars zu treffen.
Das besondere Licht der *Provence* hat viele Künstler angelockt, wie Picasso, Cézanne und Van Gogh, die dort berühmte Bilder gemalt haben. Geniale Kunstwerke und kuriose Skulpturen des 20. Jahrhunderts sind in der *Fondation Maeght* zu sehen. Dort können in einem modernen Gebäude und einem großen Park Werke von Chagall, Miró, Kandinsky und anderen Künstlern bewundert werden.
Das Museum lockt jedes Jahr Tausende von Besuchern an. Es kommen auch viele Jugendliche, die eine eindrucksvolle und lustige Tour durch die moderne Kunst erleben wollen.

1 a) *Reconstituez les 7 phrases.*

1. Le diabolo fraise
2. Au café, les parents
3. Un garçon et sa copine
4. La Fondation Maeght
5. Les sculptures de la Fondation Maeght
6. Mme Rocher et Céline
7. À la Fondation Maeght, Céline, Marie et Caroline

a. descendent du bateau.
b. ont rencontré des garçons anglais.
c. est une boisson.
d. prennent trois grands cafés.
e. sont drôles.
f. est à Saint-Paul.
g. passent leurs vacances à Saint-Tropez.

b) *Travaillez en groupe. Lisez le «savoir vivre» p. 19 et cherchez des informations sur l'internet pour une affiche dans votre salle de classe.*

- Wählt gemeinsam ein Stichwort aus, zu dem ihr mehr Informationen sammeln wollt (ein Ort, ein Künstler, ...).
- Erstellt ein Plakat für euren Klassenraum mit den ausgewählten Materialien.

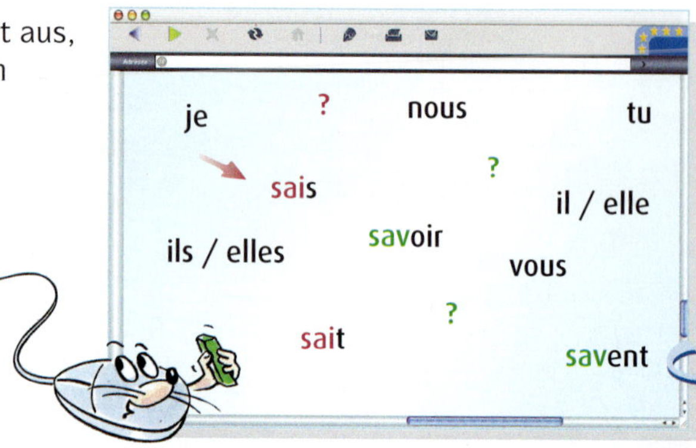

G § 6
AG § 6

2 *Jérémy parle à Adrien et Noémie. Complétez le dialogue avec le verbe «savoir».*

Jérémy: Ah, vous ~, les filles sont très jolies ici.
Adrien: Tu ~, tu parles toujours des filles.
Jérémy: Oui, je ~. Mais toi, tu parles toujours du sport, Adrien.
Adrien: Oui, j'adore le sport, vous ~? Mes parents le ~ aussi. Je suis en colonie de vacances parce que j'aime beaucoup le sport.
Noémie: Nous le ~, toi, tu aimes le sport et Jérémy, lui, aime les filles. Mais qui ~ où il y a les jeux ce soir?

CA

3 *Travaillez à deux avec l'index des verbes.* Nehmt die Verbenlisten vom Vorjahr für die Verben auf *-re* und *prendre*, um euch abwechselnd gegenseitig zu kontrollieren.

- Der / Die eine lässt den anderen / die andere 10 Formen bilden, indem er / sie jeweils ein Pronomen und ein Verb angibt (z. B. *nous, prendre*).
- Für die richtige Antwort (hier: *nous prenons*) gibt es einen Punkt und einen für die richtige Übersetzung (hier: wir nehmen). Anschließend stellt der / die andere die Aufgaben.
- Ihr könnt mehrere Durchgänge spielen. Wer hat am Ende die meisten Punkte?

attendre – descendre – comprendre – répondre – prendre – apprendre

4 *Faites des phrases.*

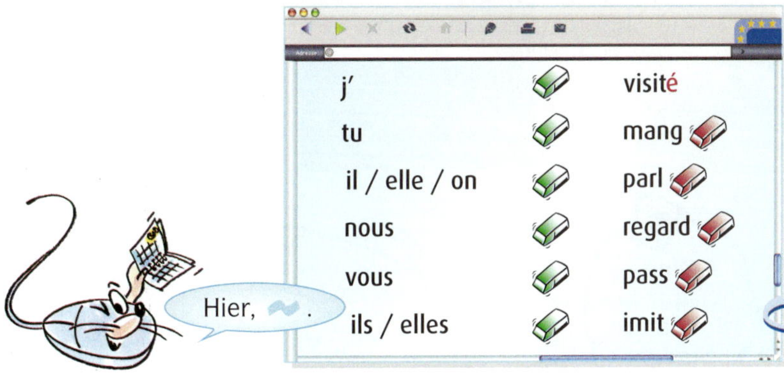

G § 7/8
AG § 7/8

5 *Trouvez les verbes au passé composé. Notez aussi les infinitifs.*

Exemple: Nous avons mangé des sandwichs. → avons mangé → manger

1. Céline a passé ses vacances à Saint-Tropez.
2. Ce matin, j'ai joué au basket.
3. À la plage, nous avons acheté une glace.
4. Tu as écouté le concert sur le port?
5. Vous avez téléphoné à l'hôtel?
6. Les touristes ont regardé les grands bateaux.

6 *On joue aux cartes?*

- Jede/r braucht 18 kleine Kärtchen.
- Jede/r schreibt auf 9 Kärtchen **alle** verschiedenen Personalpronomen *(je, tu, il, elle, on, nous, vous, ils, elles)*. Mischt alle Kärtchen und legt sie verdeckt auf einen Stapel.
- Jede/r schreibt auf die 9 anderen Kärtchen je ein **regelmäßiges Verb auf *-er*** im **Infinitiv**. Legt auch diese vermischt und verdeckt auf einen Stapel.
- Deckt abwechselnd je ein Pronomenkärtchen und ein Verbkärtchen auf und nennt dann die entsprechende Verbform im ***passé composé***.
- Ist die Form richtig, behaltet ihr das **Verb**kärtchen, ist sie falsch, wird es zurück unter den Stapel gelegt. Die **Pronomen**kärtchen legt ihr immer wieder zurück.
- Wer am Schluss die meisten Kärtchen besitzt, hat gewonnen.

7 Le soir, Jérémy téléphone à sa mère. Elle pose beaucoup de questions. Faites des dialogues.

*Exemple: 1. La mère: Est-ce que tu **as mangé** quelque chose?*
*Jérémy: Oui, j'**ai mangé** des frites.*

8

a) *Comment est-ce qu'ils ont passé leurs vacances? Faites des phrases.*

*Exemple: Julie **a organisé** un tournoi de basket.*

b) *Distribuez les rôles et faites des dialogues.*

Exemple: Aziz et Aïcha – passer quatre semaines en colo
Julie – organiser un tournoi de basket

*Julie: Comment est-ce que vous **avez passé** vos vacances?*
*Aziz et Aïcha: Nous **avons passé** quatre semaines en colo. Et toi?*
*Julie: J'**ai organisé** un tournoi de basket.*

C'est moi

c) *À vous maintenant! Comment est-ce que vous avez passé vos vacances? Faites des dialogues.*

9 *Thimar, Cécile et Alex sont sur la plage et parlent de la fête au camping.*
Mettez le dialogue au passé composé.

Thimar: Tu organises une fête au camping?
Cécile: Oui, je prépare les boissons et les sandwichs. Mon frère, Alex, chante avec ses copains.
Alex: Nous imitons des gens célèbres. Les touristes aiment ça et on rigole.
Thimar: Oh là là, vous travaillez pour cette fête! Super!

10 ***Attention à la prononciation!***

a) *Écoutez et répétez les phrases. Faites attention à la prononciation de «é», «è» et «e».* Wer kann den ersten Satz am schnellsten (und richtig ausgesprochen!) vorlesen?

Qui est qui dans la colonie?

- René est le frère de Frédéric et Frédérique est la sœur de Renée.
- André n'aime pas Aurélie, mais Clément adore Cécile.
- Le frère d'Adeline, c'est Étienne, il veut bien aller à la pêche.
- Le frère de Benoît téléphone toujours.
- Adrien et Noémie aiment le vélo et les jeux, ils n'aiment pas regarder la télé.
- Et Jérémy? Il veut toujours être avec Léa …

b) *Comparez la prononciation de «é», «è», et «e».* Was bewirken die beiden Akzente (*accent aigu* und *accent grave)* in der Aussprache?

savoir faire

Écrire une carte postale

Betrachte diese Postkarte. Es ist gar nicht schwer, eine solche Karte zu schreiben!

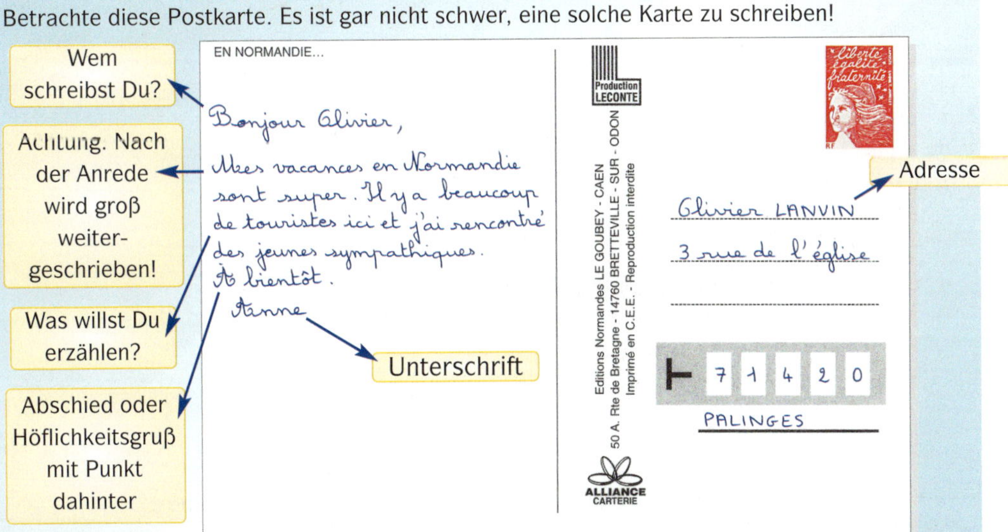

DELF **11**

EN AUVERGNE

Salut Aziz,
Je suis avec ma famille en Auvergne. Nous faisons beaucoup de randonnées, ce n'est pas très drôle. Et le soir, je suis toujours avec mes parents. On ne rigole pas beaucoup, tu sais? ... Mais nos amis de Hambourg sont sympas. Et ta colo, elle est comment? Et Karim, il rigole bien avec Jérôme?
À bientôt. Daniel

Aziz AMMAR
11 rue des Martyrs
75009 PARIS

Production LECONTE – 50 A. Rte de Bretagne - 14760 BRETTEVILLE - SUR - ODON – Imprimé en C.E.E. - Reproduction interdite – ALLIANCE CARTERIE

HONFLEUR

Bonjour mamie,
Je passe quatre semaines avec Aziz à Honfleur. La colo à Honfleur est super! Je rigole beaucoup avec ma copine Isabelle. Nous nageons dans la grande piscine et nous faisons des jeux très drôles.
Grosses bises.
Aïcha

Imprimé en C.E.E. - Reprodu

Mme
Laïla AMMAR
9 rue du Sénégal
75020 PARIS

a) *Lisez les cartes postales. Complétez les phrases.*

1. La carte d'Aïcha est pour ~, la carte de Daniel est pour ~.
2. Aïcha passe ses vacances à ~, Daniel passe ses vacances ~.
3. Aïcha passe ses vacances avec ~, Daniel passe ses vacances avec ~.
4. La grand-mère d'Aïcha habite la rue ~, à ~, Aziz habite ~.
5. Aïcha nage ~ et fait ~, Daniel fait ~.
6. Daniel n'aime pas ~.
7. Daniel a **deux** questions pour Aziz: ~.
8. Sur la carte d'Aïcha, il y a «Grosses bises», sur la carte de Daniel, il y a ~.

b) *Écrivez une carte postale avec les mots.*

Grosses bises. | 14 rue du château | Juliette LEGAIN | 21000 DIJON | Sandrine | À bientôt. | Je suis chez ma grand-mère. | Salut Juliette, | Nous faisons les magasins ensemble. | Elle est super.

12 a) *Mettez le texte au passé composé.*
Le soir, Céline écrit une carte postale à son père.

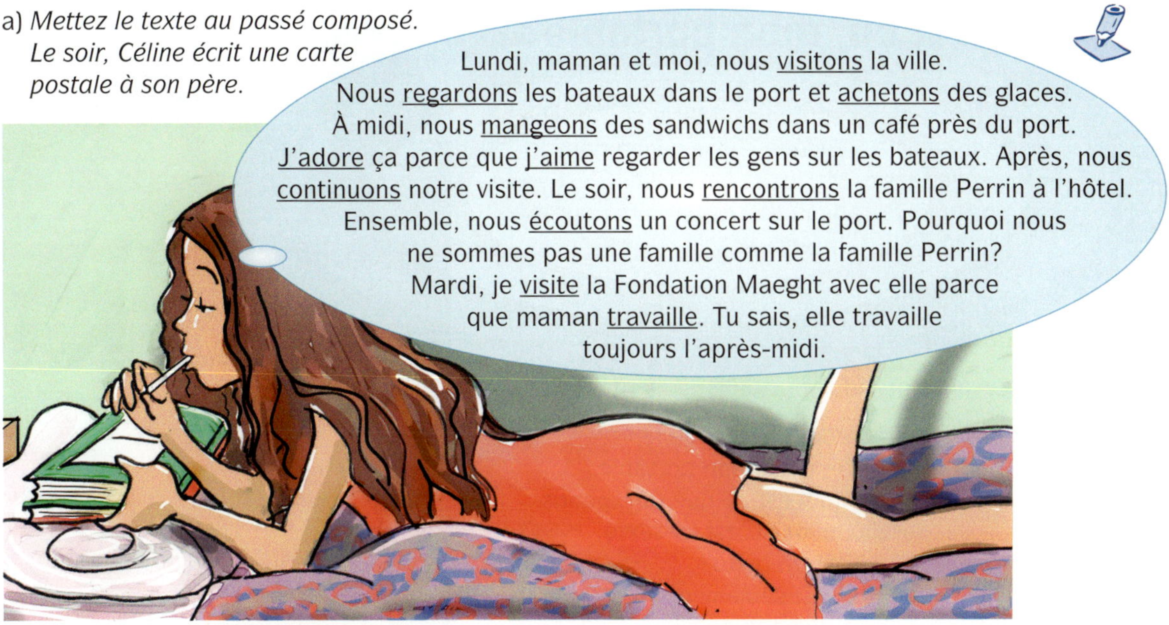

b) *Lisez le texte B et écrivez une fin pour la carte postale de Céline. Décrivez sa visite à la Fondation Maeght.*

p. 21

13 *À vous maintenant! Vous êtes en vacances et vous écrivez une carte postale à un ami français / une amie française.*

C'est moi

14 ***En français, s'il vous plaît!***

Céline begrüßt Aziz und fragt ihn, wo er seine Ferien verbracht hat. Aziz begrüßt Céline und erzählt ihr, dass er in einem Ferienlager in der Normandie war. Er sagt, dass er dort Volleyball gespielt hat und geschwommen ist. Er fügt hinzu, dass er sich mit den Freunden und mit dem Gruppenleiter sehr amüsiert hat *(rigoler)*. Er fragt Céline, wo sie ihre Ferien verbracht hat. Céline sagt, dass sie sie mit ihrer Mutter in Saint-Tropez verbracht hat. Dort haben sie den Hafen und ein tolles Museum besichtigt. Sie haben außerdem berühmte Leute getroffen. Sie hat Saint-Tropez sehr gern gemocht!

15 ***Maintenant, je sais ...***

C'est moi

- wie man jemanden willkommen heißt.
- wie man sagt, was man spielt.
- wie man sagt, was man am Strand machen kann.
- wie man angibt, wo man sich befindet (am Strand, am Hafen, auf der Straße).
- wie man jemandem vorschlägt, gemeinsam ins Museum zu gehen.
- wie man im Café Getränke bestellt.
- wie man jemanden auf einer Postkarte begrüßt.
- wie man sich auf einer Postkarte verabschiedet.
- wie man ausdrückt, wo man seine Ferien verbracht hat.

Il est où, mon portable?

Mercredi, 7 septembre. Marie et Caroline sont en ville. Quelque chose sonne dans le sac de Marie. Marie est heureuse. C'est son portable, le cadeau de ses parents pour la rentrée. Elle le prend, et ...

Marie: Allô, allô, ... zut, alors.
Caroline: Mais, qu'est-ce que tu fais?

Caroline prend le portable de sa petite sœur.

Caroline: Regarde, c'est facile ...
Marie: Arrête, c'est **mon** portable.
Caroline: Pourquoi est-ce que tu réponds «allô, allô»? C'est un texto.
Marie: Ah bon, un texto?
Caroline: Oui, c'est seulement un message. Qui a déjà ton numéro?
Marie: Tu es trop curieuse.
Caroline: Ah, je comprends, c'est le numéro d'un garçon? Tu es amoureuse?
Marie: Tu parles! Je ne suis pas amoureuse! J'ai donné mon numéro à Céline et à Florian. Et Florian, c'est un copain. C'est tout.
Caroline: Et son numéro, c'est le 06 40 65 97 23.

Caroline: Coucou Marie, c'est la journée du cinéma, rendez-vous devant UGC, à 14 heures, d'accord? Florian.
Marie: C'est l'horreur avec toi!
Caroline: Non, mais attends! On peut passer la journée au cinéma et ce n'est pas cher! On téléphone aux copains.
Marie: Ah non, moi, je préfère aller au ciné avec **mes** amis, et **sans** toi.

savoir vivre

La rentrée

La rentrée ist in Frankreich die übliche Bezeichnung für den Schulbeginn nach den langen Sommerferien. Anders als in Deutschland ist dieser für **alle** Schüler/innen Frankreichs auf einen einheitlichen Termin, Anfang September, festgelegt. Darüber hinaus ist *la rentrée* ein wahrhaft nationales Ereignis für fast alle Franzosen. Denn mit den Schulen treten auch viele öffentliche Einrichtungen (Unternehmen, Geschäfte, Universitäten, Theater usw.) in eine Sommerpause und nehmen etwa zeitgleich mit dem Schulbeginn ihre Tätigkeit wieder auf. In Frankreich gibt es bei der Einschulung allerdings keine Schultüten wie in Deutschland.

! Sagt man über einen Künstler / eine Künstlerin «*Il / Elle fait sa rentrée*», heißt das „Er / Sie feiert sein / ihr Comeback".

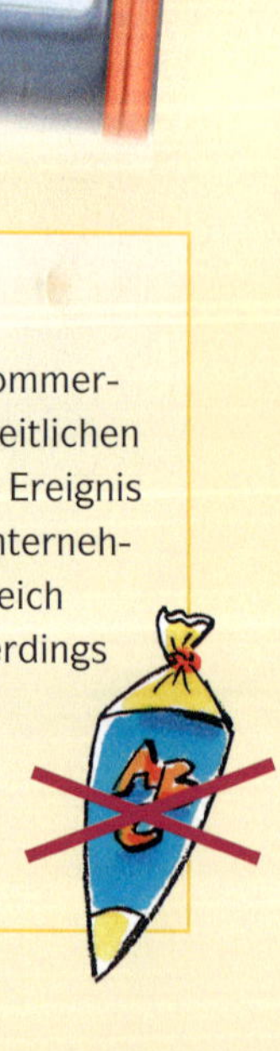

Journée du cinéma

James Potter • Astérix sur le Titanic • Napo et Léon
Star Trek 37 • Cléo et Pâtre – La pyramide magique

Marie et ses amis arrivent. Beaucoup de personnes attendent déjà devant le cinéma. Les jeunes veulent regarder trois films pour 8 euros. Astérix sur le Titanic dure 120 minutes, Cléo et Pâtre – la pyramide magique aussi. À la fin, ils veulent regarder Napo et Léon. C'est un film de 180 minutes. Ça fait 420 minutes de cinéma. Un vrai marathon.

Marie: Oh, mon portable! Où est mon portable?
Rémy: Quoi? Tu n'as pas ton portable?
Cyril: Cherche dans tes poches …
Rémy: Attends. Qu'est-ce que nous avons fait?
Mathilde: D'abord, on a attendu Florian devant le cinéma jusqu'à deux heures moins cinq.
Florian: Oui, parce que j'ai acheté une glace.
Mathilde: Et au ciné, nous avons acheté des pop-corn.
Rémy: Et Cyril a pris un coca.
Mathilde: Et Florian, le gourmand, a mangé une autre glace.
Rémy: Le film a commencé à 14 heures.
Marie: Et avant le film, j'ai pris mon portable et j'ai fait le numéro de mes parents, puis, j'ai eu un petit problème avec la dame derrière moi. Oh, elle a été furieuse. Après, j'ai mis mon portable dans mon sac.
Cyril: Après le film, nous avons changé de salle.
Florian: J'ai pris … des pop-corn.
Rémy: Tu as oublié ton portable aux toilettes, peut-être?
Mathilde: Quelqu'un a peut-être volé ton portable?

1

2

3

4

5

6

7

8

1 *Regardez les images et complétez le mind-map avec les expressions et les mots correspondants. Puis, lisez le texte «Il est où, mon portable?» et corrigez votre mind-map.*

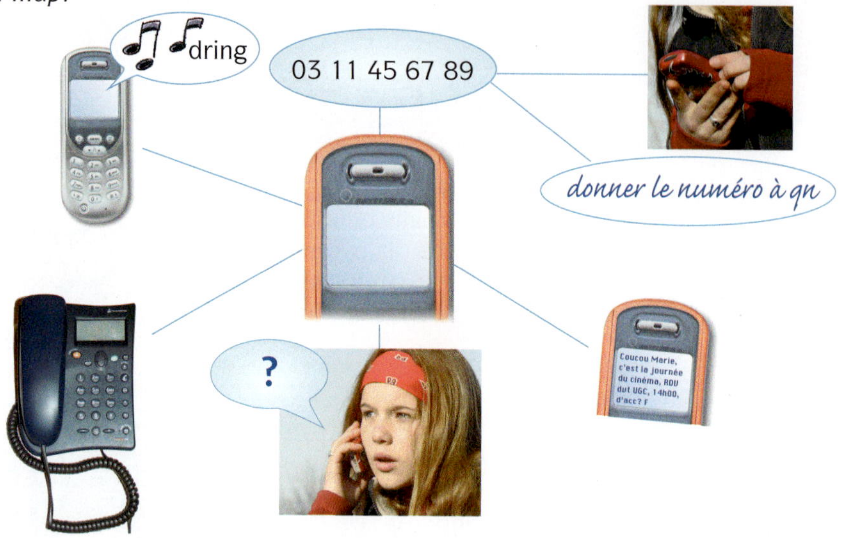

2 a) *Complétez les questions.*

1. ~ sont Marie et Caroline?
2. ~ est-ce qu'elles sont?
3. Le portable est un cadeau ~?
4. ~ est-ce que Marie prend son portable?
5. ~ est-ce que Marie a donné son numéro?
6. ~ Marie est amoureuse?

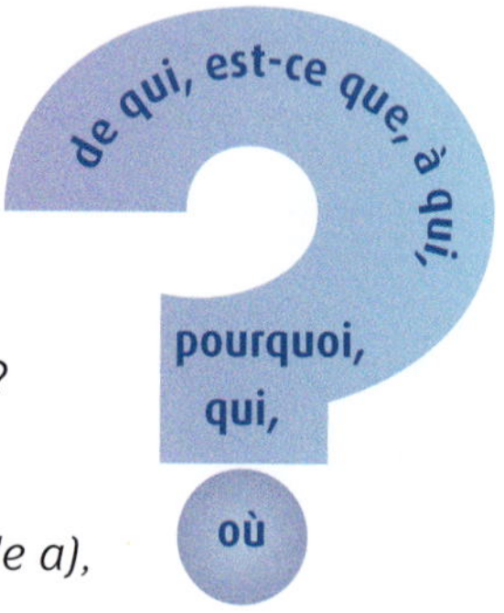

b) *Travaillez à deux. Élève A pose les questions de a), élève B cherche les réponses correspondantes.*

Exemple: A: Qui sont Marie et Caroline?
B: Ce sont des sœurs.

a) Marie a donné son numéro à Céline et à Florian.
b) Le portable est un cadeau de ses parents.
c) Ce sont des sœurs.
d) Elles sont en ville.
e) Non, elle n'est pas amoureuse.
f) Elle prend son portable parce qu'il sonne.

3 a) *Faites un tableau. Lisez le texte A et complétez le tableau avec les titres des films.*

Exemple:

film	jour	heures
James Potter	lundi,	12 h,
~	~	~

b) *Écoutez le programme des films et notez les jours.*

c) *Écoutez le programme encore une fois. Notez les heures maintenant.*

4 *Faites des dialogues. Utilisez le tableau de l'exercice 3.*

a) *Exemple: A: Le film «Star Trek 37», c'est quand?*
B: C'est samedi et dimanche.

b) *Exemple: A: Je veux regarder le film «Star Trek 37», à quelle heure est-ce qu'il commence?*
B: Il commence à vingt et une heure quinze.

savoir vivre

Les indicatifs téléphoniques[1]

En France, les numéros de téléphone ont dix chiffres[2] (cinq groupes de deux chiffres).

Exemple: 06 40 65 97 23.

Les deux premiers[3] chiffres sont les chiffres de la région. Mais les numéros de portable commencent par 06. Tu es en Allemagne et tu veux téléphoner en France? Tu fais le 00 33 et tu enlèves[5] le premier 0 du numéro français. Tu es en France et tu veux téléphoner en Allemagne? Tu fais le 00 49 et tu enlèves le premier 0 du numéro allemand.

00 33 / 06 40 65 97 23

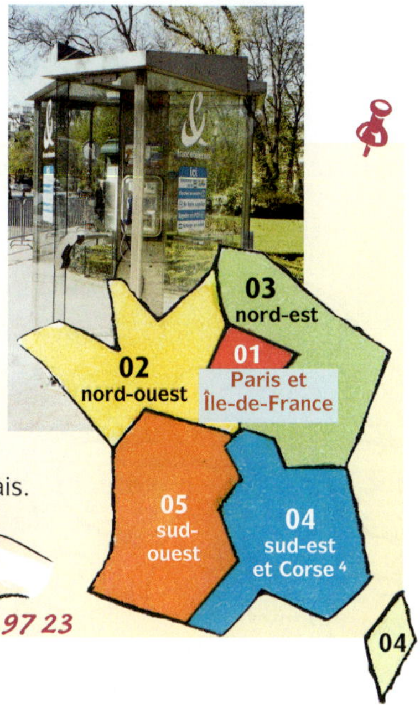

? *Tu es en France et tu veux téléphoner à tes parents. Note le numéro complet.*

5 a) *Écoutez bien! Faites un tableau avec les noms des personnes et leurs numéros de téléphone.*

b) *Travaillez en groupe. Lisez un numéro de portable et posez la question.*

Exemple: 06 12 15 13 11, c'est le numéro de qui? – C'est le numéro de ~ .

c) *Travaillez en groupe.* Bildet eine „Telefonkette“: Ein Schüler / eine Schülerin nennt seine / ihre Telefon- oder Handynummer, die von den anderen Schülern/innen notiert wird. Dann ruft er / sie einen anderen Schüler / eine andere Schülerin auf usw.

Exemple: Katarina: Mon numéro, c'est le 0177 / 1239876. – Anne!
Anne: Mon numéro, c'est le ~ .

d) *«Allô?» «Téléphonez» à un élève de votre classe.*

Exemple: Anne: Je fais le 0177 / 1239876.
Katarina: Allô. C'est moi, Katarina.

[1] ***les indicatifs téléphoniques*** *m* [ɛ̃dikatiftelefɔnik] – die Vorwahlnummern
[2] ***le chiffre*** [ʃifʀ(ə)] – die Ziffer
[3] ***premier,ère*** [pʀəmje, pʀəmjɛʀ] – erste,r
[4] ***la Corse*** [kɔʀs(ə)] – Korsika
[5] ***enlever*** [ɑ̃l(ə)ve] – streichen

6 *Il y a combien de personnes dans la ville?*

Exemple: Au cinéma, il y a 126 personnes.

cinéma – 126 | salle de concert – 236 | musée – 357 | dans les rues – 949 | métro – 788 | collège – 670 | supermarché – 400

G § 9
AG § 9

7 ***Attention à la prononciation!***

CA

a) *Lisez les mots et faites un tableau. Faites attention à la prononciation de c:* [k] *ou* [s].

b) *Écoutez bien et comparez vos résultats.*

c) *Trouvez la règle.* Unterstreicht in eurer Tabelle jeweils den Buchstaben *c* und den **folgenden** Vokal:
- Vor welchen Vokalen wird *c* wie [k] und wann wie [s] gesprochen?
- Welche Aufgabe hat die Cedille *(ç)* in *nous commençons?*

G § 14
AG § 14

d) *Marie a beaucoup d'amis. Complétez le tableau de a) avec les noms de ses amis.*

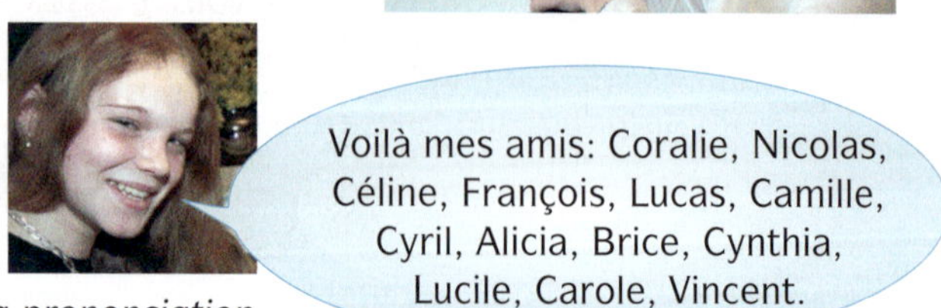

e) *Écoutez bien et faites attention à la prononciation des noms. Comparez et corrigez vos résultats.*

8 *Mémory des verbes.*
Fertigt zu allen Verben aus dem Grammatikbildschirm je ein Kärtchen mit dem Infinitiv und dem Partizip des Verbs an. Spielt Memory.

Exemple:

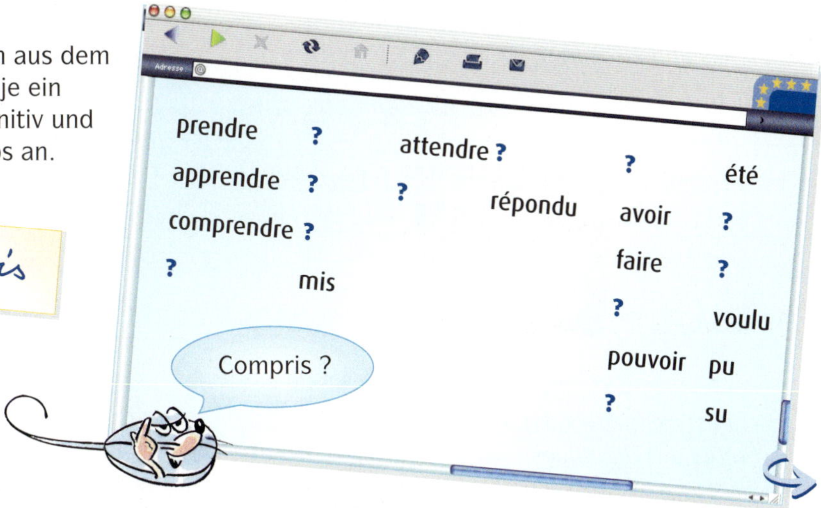

9 ***Chaîne de mots***

G § 10/11
AG § 10/11

a) *Cherchez les participes passés des verbes «répondre, avoir, attendre, vouloir, prendre, être, mettre, faire» et «savoir». Notez aussi les infinitifs.*

laeurdameeatvoulutsétérfaitmnmisspristeaattenduzsunrépondu xyfurieusese

Exemple: eu → *avoir*

b) *Il y a aussi une phrase au passé composé. Vous la trouvez?*

10 *Complétez le texte avec les verbes «prendre, attendre, faire, avoir, mettre, être» au passé composé.*

1. Florian ~ une glace.
2. Les jeunes ~ des pop-corn.
3. Devant le cinéma, Marie et ses amis ~ Florian.
4. Avant le film, Marie ~ le numéro de ses parents.
5. Elle ~ un problème avec une dame et elle ~ son portable dans son sac.
6. La dame ~ furieuse.

11 a) *Marie pense à son portable. Reconstituez les phrases.*

Exemple: fait – numéro – ai – de – j' – mes – le – parents.
→ *J'ai fait le numéro de mes parents.*

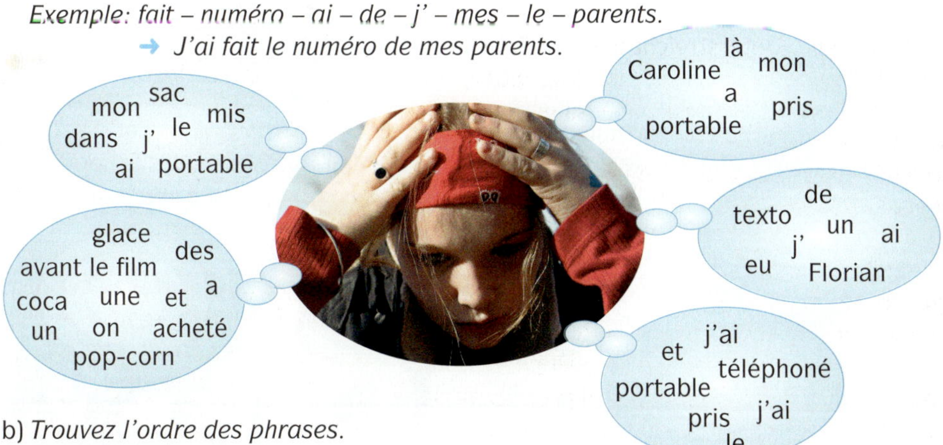

b) *Trouvez l'ordre des phrases.*

p. 27

12 a) *Lisez le texte à tour de rôle et regardez les images à la p. 27.*

b) *Trouvez les verbes correspondant aux images.*

Exemple:  *= attendre*

c) *Racontez la fin de l'histoire: décrivez les images avec des phrases au passé composé.*

*Exemple: D'abord, les amis **ont attendu** Florian.*

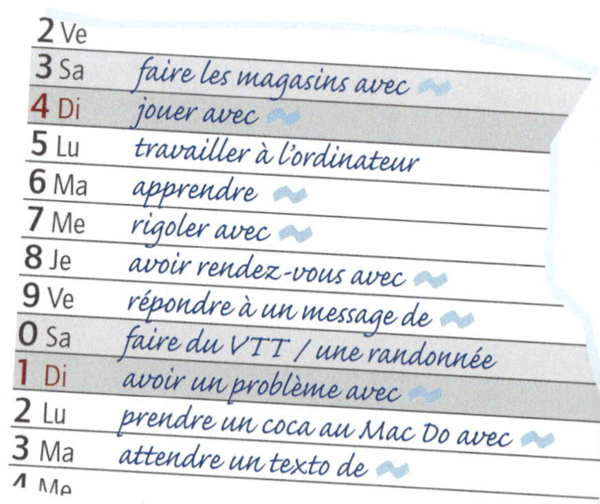

CA

13 *Qu'est-ce que vous avez fait samedi? Faites des dialogues.*

*Exemple: A: Qu'est-ce que tu **as fait** samedi?*
*B: Samedi, j'**ai fait** les magasins avec ma mère.*
ou:
*A: Qu'est-ce que vous **avez fait** samedi?*
*B: Nous **avons fait** les magasins.*

14 *Mettez le texte au passé composé.*

Le mercredi après-midi de Florian

Florian prend le bus. Il a rendez-vous avec son ami à 14 heures. Ils regardent le programme de cinéma et prennent un orangina. Après, ils téléphonent à leur ami. Ils rencontrent le garçon à 15h15 devant le ciné. Le film commence à 15h30. Les garçons parlent, jouent avec leurs portables et mangent des pop-corn. Ils regardent trois filles devant eux. Une des filles demande le numéro de portable de Florian. Il est heureux.

CA

15 *Discutez. Votre classe prépare une sortie[1]. Votre professeur a des idées, mais vous préférez faire autre chose. Faites des dialogues.*

Exemple: Le prof: Vous voulez visiter un musée?
*Un élève: Non, nous ne voulons pas visiter un musée. Nous **préférons aller** à la mer.*

[1] ***la sortie*** [sɔrti] – *hier:* der Ausflug

16 *Décrivez les images. Faites des phrases avec «heureux, amoureux, curieux, furieux».*

G § 13
AG § 13

Exemple: Marie n'est pas heureuse.

1

2

3

4

5

17 a) *Travaillez en groupe.* Stellt Behauptungen auf. Euer Nachbar / eure Nachbarin verneint diese und wendet sich mit einer neuen Behauptung an seinen Nachbarn / seine Nachbarin. Verwendet so viele Adjektive wie möglich und bringt die verschiedensten Personen ins Spiel.

> amoureux, formidable, curieux, amusant, sympa, super, heureux, grand, petit, joli, furieux

Exemple: A: Moi, je suis heureux / heureuse.
B: Moi, je ne suis pas heureux / heureuse. Mais mes parents sont heureux.
C: Mes parents ne sont pas heureux, mais ils sont curieux.
D: Mes parents ne sont pas curieux, mais mon amie est curieuse.
E: Mon amie ~.

b) *À vous maintenant! Faites des titres de films avec des substantifs et les adjectifs de l'exercice a). Vous pouvez aussi faire des posters amusants.*

Exemple: Les voisins curieux

18 *Lisez le message de Florian (p. 26). Qu'est-ce que Marie a répondu?*

À la police

Marie: Je suis allée au cinéma et ...

Le policier: Avec qui est-ce que vous êtes allée au cinéma?

Marie: Avec mes amis. Ils attendent devant la porte.

Le policier: À quelle heure est-ce que vous êtes allés au cinéma?

Marie: On est arrivés devant le cinéma à deux heures moins le quart et ...

Le policier: Devant le cinéma UGC ou devant le Gaumont?

Marie: Devant le cinéma UGC. Et après, nous sommes entrés dans la salle et nous avons regardé le film. Après, nous avons changé de salle et ...

Le policier: Comment? Vous avez regardé encore un autre film?

Marie: Mais oui, c'est la journée du cinéma aujourd'hui.

Le policier: Ah oui, bien sûr!

Marie: Et après le film, j'ai ...

Le policier: Mais pourquoi est-ce que vous êtes ici? Vous avez perdu quelque chose?

Marie: Oui, mon portable! À 14 heures, j'ai téléphoné à mes parents. Quand le film a commencé, j'ai rangé mon portable dans mon sac.

Le policier: Dans votre sac, c'est vrai?

Marie: Oui, bien sûr. Et le portable, je l'ai depuis hier. C'est un cadeau de mes parents.

Le policier: Est-ce que vous avez cherché partout?

Marie: Oui! Dans mon sac, et aussi aux toilettes. Et après, je suis retournée dans les deux salles de cinéma.

Le policier: Vous êtes restés au cinéma jusqu'à quelle heure?

Marie: Jusqu'à 18 heures environ.

Le policier: Bon, alors ... Quelqu'un a volé votre portable? Et qui? Vous avez une idée?

Marie: Non, je ne sais pas.

Le policier: Alors, vous faites une déclaration. Voilà le formulaire pour le vol. Moi, je téléphone à vos parents.

savoir vivre

La police

La police ist die allgemeine Bezeichnung für verschiedene Bereiche der französischen Polizei wie *la police judiciaire* (Kriminalpolizei), die sich um die Sicherheit, oder wie *la police de la route* (Verkehrspolizei), die sich um die Ordnung im Straßenverkehr kümmert. Wenn du in Frankreich Hilfe benötigst, wendest du dich am sichersten an ein *commissariat de police* oder an eine *gendarmerie*. Du erreichst die Polizei unter der Telefonnummer: 17.

Une idée géniale

Florian:	Oh, on attend déjà depuis une heure. Mais, qu'est-ce qu'elle fait?
Cyril:	On a raté le film Napo et Léon. Dommage!
Mathilde:	Ce n'est pas drôle pour elle. Son portable, c'est le cadeau de ses parents.
Rémy:	Comment est-ce qu'on peut trouver son portable?
Cyril:	Écoute, j'ai une idée. On fait son numéro et quelqu'un va répondre peut-être.

savoir faire

***Compréhension de texte (1)* • Textverständnis (1)**

Der Text B ist ziemlich lang. Nicht verzweifeln. Du musst nicht gleich alles auf einmal verstehen. Versuche es Schritt für Schritt.

1. Sieh dir zuerst den Text als Ganzes an. Oft verraten dir die Überschrift, aber auch Zeichnungen und Fotos, worum es in dem Text geht.
2. Lies jetzt den ganzen Text. Auch wenn du nicht alle Wörter kennst, versuche die „Schlüsselwörter" *(mots-clés)* herauszufinden, die dir die wichtigsten Informationen geben können. Orientiere dich hierzu an den Schlüsselfragen *Qui?, Quoi?* und *Où?* und fertige dazu Notizen an.
3. Lies den Text ein zweites Mal. Mache dir jetzt Notizen zu den Schlüsselfragen: *Quand? Pourquoi?* und *Comment?* Nicht immer findest du Antworten auf alle Fragewörter. Das hängt von der Textlänge und seinem Inhalt ab.

Na???

1 a) *Lisez le titre et regardez l'image (p. 34).* Welche Informationen vermitteln die Überschrift und das 1. Bild über den Inhalt des 1. Dialogs?

p. 34–35

b) *Répondez aux questions. Notez les mots-clés du 1er dialogue.*

Exemple: Qui? – Marie

Quoi? – ~
Où? – ~
Pourquoi? – ~
Quand? – ~

c) *Continuez avec le 2e dialogue (p. 35).*

Qui? – ~
Quoi? – ~
Où? – ~
Pourquoi? – ~
Quand? – ~
Comment? – ~

d) *Faites des phrases avec vos réponses de b) et c).*

Exemple: Marie est à la police.

e) *Regardez les images (p. 35) et trouvez une autre fin pour l'histoire.*

2 *Travaillez à deux.* Erfragt abwechselnd die unterstrichenen Satzglieder mit Hilfe der vorgegebenen Fragewörter.

Exemple: Marie est allée au cinéma avec ses amis. –
avec qui — ***Avec qui est-ce qu****'elle est allée au cinéma?*

1. Avant le film, les amis ont attendu Florian devant la porte.
2. À 14 heures, Marie a téléphoné à ses parents.
3. Elle a son portable depuis hier.
4. Le portable est un cadeau de ses parents.
5. Marie est à la police parce qu'elle a perdu son portable.
6. Les amis sont restés au cinéma jusqu'à 18 heures.
7. Marie fait une déclaration.
8. Le policier téléphone à ses parents.

pourquoi · où · depuis quand · de qui · à qui · à quelle heure · jusqu'à quelle heure · qu'est-ce que

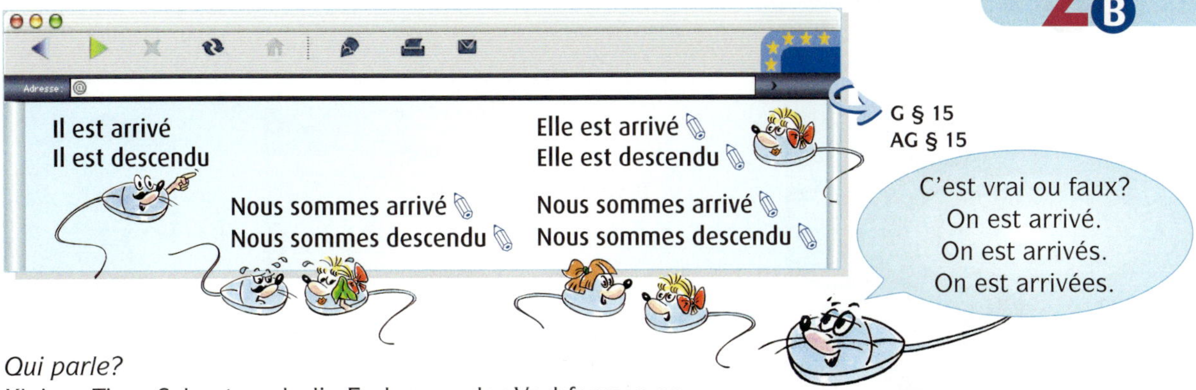

G § 15
AG § 15

3 *Qui parle?*
Kleiner Tipp: Schaut euch die Endungen der Verbformen an.

*Exemple: Je suis allé**e** au cinéma.* → *C'est une fille.*

1. Je suis allée au cinéma l'après-midi.
2. Nous sommes allés au collège à 7h30.
3. Moi, je suis resté à la maison aujourd'hui.
4. On est entrés dans la salle de classe.
5. Nous sommes arrivées devant le cinéma à 14 heures.
6. On est rentrées à 15 heures.
7. Je suis restée chez ma copine samedi soir.

4 *Faites des phrases.*

DELF

La mère de Céline	sont arrivés	au concert.
Florian	est retournée	à l'école.
Les filles	sommes allés	de ses vacances.
Marie	est arrivée	à la maison.
Les amis	est rentrée	dans les deux salles de cinéma.
Nous	sont restées	à la police.
Mme Perrin	sont allées	au cinéma jusqu'à 22 heures.
Caroline et son amie	est resté	à la colo.

5 a) *Travaillez à deux.* Sucht alle Verben heraus und überlegt zunächst gemeinsam, welche der Verben das Hilfsverb *être* bzw. *avoir* verlangen und wie das *participe passé* heißt.

*Exemple: Luc / **passer ses vacances** / à Paris.* → ***avoir** + **passé***

CA

Un jour de vacances en octobre
1. Luc / passer ses vacances / à Paris.
2. Mais sa sœur / rester / à la maison.
3. Là, / il / avoir rendez-vous / avec des amis / de la colo.
4. Un jour, / il / visiter / le château de Versailles / avec eux.
5. Après, / ils / manger / des sandwichs / dans un café.
6. L'après-midi, / Luc / prendre / des photos de Paris et de ses amis.
7. Avant le ciné, / il / entrer dans une librairie.
8. Là, / il / chercher / un cadeau et enfin, / il / acheter / une BD / pour l'anniversaire de sa sœur.
9. Le soir, / les amis / aller / au cinéma.
10. À la fin de la semaine, / Luc / rentrer / à la maison.

b) *Faites des phrases au passé composé.*

c) *À vous maintenant! Qu'est ce que vous **avez fait** le week-end?*

C'est moi

*Exemple: A: Moi, j'**ai passé** le week-end à la maison. Et toi?*
B: ~

6

Exemple:
aller à l'ecole

a) *Trouvez les expressions correspondant aux images.*

b) *Qu'est-ce qu'ils ont fait à quelle heure?*

Exemple: Le matin, ***à 8 heures****, Marie et Florian* ***sont allés*** *à l'école.*

7 *Qu'est-ce que vous avez fait hier?*

a) *Travaillez en groupe. Cherchez beaucoup de verbes pour les phrases.*

Exemple: aller à l'école

b) *Mettez les verbes au passé composé (1re personne, singulier).*

Exemple: je suis allé(e) à l'école

c) *Travaillez en groupe.* Tragt Zeitangaben zusammen, die ihr für eine Tagesbeschreibung benötigt.

Exemple: le matin, à 7h30, après, ~

d) *Décrivez votre journée avec vos mots de b) et c).*

Exemple: Le matin, à 7h30, je suis allé(e) à l'école.

8 a) *Devinette.* Welche der neuen Vokabeln verbergen sich in den folgenden Erklärungen?

Exemple: Quand on peut passer la journée au cinéma et regarder trois films, c'est un vrai ? → *marathon de cinéma*

1. Quand on veut regarder des films avec des copains, on peut passer une journée au ?
2. Quand ça sonne dans la poche, on a un ?
3. Quand on commence l'école après les vacances, c'est la ?
4. Quand on a perdu quelque chose, on fait une ? à la police.
5. Quand on aime bien manger, on est un ?
6. Quand on veut faire une déclaration après un vol, on parle avec un ?
7. Quand on ne veut pas téléphoner, on peut faire un ?

b) *À vous maintenant! Posez des devinettes aux autres élèves de votre classe.*

9 *Travaillez à deux.* Eine/r zählt still für sich von 1 bis 12. Wenn der Partner / die Partnerin „Stopp" sagt, nennt der / die Erste die Zahl, bei der er / sie angekommen ist. Der Partner / die Partnerin nennt den entsprechenden Monat.

Exemple: onze – C'est le mois de novembre.

G § 16

10 a) *Écoutez bien et complétez le poème avec les mois.*

b) *Qu'est-ce qu'il manque?*
Welche Monate fehlen in dem Gedicht?

c) *Écoutez et répétez.*

le onze novembre – le huit septembre – le trente et un août – le quinze février – le vingt octobre – le premier mai – le douze juin

CA

11

a) *Écoutez bien! Leur fête[5], c'est quand? Notez les noms et les dates.*

Exemple: La fête de Rémy, c'est le 15 janvier.

b) *Travaillez en groupe.* Nennt das Datum für einen Namenstag. Eure Mitschüler/innen finden den passenden Namen heraus.

Exemple: A: Le 15 janvier.
B: C'est la fête de Rémy.

12 a) *À vous maintenant! Posez des questions. Votre anniversaire, l'anniversaire de vos frères et sœurs, de vos parents et grands-parents, c'est quand?*

Exemple: A: Ton anniversaire, c'est quand?
B: Mon anniversaire, c'est le 2 septembre.

[1] ***le printemps*** [prɛ̃tɑ̃] – der Frühling
[2] ***souvent*** [suvɑ̃] – oft
[3] ***plus longtemps*** [plylɔ̃tɑ̃] – länger
[4] ***l'année*** *f* [ane] – das Jahr
[5] ***la fête*** [fɛt] – *hier:* der Namenstag

b) *Faites un sondage dans votre classe. Demandez à 5 élèves: «Ton anniversaire, c'est quand?» Notez les noms et les dates et comparez vos résultats.*

Exemple: L'anniversaire de René, c'est le 9 janvier.

c) *C'est l'anniversaire de qui?* Ein/e Schüler/in liest einen Geburtstag vor. Der betroffene Schüler / die betroffene Schülerin meldet sich.

Exemple: Tim: C'est le 9 janvier.
René: C'est mon anniversaire.

13 ***Attention à la prononciation!***

a) *Lisez les mots.* Lest die Wörter mit Hilfe der Lautumschrift vor.

b) *Écrivez les mots dans vos cahiers. Comparez avec le minidictionnaire et corrigez.*

CA c) *C'est* [ʒ] *ou* [g]? Unterstreicht mit zwei unterschiedlichen Farben die Buchstaben mit der Aussprache [ʒ] und [g].

d) *Écoutez et répétez. Comparez et corrigez vos résultats.*

[bulɑ̃ʒri]
[ʒimnaz]
[garsɔ̃]
[gurmɑ̃]
[tɛknɔlɔʒi]

14 ***Attention à la prononciation!***

a) *Faites 4 cartes avec* [ʒ], [g], [s] *et* [k].

[ʒ] [g] [s] [k]

b) *Écoutez bien!* Haltet zu jedem Begriff das richtige Kärtchen hoch. Manchmal können auch zwei Kärtchen auf einmal gezeigt werden.

15 a) *Texte-puzzle: reconstituez le texte.* Notiert euch die Buchstaben entsprechend der Reihenfolge des Geschehens und ihr könnt die Zusammenfassung der Lektionstexte wiedergeben.

Marie, son portable et la journée du cinéma ...

t Marie va à la police.

l C'est mercredi.

é parce qu'elle a eu un cadeau de ses parents pour la rentrée.

a parce que c'est la journée du cinéma.

a C'est l'horreur. Elle ne trouve pas son portable.

n Qui a volé son portable?

r Alors, Marie veut téléphoner.

i Ses copains l'attendent depuis une heure.

a Marie est en ville avec Caroline.

l Marie et ses amis veulent regarder trois films!

c Son portable sonne; c'est un texto de Florian.

d Marie est heureuse.

o Et ils ont une idée ...

b) *Formez un mot avec les lettres devant les phrases de a) (+ article).*

16 En français, s'il vous plaît!

a) *Travaillez à deux. Tu es allé(e) en ville avec des amis et tu as perdu ton sac. Tu vas à la police parce que tu veux faire une déclaration.*

Toi:	***Le policier:***
• Du begrüßt den Beamten und sagst, dass du deine Tasche verloren hast. →	• Der Beamte grüßt zurück und fragt dich nach deinem Namen, deinem Alter und deiner Adresse.
• Du beantwortest seine Fragen. →	• Er möchte wissen, wo du heute gewesen bist.
• Du erzählst, dass du mit Freunden in der Stadt gewesen bist und ein Geschenk für einen Freund / eine Freundin gekauft hast. In einem Bistro hast du eine Cola getrunken und dann deine Tasche gesucht. →	• Der Beamte sagt, dass er in beiden Läden anrufen wird.
• Du bist einverstanden und sagst, dass du so lange warten wirst. →	• Der Beamte teilt dir mit, dass eine Dame deine Tasche in der Fnac gefunden hat.
• Du bist überglücklich (findest das toll) und sagst, dass du jetzt zur Fnac gehen wirst. Du bedankst und verabschiedest dich.	

b) *À vous de jouer!*

17 Maintenant, je sais ...

- wie man sagt, welche Filme zu welcher Zeit im Kino laufen.
- wie man sagt, wann ein Film beginnt.
- wie man sagt, dass man mit Freunden ins Kino gehen möchte.
- wie man sagt, dass man lieber mit den eigenen Freunden ins Kino gehen möchte.
- wie man sagt, dass man sein Handy / seine Tasche verloren hat.
- wie man sagt, dass etwas gestohlen wurde.
- wie man sagt, dass man am Samstag im Kino gewesen ist und einen Film gesehen hat.
- wie man sagt, dass man am Sonntag Freunde angerufen hat.
- wie man jemanden nach seinem Geburtstag fragt.
- wie man sagt, an welchem Tag man Geburtstag hat.

Vendredi 13 ...

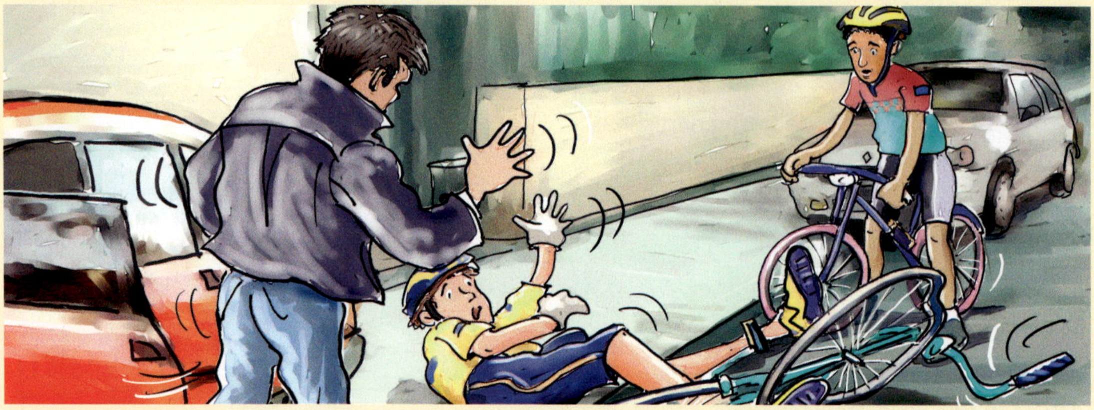

Aujourd'hui, c'est une mauvaise journée pour Adrien. Il a eu un accident. Il est rentré de l'école en vélo avec son copain Nadir. Tout à coup, un homme en Citroën a doublé les deux garçons. Il n'a pas fait attention et il a renversé Adrien. Adrien est tombé. L'homme a appelé le SAMU et ensuite, tout est allé très vite: police, ambulance, médecin, hôpital. Et voilà le résultat:

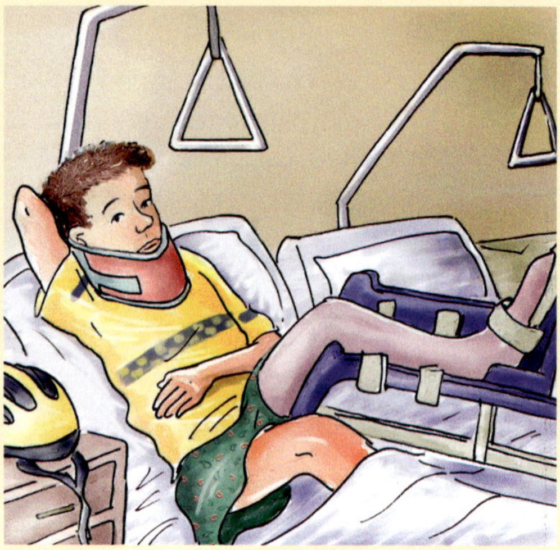

Lundi ...

Nadir est à l'hôpital, dans la chambre d'Adrien.

Nadir: Salut, ça va?
Adrien: Oui, ça va, mais j'ai mal au genou et à la tête.
Nadir: Oh, tu n'as pas de chance. Dis, tu as lu l'article sur l'accident?
Adrien: Oui. Nous sommes célèbres maintenant. Nous sommes dans le journal ...
Nadir: Oh, tu parles ... Et le Monsieur avec la voiture, qu'est-ce qu'il a fait pour toi?
Adrien: Il a téléphoné à mes parents ce matin et il a demandé de mes nouvelles.
Nadir: Tu restes ici jusqu'à quand? Tu le sais déjà?
Adrien: Non, je ne le sais pas. Les médecins disent: encore une semaine, peut-être. Et après, je vais rester quatre semaines à la maison.
Nadir: Très bien pour toi! Comme ça, tu ne vas pas écrire l'interro de maths.
Adrien: Oh! C'est dommage, ha, ha, ha! Vous l'écrivez quand?
Nadir: On l'écrit jeudi.
Adrien: Ah bon? Je vais penser à vous!
Nadir: C'est gentil Adrien. Tu es un bon copain. Et moi, je vais penser à toi quand tu vas rattraper les cours. Cinq semaines, c'est beaucoup!
Adrien: Ah oui! Zut! Je vais avoir beaucoup de devoirs en maths et puis, nous lisons un livre difficile en français.
Nadir: Alors, les devoirs, tu les veux ...? Avec les copains, on va les apporter, d'accord?
Adrien: Oui, merci. Je vais travailler quand je vais rentrer à la maison. Dommage, pas de vacances pour moi!

Mardi …

Nadir: Écoutez, Adrien n'est pas là pendant cinq semaines. Il veut avoir les devoirs. Qui prépare les devoirs d'anglais?
Simon: Moi. Je suis bon en anglais.
Nadir: Et toi, Fanny, tu prends la physique-chimie?
Fanny: Ah non, je suis nulle en physique-chimie. Je préfère le français. Je lis beaucoup, vous le savez.
Simon: D'accord. Tu prends le français. Anaïs, toi, tu es bonne en physique-chimie.
Anaïs: Ah, tu sais, je n'ai pas beaucoup de temps: lundi – la danse, mardi – le groupe de musique, mercredi – la gym …
Fanny: Mais, Anaïs, tu n'es pas gentille. Les devoirs sont importants pour Adrien.
Anaïs: Et mes hobbies sont importants pour moi.
Simon: Mais qu'est ce que tu dis? Tu es égoïste.
Maxime: Alors moi, je prends la physique-chimie.
Nadir: C'est gentil. Moi, je fais les maths. Et maintenant, on a tout. Super!

savoir vivre

Les numéros d'urgence[1]

En France, quand il y a un accident, qui est-ce que tu appelles?
Quand tu vas en France, il faut savoir les numéros d'urgence. C'est très important.

Pompiers: 18

Police: 17

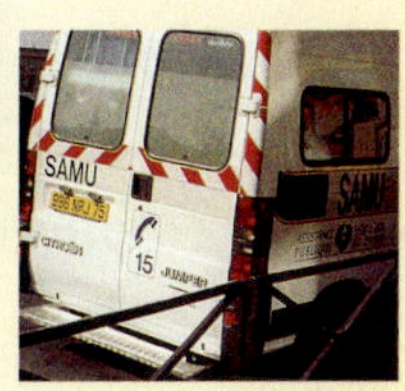

SAMU (Service d'Aide Médicale d'Urgence): 15

Tu as un portable? Tu apprends seulement **un** numéro d'urgence: 112
Et c'est comme en Allemagne, c'est gratuit[2]!

[1] ***le numéro d'urgence*** [nymerodyrʒɑ̃s] – die Rufnummer für Notfälle
[2] ***gratuit,e*** [gratɥi, gratɥit] – kostenlos

1 a) *Regardez l'image et trouvez les mots correspondants.*

b) *Qu'est-ce que les amis organisent pour Adrien? Formez un mot avec les lettres de l'exercice a).*

2 a) *Lisez les trois résumés. Cherchez le bon résumé.*

1 Aujourd'hui, après l'école, Adrien a eu un accident. Il est rentré en vélo avec son copain Nadir. Tout à coup, une voiture a doublé Nadir. Après, elle a renversé Adrien et Adrien est allé à l'hôpital. Adrien ne peut pas écrire l'interro de français.

2 Après l'école, Adrien est rentré en vélo avec Nadir. Tout à coup, une Citroën a doublé les deux garçons et Nadir est tombé. Nadir n'a pas mal et il rentre à la maison en vélo.

3 Aujourd'hui, Adrien est rentré de l'école avec son copain Nadir en vélo. Tout à coup, une Citroën a doublé les deux garçons et elle a renversé Adrien. Le SAMU est arrivé et Adrien est allé à l'hôpital.

b) *Corrigez les fautes.*

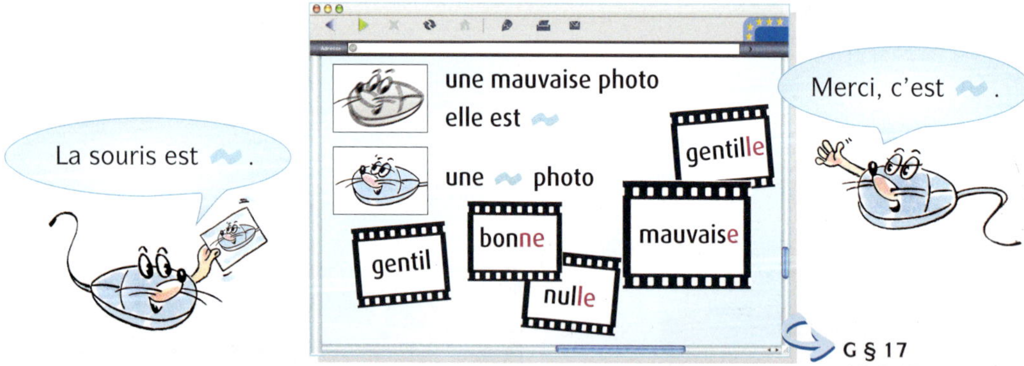

G § 17
AG § 17

3 ***Attention à la prononciation!***

a) *Écoutez bien!* Die zwei Punkte auf einem Vokal heißen Trema. Welche Aufgabe hat das Trema in der Aussprache?

b) *Lisez les phrases.*

Anaïs est égoïste.
Gaëlle est très belle[1].
Aïcha parle à Joël.
Raphaël joue au foot.
Jean-Noël fait du canoë.

[1] ***belle*** [bɛl] – feminine Form von *beau* – schön

4 a) *Faites un tableau.* Ordnet die Adjektive nach positiven und negativen Eigenschaften.

b) *Regardez les images et trouvez les matières*[1]*.*
Complétez les phrases avec les adjectifs de l'exercice a).

1. Simon est … en …, mais il est … en … .
2. Nadir est … en …, mais il est … en … .
3. Maxime et Nadir sont des garçons … .
4. Fanny est … en …, mais elle est … en … .
5. Simon et Nadir sont … en … .
6. Anaïs est … en …, mais elle n'est pas … .
7. Maxime est … en …, mais il est … en … et … .

5 a) *Faites des phrases avec 3 matières.* Alle schreiben die Adjektive *bon*, *mauvais* und *nul* auf je einen Zettel. Der Lehrer / Die Lehrerin sammelt die Zettel ein, mischt sie und teilt pro Schüler/in 3 Zettel aus.

Exemple:

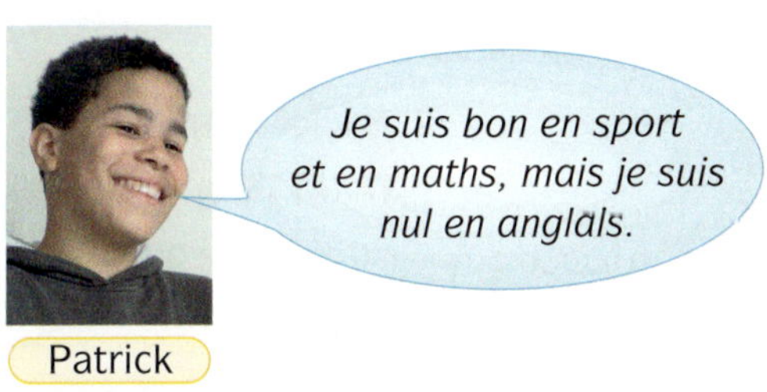

b) *Travaillez en groupe. Faites un tableau avec les noms des autres élèves. Lisez vos phrases de l'exercice a). Les autres complètent le tableau.*

Exemple:

nom	bon/ne	mauvais/e	nul/le
Patrick	sport, maths	–	anglais

[1] ***la matière*** [matjɛr] – das Schulfach

6 *Conjuguez les verbes et complétez le texte.*

CA

Nadir et Fanny sont dans un petit café et (attendre) Simon.

Le garçon: Qu'est-ce que vous (prendre)?

Nadir: Pour moi, un coca et toi, qu'est-ce que tu (prendre)?

Fanny: Je (prendre) un diabolo.

Nadir: Je ne (comprendre) pas pourquoi Simon n'arrive pas.

Fanny: Regarde, il est là! Il (descendre) du bus.

Simon: Salut! Vous m'(attendre)? C'est sympa.

	dire	lire	écrire
je / j'	dis		écris
tu		lis	écris
il / elle / on	dit	lit	
nous	disons		écrivons
vous	dites	lisez	
ils / elles		lisent	écrivent
p.c.: il / elle	a dit	a	a écrit

G § 18
AG § 18

7 *Faites des phrases.*

Exemple: Les élèves – écrire – interro. → Les élèves écrivent une interro.

Dans la classe d'Adrien:
1. La prof de français – lire – livre – avec – classe.
2. Nicole et Anne – lire – question – dans – cahier.
3. Simon – écrire – devoirs.
4. La prof – demander – Fanny: Fanny, est-ce que tu – lire – beaucoup?
5. Fanny – répondre: Oui – je – lire – beaucoup de livres.
6. Nadir – demander: Vous – écrire – lettre – à Adrien?
7. Maxime – répondre: Oui – nous – écrire – lettre.

8 *Trouvez les formes du verbe «dire».*

Exemple : TID = dit → il / elle / on dit

TID · SISNOD · SETID · ISD · DETISN

9 *Travaillez à deux. Faites des phrases à tour de rôle. Vous pouvez prendre plusieurs[1] mots du cahier numéro 3.*

Exemple: Je lis un livre en anglais.

10 *Cherchez l'intrus. Mettez l'intrus au passé composé.*

*Exemple: tu as écrit – vous avez lu – Adrien a dit – ils écrivent → **l'intrus:** ils écrivent*
*ils écrivent → ils **ont écrit***

1. j'ai lu – vous avez écrit – nous lisons – tu as écrit
2. les élèves ont écrit – elle a dit – tu as lu – Nadir et toi, vous écrivez
3. Maxime dit – vous avez écrit – j'ai écrit – Fanny a lu
4. Fanny et Anaïs ont lu – j'écris – vous avez dit – tu as écrit
5. Nadir a écrit – nous avons lu – les médecins disent – nous avons écrit

[1] ***plusieurs*** [plyzjœr] – mehrere

11 *Travaillez à deux.*

- *D'abord, vous faites 12 cartes avec les verbes «tu prends, vous prenez, je comprends, nous comprenons, elle attend, ils répondent, je lis, vous lisez, tu dis, elles disent, il écrit, nous écrivons».*
- *Puis, vous faites 12 cartes avec les verbes au passé composé.*
- *Maintenant, vous pouvez jouer au mémory.*

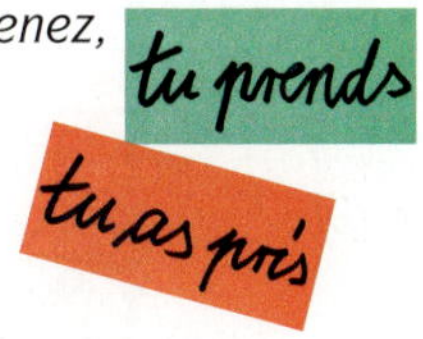

CA

12

DELF

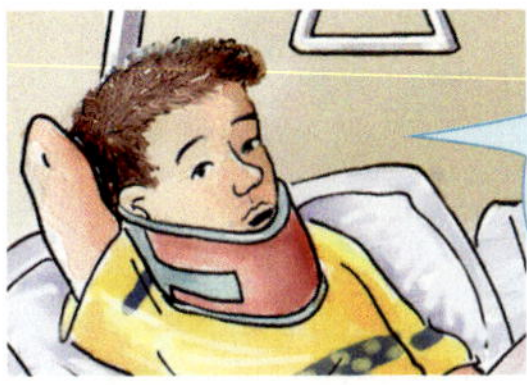

hier – je – accident – Nadir et moi –
collège – vélo – tout à coup – Citroën – Nadir et moi –
doubler – je – tomber – ensuite – je – hôpital – parce que – tête –
genou – vouloir avoir – les devoirs – parce que – rester – une semaine –
hôpital – et après – quatre semaines – maison

a) *Le jour après l'accident, Adrien parle à Fanny, mais il a encore mal à la tête. Continuez pour lui.*

Hier, **j'ai eu** un accident ~

b) *Après, Fanny raconte l'accident aux amis d'Adrien. Continuez.*

Hier, **Adrien a eu** un accident ~

13 *Les élèves n'ont rien[1] fait. Un élève pose les questions du professeur, un autre répond avec la négation.*

G § 19
AG § 19

*Exemple: Le professeur: Philippe et Marie, est-ce que **vous avez fait** vos devoirs?*
*Toi: Non, nous n'**avons** pas **fait** nos devoirs.*

1. Claire, est-ce que tu as rangé tes livres?
2. David et Marc, est-ce que vous avez lu le livre de français?
3. Est-ce que ta mère a regardé ton interro?
4. Rémy, est-ce que tu as appris la grammaire?
5. Est-ce que Sophie a écrit son emploi du temps?
6. Est-ce que vous avez compris?

14 a) *Écoutez bien! Notez les noms des personnes.*

DELF

b) *Écoutez une 2e fois et trouvez les phrases correctes.*

1. Marie et Françoise vont [a] à la piscine [b] à la cantine [c] au cinéma?
2. Elles rentrent [a] en bus [b] en vélo [c] en métro?
3. Le garçon renverse [a] François [b] Françoise [c] français?
4. Françoise va [a] bien [b] mal [c] très bien.
5. Après l'accident, ils vont [a] à l'hôpital [b] à la police [c] au bistro.

c) *Écoutez une dernière fois et notez le titre. Est-ce que vous pouvez expliquer le titre?*

[1] ***ne … rien*** [n(ə) rjɛ̃] – nichts

La chance tourne

nouvelles du collège

Salut Adrien,
Ça va? J'ai des nouvelles intéressantes du collège. Notre prof de musique est malade et l'autre prof fait un projet génial avec nous. Nous allons préparer la comédie musicale «Notre-Dame de Paris». La prof nous donne le texte demain. Et il y a beaucoup de questions: qui va avoir les rôles? Quelles scènes est-ce qu'on va jouer? Quels costumes est-ce qu'on va faire? Et dans cinq semaines, nous allons regarder la comédie musicale à Paris! C'est super! Ce matin, on a déjà regardé le film pendant le cours de musique. Je t'apporte le DVD.
À ce soir, Nadir

Exp. : Adrien Gobillard CC :
Dest. : nadir@voila.fr CM :
Objet : journée ennuyeuse
Message :

Salut Nadir,
Merci pour ton mél. Je suis encore au lit. Papa et maman travaillent. Mon frère et ma sœur sont à l'école. Moi, je suis seul avec Minou et mon ordinateur. Quelle journée ennuyeuse! Et vous, au collège, vous faites une comédie musicale sans moi! À quelle heure est-ce que tu m'apportes le DVD ce soir? Tu le regardes avec moi?
À bientôt.
Adrien

Le soir ...

Quelle surprise! Maxime, Simon, Fanny, Anaïs et Nadir arrivent chez Adrien. Ils lui expliquent les rôles de la comédie musicale.

Fanny: Alors, il y a le mauvais Frollo, la jolie Esmeralda, le joli Phoebus et Quasimodo.
Anaïs: Moi, bien sûr, je suis Esmeralda.
Simon: Toi, avec tes hobbies, tu n'as pas le temps: lundi – la danse, mardi – le groupe de musique, mercredi ...
Maxime: Esmeralda, c'est un bon rôle pour Fanny. Et toi, Nadir, tu voudrais être Phoebus?
Anaïs: Mais Phoebus n'est pas un Arabe!

Maxime: Hé! Anaïs! Ça ne va pas bien? Nadir est très bien pour le rôle de Phoebus. Arabe ou non, ce n'est pas important.
Fanny: Oui, Nadir peut jouer le joli Phoebus. Il est grand et beau!
Anaïs: Oh, oh ... Tu es amoureuse?
Fanny: Non. Mais toi, Anaïs, tu es raciste!
Simon: Bon, alors, Nadir est Phoebus. Tu es d'accord, Nadir?
Nadir: Oui. Je veux bien.
Simon: Moi, je voudrais être Frollo.
Fanny: Et Adrien?
Adrien: Oui, je sais, vous ne me donnez pas de rôle parce que je ne peux pas jouer. Demain, vous n'allez pas penser à moi.
Nadir: Mais attendez, j'ai une bonne idée: Adrien, avec tes béquilles, tu es parfait pour le rôle de Quasimodo!

C'est le grand jour ...

savoir vivre

Victor Hugo (1802 – 1885) – Notre-Dame de Paris

Victor Hugo est un écrivain[1] français très célèbre. Il a écrit beaucoup de romans[2], de pièces de théâtre[3] et de poèmes[4]. Un livre très important est «Notre-Dame de Paris»; en allemand, on dit *Der Glöckner von Notre-Dame*.
C'est le moyen-âge[5], à Paris. Frollo, un prêtre[6] méchant[7], et Quasimodo, un gentil sonneur de cloche[8], très laid[9], habitent dans la cathédrale Notre-Dame. D'autres personnes importantes sont: Phoebus, un officier[10], et Gringoire, un poète[11], et bien sûr, la jolie Esmeralda.
Elle danse et beaucoup d'hommes la regardent ... «Notre-Dame de Paris» est un livre célèbre. On a fait plusieurs[12] films avec l'histoire et aussi une comédie musicale.

[1] ***l'écrivain*** *m* [ekrivɛ̃] – der Schriftsteller
[2] ***le roman*** [rɔmɑ̃] – der Roman
[3] ***la pièce de théâtre*** [pjɛsdəteatr(ə)] – das Theaterstück
[4] ***le poème*** [pɔɛm] – das Gedicht
[5] ***le moyen-âge*** [mwajɛnaʒ] – das Mittelalter
[6] ***le prêtre*** [prɛtr(ə)] – der Priester
[7] ***méchant,e*** [meʃɑ̃, meʃɑ̃t] – böse
[8] ***le sonneur de cloche*** [sɔnœrdəklɔʃ] – der Glöckner
[9] ***laid,e*** [lɛ, lɛd] – hässlich
[10] ***l'officier*** *m* [ɔfisje] – der Offizier
[11] ***le poète*** [pɔɛt] – der Dichter
[12] ***plusieurs*** [plyzjœr] – einige

savoir faire

Apprendre le vocabulaire (1) • Vokabeltraining (1)

Mache eine kurze Umfrage in der Klasse: „Wie lernt ihr Vokabeln?“
Da gibt es sicher unterschiedliche Methoden: Manche bevorzugen ein Vokabelheft, andere sammeln lieber Karteikarten, vielleicht hat jemand auch noch eine ganz andere Methode entwickelt? Hier einige Tipps für unterschiedliche Lerner:

a) „Vokabelheftlerner“:

1) Lege beim Vokabellernen ein Blatt Papier auf die linke (französische) Vokabelseite und schreibe darauf jeweils das französische Wort. Durch Verschieben des Blattes nach unten kontrollierst du die Wörter. Gehe sie mehrfach durch und schreibe sie auch mehrmals auf!

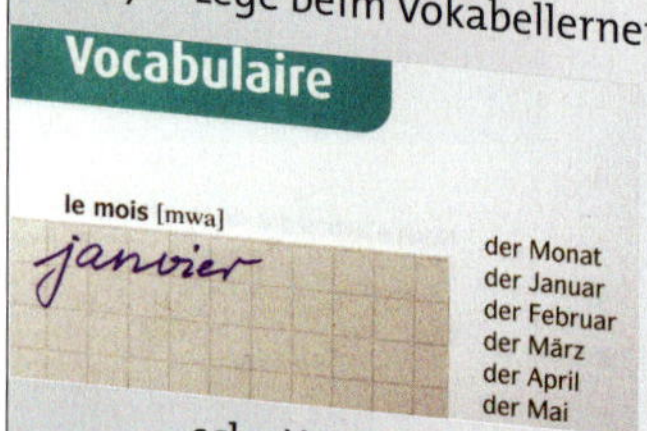

2) Markiere **mit Bleistift** die Wörter, die du noch nicht beherrschst, in deinem Vokabelheft mit einem Minuszeichen. Du kannst dich so nach jedem Lektionsabschnitt auf die Vokabeln konzentrieren, die dir Probleme bereiten. Wenn du sie gelernt hast, markierst du sie, indem du das Minus durchstreichst. Nimm sie dir in den nächsten Tagen nochmals vor. Die Markierung solltest du erst dann endgültig entfernen, wenn du die Vokabeln wirklich beherrschst.

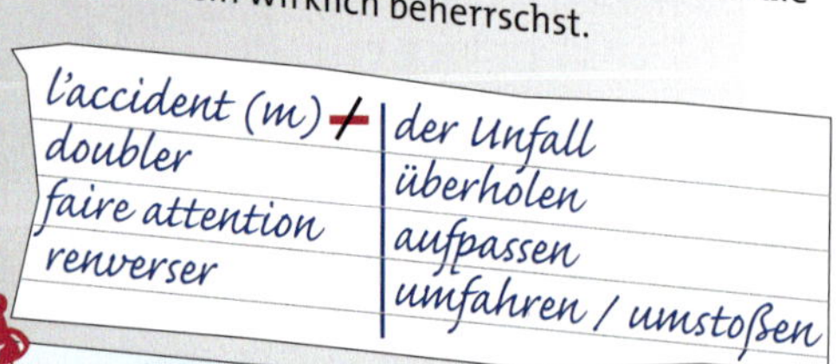

b) „Karteikartenlerner“:

Spiel doch mal ein 1-Personen-Memory.

1) Vorbereitung:
- Fertige Kärtchen mit allen neuen Vokabeln einer Lektion an.
- Auf der einen Seite notierst du das deutsche, auf der anderen Seite das französische Wort.
- Lege sie mit der deutschen Seite nach oben vor dir aus.

2) Spielregeln:
- Nimm ein Kärtchen und sprich die französische Übersetzung leise vor dich hin.
- Kontrolliere dann auf der Rückseite, ob du richtig liegst. Wenn ja, kannst du die Karte beiseite legen. Wenn nicht, legst du sie wieder hin. Aber nicht schummeln!

Als besonderen Ansporn kannst du die Zeit stoppen, die du brauchst, bis alle Kärtchen auf einem Stapel liegen. Vielleicht vergleichst du sie mit einem anderen „Karteikartenlerner“?

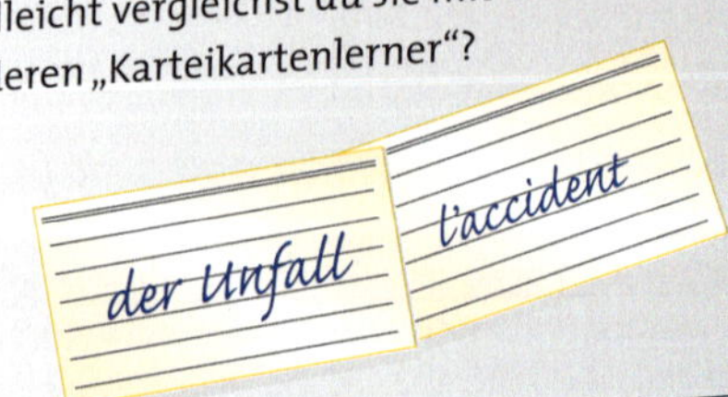

1 *Ta petite sœur écrit à son amie française. Elle n'apprend pas, comme toi, le français depuis deux ans. Elle ne sait pas beaucoup de mots, alors elle fait des dessins[1]. Tu l'aides?*

Chère Nathalie, ça va? Moi, ça va bien.
Mais, aujourd'hui, mon amie Emilie a eu un 
Après, elle a eu mal à la  et au .
Notre  de mathématiques a téléphoné à l' 
et  est arrivée au collège. Maintenant, Emilie est à la maison avec des 
Moi, je lui apporte les . Rester à la maison, c'est très  parce que notre
prof de  prépare une  avec nous.
C'est  et c'est très . J'ai de la  et je joue un grand rôle.
Mais j'ai beaucoup de . Demain, nous allons faire les  ensemble.

Voilà pour aujourd'hui.
Amicalement[2] ton amie

2 *Reconstituez le texte des mél de Nadir et d'Adrien sans regarder les textes.*

Quelle journée ennuyeuse!
Notre prof de musique est malade et l'autre prof fait un projet génial avec nous.
Tu le regardes avec moi?
Nous allons préparer la comédie musicale «Notre-Dame de Paris».
La prof nous donne le texte demain.
À quelle heure est-ce que tu m'apportes le DVD ce soir?
J'ai des nouvelles intéressantes du collège.
Et il y a beaucoup de questions: qui va avoir les rôles?
Mon frère et ma sœur sont à l'école.
C'est super!

3 *Écoutez bien! Répondez aux questions.*

1. «Notre-Dame de Paris», qu'est-ce que c'est?
2. Qu'est-ce que les élèves ont lu le matin?
3. Quel est le rôle de Fanny?
4. Comment est le texte de Fanny?
5. Qu'est-ce que Laure et Anaïs vont faire?
6. Où est-ce que Fanny a regardé le film de Disney?

[1] ***le dessin*** [desɛ̃] – die Zeichnung
[2] ***amicalement*** [amikalmɑ̃] – *hier: Briefabschluss.* Herzliche Grüße

G § 20
AG § 20

4 *Nadir est chez Adrien. Adrien a beaucoup de questions sur l'école. Complétez les questions avec «quel, quels, quelle» ou «quelles».*

1. ~ livre est-ce que vous lisez en français?
2. ~ interro est-ce que vous écrivez demain?
3. ~ professeurs préparent la comédie musicale avec vous?
4. ~ devoirs est-ce que vous avez pour demain?
5. ~ copains vont regarder le DVD avec nous?
6. ~ scènes est-ce que vous préparez pour demain?

5 *Nadir téléphone à sa grand-mère. Elle veut tout savoir et l'entend mal[1].*

Exemple: Nadir: *Ici, ça va <u>très bien</u>.*
La grand-mère: ***Comment ça va?***
Nadir: *Très bien.*

1. *Nadir:* J'ai organisé les devoirs <u>pour Adrien</u>.
2. *Nadir:* J'ai fait mes devoirs <u>chez Adrien</u>.
3. *Nadir:* Après, j'ai regardé <u>la télé</u>.
4. *Nadir:* Le film a commencé à <u>vingt heures</u>.
5. *Nadir:* Mon ami Philippe a <u>seize ans</u>.
6. *Nadir:* Philippe est <u>de Paris</u>.
7. *Nadir:* Il a <u>cinq</u> chats.
8. *Nadir:* Je vais au lit <u>parce que je suis fatigué</u>.

6 *Complétez les phrases avec «le, la, l', les».*

7 *Qu'est-ce que vous faites dans les situations suivantes[2]? Faites des phrases avec «répondre à qn, téléphoner à qn, donner qc à qn, écrire à qn, demander à qn, parler à qn».*

Exemple: C'est l'anniversaire de ta copine.
→ *Je téléphone **à ma copine**. J'écris un mél **à ma copine**. Je donne un cadeau **à ma copine**.*

1. Tu as un accident.
2. Tu n'as pas compris le texte.
3. Tu cherches la piscine.
4. Ta grand-mère est à l'hôpital.
5. Tu as perdu ton livre de français.
6. Tu as un mél de ton copain / ta copine.

[1] ***entendre mal*** [ɑ̃tɑ̃drəmal] – schlecht hören
[2] ***suivant,e*** [sɥivɑ̃, sɥivɑ̃t] – folgende,r,s

Tu écris le mél à Adrien et à Fanny? → Non, je ne leur écris pas le mél.

Tu nous écris un mél? → Oui, je vous écris un mél.

G § 21
AG § 21

8 *Complétez les dialogues avec les pronoms d'objet* ***indirect****.*

Chez Fanny:

Fanny: Maman, tu ~ fais le costume d'Esmeralda?
La mère: Oui, je ~ fais le costume.
Fanny: Et tu peux faire les costumes pour Adrien et Nadir aussi?
La mère: Non, je ne ~ fais pas les costumes. Je n'ai pas le temps.

Chez Adrien:

Adrien et son frère:
Papa, tu ~ donnes le livre «Notre-Dame de Paris» pour la comédie musicale?
Le père: D'accord, je ~ donne le livre .

Chez Nadir:

La mère: Est-ce que ton père a apporté le DVD «Notre-Dame de Paris»?
Nadir: Je ~ demande.
Le père: Oui, attends, je ~ donne le DVD.

9 *Bientôt, c'est le grand jour. Adrien est nerveux[1], mais heureux. Il répond toujours «oui» à toutes les questions de l'interview pour le journal. Répondez aux questions et utilisez les pronoms d'objet* ***direct****.*

Exemple: A: Tu aimes ***les comédies musicales****?*
B: Oui, je ***les*** *aime.*

1. Tu apprends le texte avec tes copains?
2. Tu joues les scènes sans problèmes?
3. Tu lis le livre de Victor Hugo?
4. Tu fais ton costume?
5. Tu connais la musique de cette comédie musicale?
6. Tu aimes Esmeralda ...?

[1] ***nerveux,se*** [nɛrvø, nɛrvøz] – nervös

10 *Travaillez à trois.*

- Ihr braucht zwei Kärtchen, eines mit *oui* und eines mit *non*.
- Eine/r von euch stellt eine der folgenden Fragen.
- Der / Die Zweite zieht eines der beiden Kärtchen.
- Wenn das Kärtchen *oui* zeigt, gibt er / sie eine positive Antwort und der / die Dritte verneint.
- Bei *non* ist es umgekehrt.

Exemple: A: Vous ***nous*** *donnez les livres?*
B: Oui, nous ***vous*** *donnons les livres.*
C: Non, nous ne ***vous*** *donnons pas les livres.*

1. Vous lui achetez un cadeau?
2. Nous leur racontons le film?
3. Tu me donnes les devoirs?
4. Vos copains vous téléphonent souvent?
5. Je t'écris les devoirs de français?
6. Tu nous prépares une surprise?

11 *Complétez le dialogue avec les pronoms d'objet direct ou indirect.*

Adrien: Je veux regarder le film de Walt Disney. Tu ~ donnes le DVD?
Nadir: Bien sûr, je ~ donne le film ce soir.
Adrien: Et tu ~ regardes avec moi?
Nadir: Oui, d'accord. Mon frère est là aussi. Il a le CD. Tu peux ~ écouter aussi.
Adrien: Bonne idée! Ma mère peut ~ préparer des sandwichs!

12 a) *Écoutez et répétez les mots.*

comédie · curieux · cinéma · pourquoi · skateboard · quelle · merci · qui · kilo · camion · ticket · encore · question · quatre · cent

b) *Qu'est-ce que vous remarquez?* Welche Buchstaben bilden den Laut [k]?

c) *C'est* [k] *ou* [s]*?* Vor welchen Vokalen wird *c* wie [k], vor welchen wie [s] gesprochen?

d) *Lisez les phrases.* Sprecht diese Zungenbrecher, so schnell ihr könnt, aber richtig!

- Qui écoute encore ces quatre cents questions curieuses?
- Ce soir, au camping, ce copain génial organise un grand concert de guitare rigolo.

13 *Anaïs n'est pas Esmeralda et elle n'a pas d'autre rôle. Elle ne va pas aux répétitions[1]. Elle n'est pas heureuse, mais très curieuse … Le soir, après la répétition, elle appelle son amie Nathalie.*

1. *Lisez la question et puis, écoutez le texte. Qui n'a pas trouvé son texte?*
2. *Lisez la question et écoutez une 2e fois. Qui a travaillé avec le texte de la prof?*
3. *Lisez la question et écoutez une dernière fois. Pourquoi est-ce que la prof rigole?*

[1] ***la répétition*** [repetisjõ] – die Probe

14 ***Qu'est-ce que tu voudrais faire?***

Faites des dialogues.

Exemple: Qu'est-ce que tu voudrais faire à la maison? → À la maison, je voudrais lire une BD.
chez ta grand-mère?
le soir?
le week-end?
pendant les vacances?
avec tes amis?

15 *Expliquez le titre «La chance tourne».*

p. 48

16 ***En français, s'il vous plaît!***

Travaillez à deux. Votre copain / Votre copine est malade. Vous allez chez elle / lui.

- Du begrüßt ihn / sie und fragst ihn / sie, wie es ihm / ihr geht.
- Er / Sie antwortet, dass es ihm / ihr gut geht, aber dass er / sie Kopfschmerzen hat.
- Du sagst, dass er / sie kein Glück hat, und fragst, was er / sie heute gemacht hat.
- Er / sie antwortet, dass er / sie ferngesehen, Comics und ein Buch gelesen und E-Mails geschrieben hat.
- Du sagst, dass ihr am Freitag eine Englischarbeit schreibt und dass er / sie sie also nicht schreibt.
- Er / sie fragt dich, ob du ihm / ihr die Hausaufgaben gibst.
- Du antwortest, dass du ihm / ihr die Hausaufgaben morgen gibst.
- Zuletzt fragst du ihn / sie, ob er / sie dir eine E-Mail schreibt, und er / sie antwortet, dass er dir morgen schreiben wird.

17 ***Maintenant, je sais …***

- wie man sagt, dass jemand einen Unfall gehabt hat.
- wie man sagt, dass ein Auto jemanden überholt und umgefahren hat.
- wie man sagt, dass man Kopfschmerzen / Schmerzen am Knie hat.
- wie man sagt, in welchen Fächern man gut bzw. schlecht ist.
- wie man sagt, dass man interessante Neuigkeiten hat.
- wie man fragt, welche Rolle jemand spielen möchte.
- wie man sagt, welche Rolle man gerne spielen möchte.

Lille – quelle ville!

Lille moderne

Lille et l'Europe

Lille et le sport

Lille jumelée avec …

Lille gourmande

Lille et les musées

La ville de Lille a invité des jeunes allemands et belges. Ils vont passer une semaine à Lille. La ville a organisé des compétitions à la piscine et des rencontres avec des élèves dans un lycée professionnel. Les jeunes allemands et belges vont habiter dans des familles, aller à l'école avec les élèves français, faire du sport, visiter la ville et la région, aller au marché et faire une excursion en Belgique …

savoir vivre

Les villes jumelées

Depuis longtemps[1], il y a des jumelages[2] entre des villes de différents[3] pays[4]. Beaucoup de villes françaises et allemandes sont jumelées. Il y a souvent des rencontres entre les enfants et les jeunes des deux villes, mais aussi entre les adultes[5]. Ils peuvent faire du sport, des jeux, des visites ensemble. Avec les jumelages, on apprend beaucoup de choses sur les autres pays.

?
- Est-ce que ta ville est jumelée avec d'autres villes?
- Qu'est-ce que les gens font pendant les rencontres du jumelage?
- Est-ce que tu as déjà participé[6] à une rencontre?

[1] ***longtemps*** [lõtã] – lange Zeit
[2] ***le jumelage*** [ʒym(ə)laʒ] – die Partnerschaft
[3] ***différent,e*** [diferã, diferãt] – verschiedene,r
[4] ***le pays*** [pe(j)i, pɛ(j)i] – das Land
[5] ***l'adulte*** *f / m* [adylt(ə)] – der, die Erwachsene
[6] ***participer*** [partisipe] – teilnehmen

Mme Lecoq: Bonjour, je suis Madame Lecoq. Je travaille à l'hôtel de ville.
Lars: Bonjour, Madame. Je m'appelle Lars Becker.
Mme Lecoq: Ah, très bien! Bienvenue à Lille, Lars. Toi, tu vas habiter chez nous. Voici mes enfants ...
Clément: Salut! Moi, je suis Clément et voilà ma sœur Léa.
Léa: Bonjour. Comment vas-tu?
Lars: Bonjour. Je vais bien, merci. Euh ... Ton prénom ... c'est Léa?
Léa: Oui, je m'appelle Léa.
Clément: Il y a beaucoup de jeunes pour la rencontre. La semaine va être formidable.
Léa: Lars, tu as peut-être faim ou soif? Maman a préparé des gaufres, c'est super bon!
Lars: Oh, c'est bien. J'ai très faim.
Léa: Hé, tu parles bien français!
Lars: Non, j'ai encore des problèmes.
Clément: Au lycée professionnel, je n'apprends pas l'allemand. Je fais de l'anglais et j'ai beaucoup de cours intéressants. Je veux être menuisier. Des élèves de Liège et de ta ville vont visiter mon école.

Mme Lecoq: Bon. Nous allons à la maison maintenant? Mettez déjà les bagages de Lars dans la voiture. Voici les clés de la voiture.
Clément: Merci. Mais ... Lars, tu as tes bagages? Regarde! Le car!
Lars: Ah! Non!

Clément: Tu veux encore du coca ou de la limonade, Lars?
Lars: Oui, merci. Je bois encore du coca.
Léa: Et moi, je voudrais de la limonade. Tu me passes la bouteille, s'il te plaît? Mes parents, eux, ils boivent toujours de l'eau pendant les repas.
Lars: Hum! J'aime la salade avec beaucoup de choses.
Léa: Oui, c'est une salade niçoise.
Lars: Merci beaucoup pour le bon repas.
Léa: Mais, attends. Maintenant, il y a les gaufres et de la compote.
Lars: Oh! Vous mangez beaucoup!
Clément: Tu trouves? C'est normal. Nous avons toujours un bon repas le soir. Et c'est bien parce qu'à midi, la cantine n'est pas super.

Lars: En Allemagne, le soir, nous mangeons souvent de la charcuterie avec du pain.
Léa: Oh, nous, pour le dîner, nous mangeons une salade ou une soupe et après, un plat chaud: des pâtes ou des légumes avec des œufs, du jambon ou un steak et puis du fromage et puis un dessert: un gâteau ou des gaufres ou des crêpes ou ...
M. Lecoq: Tu vois, Léa aime manger. Elle est gourmande!
Clément: Ça, c'est vrai! Mais dis, Lars, tu as vu le programme de la semaine?
Lars: Oui, je vais deux fois à la piscine, pour les compétitions. C'est génial. J'aime nager. Je suis très bon en ... nager.
Léa: Tu veux dire: tu es très bon e n n a t a t i o n . Moi aussi!
Lars: C'est bien. Euh, j'ai encore une question. Sur le programme, il y a les Géants. Qu'est-ce que c'est, les Géants?
Clément: Les Géants, c'est ... Attends ... Là, regarde.
Lars: Oh, tu me montres une photo? Super!

savoir vivre

Les Géants

Les Géants, die flandrischen Riesen, sind eine typische Attraktion von Nordfrankreich. Sie entstanden vor Jahrhunderten aus der Fantasie der Menschen, um gemeinsam mit ihnen die verschiedenen Feiertage im Jahr zu begehen. Die großen Figuren werden aus Korb geflochten und tragen die Kleidung von Sagengestalten oder großen Persönlichkeiten, die in der Geschichte der Region eine Rolle spielten. An ihrer Herstellung und Restauration sind mehrere Berufsgruppen beteiligt. Zu den großen Höhepunkten werden sie ausgestellt. Einmal im Jahr vereinen sich alle zu einer großen *parade des Géants*.

Programme de la semaine

	samedi	dimanche	lundi	mardi	mercredi	jeudi	vendredi	samedi
activités	arrivée	journée dans les familles	école – visite de Lille		école – visite de Lille	excursion à Strépy-Thieu en Belgique		départ
matin			*Groupe 1* lycée professionnel *Groupe 2* collège	*Groupe 2* Centre sportif Piscine Max Dormoy	*Groupe 1* lycée professionnel *Groupe 2* collège	rendez-vous: 8h00 devant l'hôtel de ville	compétition à la piscine Centre sportif Piscine Max Dormoy	rendez-vous: 9h00 devant l'hôtel de ville
après-midi	arrivée devant l'hôtel de ville, rencontre avec les familles		*Groupe 1* le centre-ville *Groupe 2* EURALILLE	*Groupe 1* ateliers «Géants»	*Groupe 1* EURALILLE *Groupe 2* le centre-ville		fête au gymnase du collège avec la sortie du Géant	

CA

DELF

1 a) *Qui a une bonne mémoire?* Betrachtet die Wörter zwei Minuten und prägt sie euch ein.

faim	salade	gaufres	repas	beurre
soif	pâtes	compote	crudités	baguette
lait	plat	ananas	charcuterie	légumes

p. 58 – 59

b) *Lisez le texte à la p. 58 – 59. Quels mots est-ce que vous retrouvez dans le texte?* Von den 15 Wörtern aus a) sind 10 Wörter im Text enthalten.

c) *Cherchez les nouveaux mots dans le minidictionnaire.* Notiert die neuen Wörter mit dem bestimmten Artikel. Achtung: Ein Wort wird nur im Plural verwendet!

2 a) *Écoutez bien et notez les lettres.* Notiert die Buchstabenschlange und findet darin 6 Zutaten einer *soupe magique.*

b) *Faites une chaîne de mots pour* ***votre*** *soupe magique.*

3 a) *Léa fait les courses pour le dîner. Qu'est-ce qu'elle achète? Et combien?* Oh Schreck! Sie hat den Einkaufszettel beim Herausziehen aus der Hosentasche zerrissen.

CA

Exemple: Léa achète un kilo ***de*** *sucre.*

12 — trois bouteilles — 2 — 250 grammes — fromage — charcuterie — lait — une bouteille — 300 grammes — œufs — baguettes — eau — 200 grammes — 1 kilo — deux litres — sucre — limonade — jambon

b) *Léa va au marché. Faites le dialogue entre Léa et Mme Poire, la vendeuse.*

Exemple: *Léa:*
- *Est-ce que vous avez* ***des*** *épinards?*
- ~
- *Mais, qu'est-ce que vous avez?*

Mme Poire:
- *Non, je* ***n'****ai* ***pas d'****épinards, mais ma voisine a* ***beaucoup d'****épinards.*
- ~
- *???*

G § 22
AG § 22

4 a) *Léa veut préparer un dîner français. Qu'est-ce qu'elle peut faire?*

Exemple: D'abord, il y a ***de la*** *salade.*
Ensuite, ~
Enfin, ~

b) *Qu'est-ce qu'il y a à manger, ce soir, chez vous?*

Exemple: Chez moi, il y a ***du*** *jambon,* ~

5 a) *On fait des gaufres. Complétez la recette avec les articles partitifs «du, de la, de l', des».*

Pour les gaufres, il faut

~ sucre,
~ farine,
~ œufs,
~ lait,
~ beurre.

b) *Écoutez bien et complétez la recette avec les quantités*[1].

c) *Combien est-ce que vous êtes dans votre classe? Calculez*[2] *la recette pour toute la classe.*

6 a) *Mme Lecoq téléphone au supermarché. Qu'est-ce qu'elle achète pour la fête? Écoutez bien et faites une liste des* ***produits***[3].

b) *Écoutez encore une fois et complétez la liste avec les* ***quantités***.

7 *Lisez les phrases. Est-ce qu'ils ont faim ou soif?*

Exemple: Lars mange beaucoup, mais il ne boit pas. → *Il a faim, mais il n'a pas soif.*

a) Léa mange beaucoup de gaufres.
b) Nous prenons trois crêpes et une bouteille de jus de pomme.
c) M. et Mme Lecoq boivent beaucoup d'eau.
d) Vous ne mangez pas.
e) Tu ne bois pas.
f) Je mange un grand sandwich, mais je ne veux pas boire.

[1] ***la quantité*** [kɑ̃tite] – die Menge
[2] ***calculer*** [kalkyle] – berechnen
[3] ***le produit*** [prɔdɥi] – das Produkt

8 *Complétez les phrases avec le verbe «boire».*

CA

1. Les jeunes … du coca.
2. Est-ce que tu veux … quelque chose?
3. Oui, je … un orangina.
4. Est-ce que vous avez … une limonade ou un café?
5. Lars … toujours du coca.
6. Prenez encore de l'eau. Vous … trop peu.
7. Pourquoi est-ce que tu ne … pas ton café?
8. Je ne le … pas parce qu'il est trop chaud.

G § 23
AG § 23

9 *Posez des questions et répondez. Utilisez les verbes «boire» et «manger».*

CA

Exemple:

Léa et Lars

Léa

Lars

*A: Est-ce qu'ils mangent **de la** salade?*
*B: Léa mange **une** salade, mais Lars mange **du** pain.*

1

Léa et Lars

Léa

Lars

2

M. et Mme Lecoq

M. Lecoq

Mme Lecoq

3

Rémy et Mathilde

Rémy

Mathilde

4

Caroline et Marie

Caroline

Marie

10 C'est moi

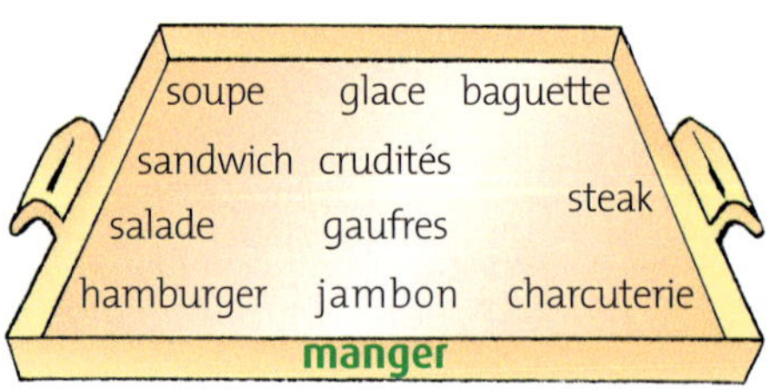

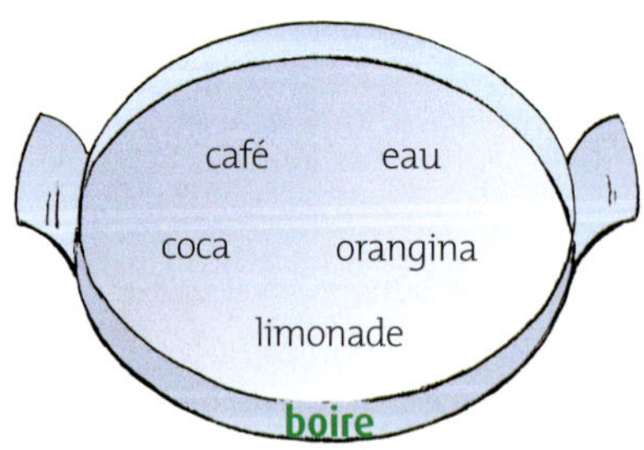

a) *Qu'est-ce que vous aimez manger ou boire?*

*Exemple: J'aime manger **des** crêpes. J'aime boire **du** café.*

b) *Qu'est-ce que vous mangez / buvez à midi? Qu'est-ce que vous ne mangez pas / ne buvez pas? Posez des questions et répondez.*

Exemple: A: Est-ce que tu manges un steak à midi?
*B: Non, je ne mange pas **de** steak, je mange un sandwich.*

voir

je	voi	s	nous		ons
tu		s	vous	voy	ez
il / elle / on		t	ils / elles		ent
p.c.: il / elle a		?			

G § 24
AG § 24

11 a) *Trouvez les formes du verbe «voir».* Wieder einmal hilft Léa Lars, sein Französisch zu verbessern. Neben seinem Frühstück findet er merkwürdig beschriebene Zettelchen.

b) *Trouvez les pronoms personnels correspondants.*

12 ***Attention à la prononciation!***

a) *Écoutez et répétez les phrases. Faites un tableau. Attention: il y a des mots avec* [i] ***et*** [y]*!*

Des filles de Belgique préparent une surprise pour vendredi.
Elles vont chanter avec leur guitare pendant dix minutes.
Ça va être amusant, bien sûr.

[i]	[y]

b) *Écoutez encore une fois. Comparez et corrigez vos résultats.*

c) *Lisez les mots. Faites attention: il y a un intrus!*

CA

aujourd'hui, et puis, la nuit, ensuite, juillet, un guide, le menuisier, huit, la cuisine

13 a) *C'est l'arrivée des amis allemands et belges devant l'hôtel de ville. Qu'est-ce qu'ils disent? Travaillez en groupe (3 ou 4) et jouez la scène.*

p. 58 – 59

Exemple: Lars: Bonjour, je suis Lars Becker.
Mme Lecoq: Bonjour, Lars. Moi, je suis Mme Lecoq. Comment vas-tu?

b) *Maintenant, c'est le dîner. Faites deux groupes: groupe A joue le rôle de l'élève allemand(e), groupe B joue le rôle de la famille française.* Sammelt zunächst an der Tafel mögliche Gesprächsanteile. Der Text S. 58 – 59 hilft euch. Gewonnen hat die Gruppe, die mit einer inhaltlich und sprachlich gelungenen Reaktion „das letzte Wort hat".

14 *Au petit déjeuner, Lars ne trouve pas son programme (p. 59). Il parle à Léa.*

p. 59

a) *Lisez les réponses de Léa dans l'exercice c).* Sucht die Wochentage zu den angesprochenen Programmpunkten.

b) *Lars est dans quel groupe?* An welchem Wochentag unterhalten sich die beiden?

c) *Trouvez les questions de Lars.*

Exemple: → *Lars: Le matin, je vais au collège. Mais qu'est-ce que je fais l'après-midi?*
Léa: L'après-midi, tu vas visiter Lille.

1. → *Léa:* Demain, on va en Belgique.
2. → *Léa:* On a rendez-vous devant l'hôtel de ville.
3. → *Léa:* La compétition est à la piscine Max Dormoy.
4. → *Léa:* La fête commence à 17 heures.
5. → *Léa:* Au collège.
6. → *Léa:* On a rendez-vous à 9 heures devant l'hôtel de ville.

d) *Bertrand est dans le groupe 1. Présentez le programme de son groupe. Quels jours est-ce que Lars et Bertrand ont des activités ensemble?*

savoir faire

Comment trouver des informations dans l'internet?

Wenn du dich vor einem Austausch über einen Ort in Frankreich informieren möchtest, findest du viele Informationen im Internet, oft zu viele. Daher ein paar Tipps zur Suche:

1. Definiere das Thema oder den Suchbegriff so eng und präzise wie möglich, z. B. den Namen des Ortes oder den Namen von Einrichtungen wie *Office du tourisme, Maison de la France, Office franco-allemand pour la jeunesse*. So vermeidest du bei der Eingabe in eine der gängigen Suchmaschinen eine nicht zu bewältigende Datenflut.
2. Auf den Internetseiten findest du häufig eine Kontaktadresse, an die du dich per E-Mail, Fax, Telefon oder auch per Brief wenden kannst.
3. Oft findest du in den zum Suchbegriff angezeigten Einträgen Informationen (Links), die dich auf weitere interessante Seiten führen.
4. **Faustregel:** Teamarbeit ist meist fruchtbringender als individuelles Suchen und macht außerdem viel mehr Spaß.

15 *Travaillez en groupe. Cherchez des informations dans l'internet.*

a) Ihr möchtet etwas über die europäische Bedeutsamkeit von Lille erfahren, besonders vom modernen Lille – *EURALILLE* – möchtet ihr eine genaue Vorstellung gewinnen.

b) Wie Lars interessiert ihr euch vielleicht für die *GÉANTS* und ihr wollt sie euren Mitschülern / Mitschülerinnen genauer vorstellen.

16 a) *Qu'est-ce qu'on peut faire dimanche? Où est-ce qu'on peut aller? Faites 5 groupes.*
Jede Gruppe erstellt im Namen einer Person (M. Lecoq, Mme Lecoq, Léa, Clément, Lars) ein Wunschprogramm für den Sonntag. Notiert eure Vorschläge in einer Tabelle.

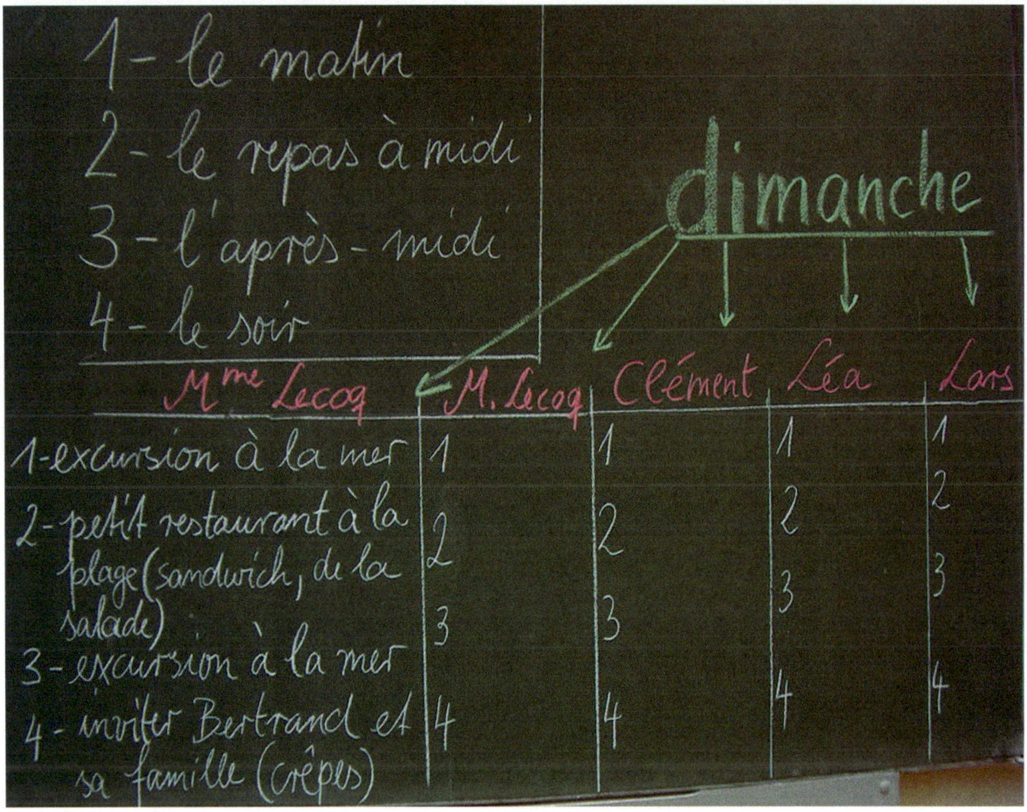

b) *Discutez. La famille Lecoq et Lars discutent du programme pour le dimanche. Jouez la scène.*

Exemple :	*Mme Lecoq:*	*Le matin, on peut aller à la mer, non?*
	M. Lecoq:	*C'est une bonne idée, mais Lars veut peut-être rester à Lille et rencontrer ses copains?*
	Clément:	*Moi, je voudrais jouer avec Lars. Mon ordinateur nous attend.*
	Léa:	*On peut montrer le marché à Lars et après, vous pouvez jouer à l'ordinateur et maman et moi, nous préparons le repas.*

c) *Jouez le rôle de Lars. Présentez son programme.*

Lars:

le matin:	*aller au marché avec Léa et jouer à l'ordinateur avec Clément*
le repas à midi:	*à la maison*
l'après-midi:	*rencontrer les amis à la piscine*
le soir:	*inviter Bertrand et «sa» famille, faire des crêpes*

d) *À vous maintenant! Vous êtes dans une famille en France. Qu'est-que vous allez faire le dimanche? Présentez vos programmes.*

Une bonne semaine

Mardi, en face de la piscine...

Léa: Ouf, j'ai nagé pendant trois heures!

Lars: Moi aussi. Nos trois équipes ont préparé la compétition. Qui va gagner?

Léa: On va voir ... Maintenant, je vais préparer la fête de vendredi avec des amis de l'école et toi, qu'est-ce que tu vas faire?

Lars: Je veux aller en ville et faire les magasins. Je vais aussi aller à la poste parce que je veux acheter des timbres.

Léa: C'est une bonne idée. Tu peux aller en ville jusqu'à l'hôtel de ville. C'est la station *Mairie de Lille*. Mais tu sais, tu peux aussi acheter les timbres dans un bureau de tabac. Puis, va aussi à la pâtisserie Meert, rue Esquermoise. C'est une très bonne pâtisserie.

Lars: La rue ... euh ... est-ce que moi, je ... c'est loin de la place de l'hôtel de ville?

Léa: Regarde ton plan. C'est à environ 500 mètres. Tu vas tout droit jusqu'à la rue de Paris. Là, tu tournes à droite et tu continues tout droit jusqu'à la place du théâtre. Ici, tu tournes à gauche, après à droite et tu passes devant le théâtre. Tu traverses la rue Nationale et tu es dans la rue Esquermoise.

Lars: J'ai compris. Dis, après ton travail avec tes amis, tu peux aller aussi à la pâtisserie? Et je vais acheter quelque chose pour toi. Je t'attends là, d'accord?

Léa: Hum! D'accord! Rendez-vous à 18 heures.

Jeudi, avant le départ pour l'excursion ...

Mme Lecoq: Vous allez à Strépy-Thieu, aujourd'hui. J'ai trouvé un article sur l'ascenseur pour les bateaux, dans un journal. Il est ici.

Lars: Merci. Je vais lire l'article dans le car.

Un ascenseur pour les bateaux

Beaucoup de touristes français, allemands, anglais, belges vont à Strépy-Thieu, près de Mons en Belgique. Ils veulent visiter un musée intéressant. C'est une très grande construction. Avec l'ascenseur, les bateaux peuvent monter et descendre 70 mètres en 40 minutes. Les touristes peuvent visiter la salle des machines et ils peuvent aussi regarder un film. Quand on fait la visite en mai, juin, juillet ou août, on peut faire une promenade en bateau et prendre l'ascenseur.

Le musée des Ascenseurs de Strépy-Thieu, téléphone: +32.64.67.12.00

Vendredi soir, à la fête …

Léa, Lars et Clément sont avec leurs copains belges, Arnaud et Bertrand.

Léa: Il parle, il parle … Ça suffit maintenant. Quand est-ce que la fête va commencer?
La prof: Bientôt. Chut!
Bertrand: Nous ouvrons la fenêtre?
Léa: C'est une bonne idée.
Arnaud: Ah! Ça y est. Il a arrêté.
Clément: Enfin, nous pouvons discuter!
Léa: Nous avons passé une semaine super, vous ne trouvez pas?
Lars: C'est vrai. Moi, j'ai aimé la piscine. J'ai gagné la compétition du 200 mètres nage libre. Je suis heureux.
Léa: Oui, bravo Lars. Moi, je n'ai pas eu de chance. Je n'ai pas gagné de compétition. Mais on a bien rigolé!
Arnaud: L'équipe belge a gagné 8 fois. C'est une très bonne équipe, hein, Bertrand?
Bertrand: Oh, oui! C'est vrai!
Lars: Et j'ai aimé aussi l'ascenseur pour les bateaux et les repas du soir.
Bertrand: Et …, tu n'as pas aimé notre Géant génial?
Lars: Si, bien sûr. Votre Géant est super.
Arnaud: Regardez, on peut manger et boire maintenant.
Clément: Lars, je t'offre quelque chose?
Lars: Je vais prendre un jus de pomme, merci.
Clément: Vous rentrez déjà demain. C'est dommage.
Bertrand: Oui, mais nous avons rendez-vous dans douze mois à Liège.
Lars: Je vais travailler beaucoup à l'école et à Liège, je vais parler français comme vous!

4B Activités

1 a) *Vrai ou faux? Regardez p. 56, 59, 66 – 67.*

p. 56, 59, 66 – 67

1. Lille est une ville belge.
2. Le LOSC est le club de foot de Cologne.
3. On mange des steaks-frites à la pâtisserie Meert.
4. EURALILLE est un musée des ascenseurs.
5. Le nom de la piscine est Max Dormoy.
6. Lille a des villes jumelées en Allemagne et en Belgique.
7. Les touristes habitent à l'hôtel de ville.
8. À Strépy-Thieu, on peut voir les Géants.
9. À Lille, il y a le musée des Beaux-Arts.
10. Liège est le nom belge de Lille.

b) *Corrigez les phrases.*

2

Lars, hier soir, j'ai attendu devant la pâtisserie Meert. Mais toi, tu n'as pas trouvé la pâtisserie. Alors tu as passé le soir avec Clément et les autres au MacDo et au cinéma. Je pars très tôt ce matin. Est-ce qu'on a rendez-vous aujourd'hui?
Salut, Léa

Gestern Abend, ich habe gewartet vor der Konditorei Meert. Aber du hast nicht gefunden die Patisserie ...

! Moment, du kannst es sicher besser, wenn du folgende Hinweise beachtest:

savoir faire

La traduction • **Die Übersetzung**

Lies den französischen Text **ohne Wörterbuch** einmal vollständig durch. So hast du schon eine erste Vorstellung vom Inhalt.
Für das weitere Vorgehen ist es wichtig, dass du dir den Unterschied zwischen dem französischen und deutschen Satzbau bewusst machst. Das betrifft besonders die Stellung der Verbformen. Im französischen Satz stehen **alle** Verbformen hinter dem Subjekt. Deshalb musst du neben dem Inhalt auch noch auf den deutschen Satzbau, Ausdruck (Wortwahl) und Zeichensetzung achten.

a) *Corrigez la traduction des deux phrases.*

CA

b) *Traduisez le message de Léa à Lars.*

p. 66

3 *Lars écrit une lettre à ses grands-parents. Il leur écrit aussi la traduction de l'article sur l'ascenseur de Strépy-Thieu parce qu'ils ne parlent pas français. Traduisez pour lui.*

4 *Complétez les phrases.* Léa geht davon aus, dass Freundschaft auf Gegenseitigkeit beruht. Also tut sie für ihre Freunde das, was diese auch für sie tun würden. Aber manches tut sie auch nicht.

Exemple: ***Mes amis?*** *Je* ***les*** *comprends, quand ils ont un problème.*

1. Mes amis? Je ~ vois les après-midi et les samedis.
2. Mon ami? Je ~ vois aussi le soir.
3. Mon amie? Je ~ trouve formidable.
4. Sa chambre? Je ne ~ range pas.
5. Leurs devoirs? Je ne ~ fais pas.
6. Sa photo? Je ~ regarde souvent.
7. Ses questions? Je ~ écoute toujours.
8. Le rendez-vous avec mon ami? Je ne ~ rate pas.

5 a) *Lars aime bien le français, mais il a encore des problèmes. Il prépare ses phrases en silence[1] parce qu'il n'ose[2] pas les dire à Léa. Complétez ses phrases.*

1. Quand je ~ regarde, je ~ trouve jolie.
2. Quand je suis à la pâtisserie, tu ~ vois?
3. Quand je ~ perds dans la ville de Lille, je ~ cherche partout.
4. Quand je ~ cherche, tu ~ trouves?
5. Quand je parle français, tu ~ comprends?

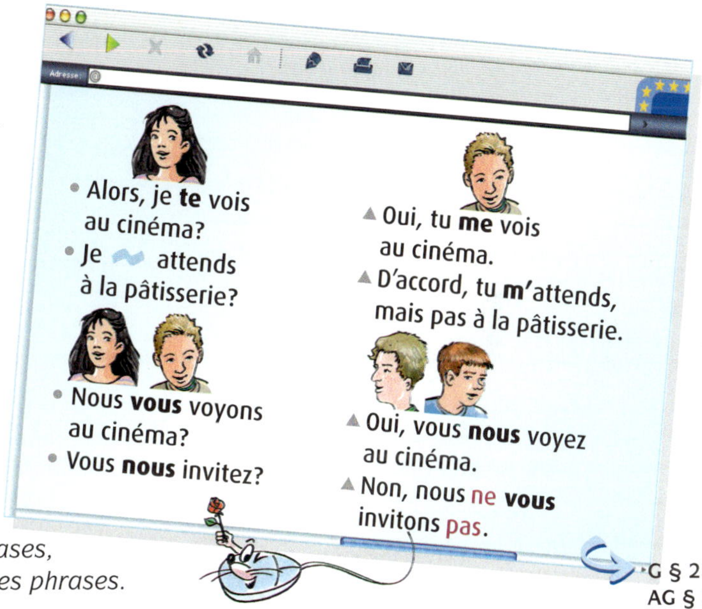

G § 25
AG § 25

b) *Comme Lars a bien préparé ses phrases, il peut réagir[3] très vite. Complétez ses phrases.*

1. *Mme Lecoq à Lars:* Tu ~ comprends?
   Lars: Oui, je ~ comprends.
2. *Léa à Lars:* Pourquoi est-ce que tu ~ regardes?
   Lars: Je ~ regarde parce que tu es jolie.
3. *Bertrand aux amis allemands:* Nous ~ voyons à Liège?
   Lars: Oui, nous ~ voyons à Liège.
4. *Lars à Arnaud et à Bertrand:* Je ~ vois à la piscine?
   Arnaud et Bertrand: Oui, tu ~ vois à la piscine.
5. *Lars à Arnaud et à Bertrand:* Vous ~ doublez pendant la compétition?
   Arnaud et Bertrand: Bien sûr, nous ~ doublons pendant la compétition.
6. *Lars à Léa et à Clément:* Oh, j'ai trop mangé. Vous ~ portez après le repas?
   Léa et Clément: Oui, nous ~ portons après le repas.

[1] ***en silence*** [ɑ̃silɑ̃s] – im Stillen
[2] ***oser*** [oze] – wagen
[3] ***réagir*** [reaʒir] – reagieren

6 a) *Et les parents? Lars discute avec Léa et Clément. Complétez les réponses.*

Exemple:
*Tes parents, ils **t'**aiment?*

1. Tes parents, ils t'aiment?
2. Mais oui, ~.
3. Tes parents, ils ~ apportent des cadeaux quand tu es à l'hôpital?
4. Oui, ils ~ attendent toujours.
5. Ton père ~ oublie souvent?
6. Mais oui, ~.

*Mais oui, ils **m'**aiment.*

1. Mais oui, ~.
2. Vos parents, ils ~ écoutent?
3. Non, ~.
4. Léa, tes parents ~ attendent toujours quand tu rentres d'une fête?
5. Mais non, ~.
6. Vos parents ~ invitent aussi au restaurant, Clément et toi?

b) *Et ta mère ou ton père? Qu'est-ce qu'ils font? Qu'est-ce qu'ils ne font pas?*

7 *Qu'est-ce que Lars pense, dit ou demande? Faites des phrases.*

Exemple:
mes CD – dans mon sac. → ***Mes CD**, je **les** mets dans mon sac.*
Léa – ne pas oublier! → ***Léa**, je ne **t'**oublie pas!*

1. mes euros – dans ma poche
2. M. et Mme Lecoq – appeler samedi soir
3. Clément – trouver formidable
4. la photo de Léa – dans mon livre
5. Clément et Léa – oublier?
6. mes livres – dans mon sac
7. M. et Mme Lecoq – inviter à Cologne
8. les surprises pour maman et papa – dans un petit sac
9. Léa – trouver sympathique?
10. vous – inviter – moi et mes parents?

ouvrir

ouvr-: j' e, tu es, il/elle/on e

p.c.: il/elle a ouvert

offrir

offr-: nous ons, vous ez, ils/elles ent

G § 26
AG § 26

8 a) *Complétez les phrases avec «ouvrir» ou «offrir». Écrivez les phrases au tableau.*

1. Quand est-ce que la pâtisserie ~?
2. Je t'~ quelque chose?
3. Qui a ~ la fenêtre?
4. Nous ~ encore une fenêtre et vous ~ aussi la porte.
5. Lars a ~ un livre à la famille Lecoq.
6. M. et Mme Lecoq lui ~ aussi une petite surprise.
7. Tu m'~ un jus de pomme?

b) *Lisez les phrases.* Nach jedem Durchgang werden Satzteile ausgelöscht. Wer schafft es, von der leeren Tafel alle Sätze richtig „abzulesen"?

9 *Vous êtes à table. Faites des dialogues avec les mots et jouez la scène.*

Exemple: A: Il y a ***du*** *lait?*
B: Oui, bien sûr.
A: Alors, tu me passes ***le*** *lait, s'il te plaît?*
B: Voilà.

il y a
passer
donner
offrir

les gaufres, la limonade, le fromage, l'orangina, le lait, l'eau, le pain, la salade, la glace, les frites, le pop-corn, la baguette, le beurre

10 a) *Où est ~?* Sucht aus dem Text alle Wendungen zur Wegbeschreibung heraus und schreibt die Verben im Infinitiv mit ihren Ergänzungen in euer Heft.

CA

Un monsieur: Pardon, Madame, je cherche une librairie. Est-ce qu'il y a une librairie près d'ici?
Une dame: Attendez ... Mais bien sûr. Vous voyez le pont? Vous allez jusqu'au pont. Devant le pont, vous allez à gauche et vous continuez la rue jusqu'à la boulangerie. À côté de la boulangerie, il y a une grande librairie.
Un monsieur: Merci beaucoup, Madame.

b) *Lisez le dialogue entre Léa et Lars à la p. 66 encore une fois. Complétez votre liste de a).*

p. 66

11 *Où va Lars?* Hört die Wegbeschreibung von Léa[1] und verfolgt sie auf dem Stadtplan.

DELF

12 *Regardez le plan de Lille. Vous êtes chez la famille Lecoq, 75 rue Voltaire, 59000 Lille. Où est-ce que vous voulez aller?*

Umschlag-innenseite

Exemple: Je veux aller à la Cathédrale Notre-Dame de la Treille[2]. Je suis dans la rue Voltaire et tourne à droite dans la rue de la Collégiale[3]. Je continue tout droit, traverse une rue, après encore une autre rue. Je passe devant le Palais de Justice[4] à gauche, traverse encore une rue et tourne après à droite. La cathédrale est devant moi.

[1] Erklärungen zum Hörtext auf CD: ***la poste principale*** [pɔstəprɛ̃sipal] – die Hauptpost
le Boulevard de la Liberté [bulvardəlalibɛrte] – Boulevard der Freiheit
[2] ***Cathédrale Notre-Dame de la Treille*** [katedralnɔtrədamdəlatrɛj] – *Name einer Kathedrale*
[3] ***la rue de la Collégiale*** [ryd(ə)lakɔleʒjal] – *Straßenname*
[4] ***le Palais de Justice*** [palɛd(ə)ʒystis] – der Justizpalast

Umschlag innenseite

13 a) *On va où?*

- Auf dem Stadtplan von Lille wird ein gemeinsamer Ausgangspunkt festgelegt.
- Jede Gruppe bereitet eine Wegbeschreibung vor und präsentiert sie, allerdings ohne den Zielort zu nennen.
- Die andere Gruppe muss den Zielort am Ende der Wegbeschreibung nennen können.

b) *J'arrive où? Travaillez avec le plan de votre ville comme dans l'exercice a).*

AG

14 *Les élèves français répondent aux questions des amis allemands et belges. Répondez avec «oui» ou «si».*

Exemple:
Est-ce que vous allez avec nous à la piscine? → ***Oui****, nous allons avec vous à la piscine.*
Vous ***n'****avez* ***pas*** *cours cet après-midi?* → ***Si****, nous avons cours.*

1. Vous allez avec nous à Euralille? ~
2. Vous n'êtes pas avec nous ce soir? ~
3. Nous n'avons pas rendez-vous à Cologne dans douze mois? ~
4. On a rendez-vous samedi à neuf heures? ~
5. Vous ne faites pas l'excursion à Strépy-Thieu? ~
6. Vous avez passé un bon dimanche? ~
7. Vous n'avez pas gagné la compétition? ~
8. On ne peut pas voir votre Géant ce soir? ~
9. Vos professeurs peuvent aller à la fête? ~

15 ***Attention à la prononciation!***

a) *Écoutez et répétez le texte.*

b) *Cherchez les mots avec* [wa].

Un soir, Françoise va chez sa voisine Natacha, rue Esquermoise. Là, à droite, dans le couloir, Françoise voit trois armoires. Natacha demande: tu as déjà vu ça? Elle ouvre une armoire et voilà …

c) *Continuez. Complétez le texte avec au moins[1] un mot avec* [wa]. *Travaillez avec le minidictionnaire.*

*Exemple: Et v****oi****là une photo d'un tourn****oi****.*

16 *Lars, Léa, Clément, Arnaud et Bertrand sont heureux parce qu'ils ont rendez-vous à Liège dans douze mois.*

a) *Qu'est-ce qu'ils vont faire à Liège? Écrivez un texte au futur composé.*

Exemple: Dans douze mois, ~

[1] ***au moins*** [omwɛ̃] – mindestens

b) *Qu'est-ce que les amis veulent faire pendant les douze mois? Décrivez les activités d'un des quatre amis.*

préparer des frites | comprendre et parler français | travailler beaucoup à l'école | acheter un grand cadeau | préparer un Géant | travailler à la cuisine avec la mère | gagner la compétition | offrir le Géant aux amis | rigoler avec les amis | travailler au lycée professionnel | inviter les amis à la maison

17 ***En français, s'il vous plaît!***

Travaillez à deux. Vous allez rentrer en Allemagne. Avant le départ, vous voulez faire les courses pour le voyage[1].

- Du sagst, dass du noch Wasser, Brot, Käse, Schinken und Äpfel kaufen möchtest.
- Er / Sie antwortet, dass es hier in der Nähe einen guten Supermarkt gibt.
- Du fragst, ob es dort teuer ist.
- Er / Sie antwortet, dass es dort nicht teuer ist.
- Du fragst, wo sich der Supermarkt befindet.
- Er / Sie antwortet, dass es nicht weit, ungefähr 300 Meter von der Post entfernt ist.
- Du findest das gut und fragst, wie du dahin kommst.
- Er / Sie sagt, dass du an der Post zuerst nach rechts gehst, dann immer weiter geradeaus, die *rue de Paris* überquerst, am Rathaus vorbei gehst und dass der Supermarkt dann links liegt.
- Du bedankst und verabschiedest dich.

18 ***Maintenant, je sais ...***

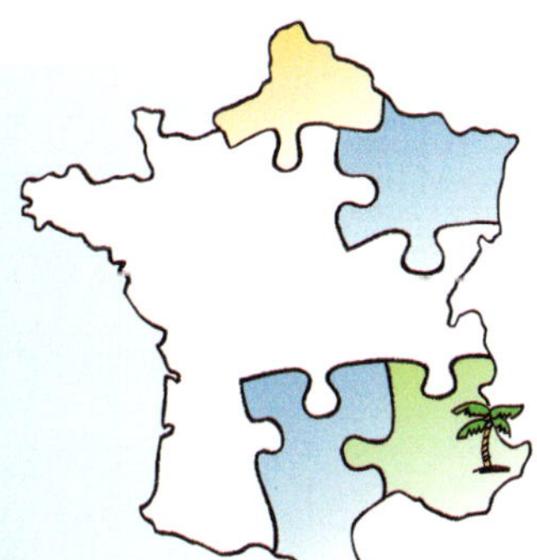

- wie man sagt, dass man Hunger und Durst hat.
- wie man sagt, dass man noch etwas trinken möchte.
- wie man jemandem Crêpes zu essen oder Cola zu trinken anbietet.
- wie man jemanden um Salat oder Wasser bittet.
- wie man sagt, was man in Deutschland im Unterschied zu Frankreich isst oder trinkt.
- wie man sich an einem bestimmten Ort zu einer bestimmten Zeit verabredet.
- wie man fragt, ob die Post weit vom Rathaus entfernt ist.
- wie man erklärt, dass man zuerst geradeaus geht, eine Straße überquert, an einem Theater vorbeigeht, nach links abbiegt und dann rechts und somit angekommen ist.

[1] ***le voyage*** [vwajaʒ] – die Reise

1 a) *Qui est qui? Faites un tableau. Trouvez les descriptions correspondant aux personnes.*

14 ans

ne pas être au collège

jouer un rôle dans une comédie musicale

avoir rendez-vous avec un garçon / une fille à la pâtisserie

avoir une grande sœur — avoir un accident

13 ans — parler allemand et un peu français

petit — ne pas trouver la pâtisserie — nager

être au cinéma et à la police

gagner une compétition

chercher son portable

avoir un grand frère

faire du vélo — être au collège

joli — grand

b) *Travaillez à deux. Élève A décrit une personne. Élève B trouve la personne correspondant à la description.*

Exemple: A: Elle a 14 ans. Elle est au collège et elle nage. Elle a un grand frère. Elle est jolie. Elle a rendez-vous avec un garçon à la pâtisserie.
B: C'est ~ .

2 G § 5, 13

a) *Le tee-shirt est un cadeau de votre ami(e) français(e). Reliez les adjectifs «furieux, amoureux, joli, sympathique, curieux, célèbre, ennuyeux, amusant, heureux, malade» aux visages sur le tee-shirt.*

Exemple: La personne numéro 1 est sympathique.

b) *Et vous, vous êtes ~ ? Faites des phrases.*

3 a) *Travaillez en groupe.* Bildet drei Gruppen und organisiert einen Wettbewerb. Tragt gemeinsam Adjektive zusammen. Eine/r von jeder Gruppe schreibt die **maskuline** Form im **Singular** an die Tafel. Die Gruppe, die zuerst zehn Adjektive gefunden hat, ist Sieger.

b) Vergleicht die Adjektive aller Gruppen und löscht die Adjektive, die **mehrfach** auftreten. Bildet nun jeweils die **feminine** Form **Singular** der verbleibenden Adjektive.

c) *Travaillez à trois.* Faltet ein Blatt Papier so, dass drei Spalten entstehen. Der / die Erste schreibt ein Subjekt in die erste Spalte und faltet das Blatt nach innen. Der / die Zweite schreibt in die dritte Spalte ein Adjektiv. Der / die Dritte faltet das Blatt auseinander, fügt die fehlende Form von *être* ein, passt, falls nötig, das Adjektiv an und liest den Satz vor. Der / die Letzte beginnt von neuem.

d) Wählt den Satz aus, der euch am besten gefällt, und stellt ihn den anderen Gruppen vor.

4 *Lars et Léa font les magasins ensemble. De quoi est-ce qu'ils parlent? Comment est-ce qu'ils trouvent les articles dans les magasins? Faites un tableau.*

Exemple: un grand livre sur le foot – il est cher

5 *Les douze mois de Philippe. Racontez l'histoire au passé composé.*

DELF

G § 8, 10, 11

I
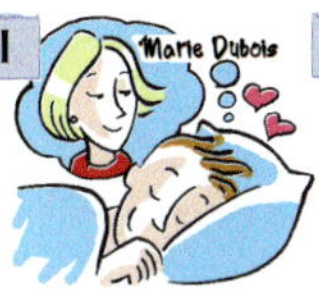

rêver

II

imiter

III
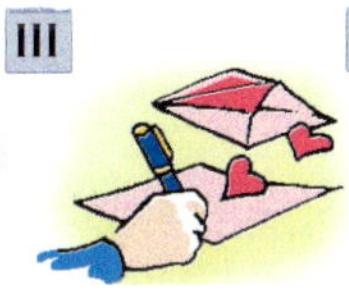
écrire

IV

chanter

V

offrir

VI

acheter

VII

téléphoner

VIII

réparer

IX

sonner

X

préparer une surprise

XI

inviter

XII

rater

6 *L'excursion à Strépy-Thieu. Mettez les verbes au passé composé.*

G § 8, 10, 11, 15

1. Le car de Lille (arriver) à Strépy-Thieu.
2. Anne (rester) dix minutes dans le car parce qu'elle (téléphoner) avec son portable.
3. Nous (descendre) avec l'ascenseur pour les bateaux.
4. Tu (tomber) dans le musée parce que tu n'as pas fait attention.
5. Elles (aller) à l'hôpital avec Bertrand.
6. Vous (rentrer) sans lui.

7 a) *Mettez les verbes au passé composé.*

Hier, Coralie (téléphoner) à ses copains pour un rendez-vous devant le cinéma à 18 heures. Mais le bus (ne pas arriver). Elle (vouloir) attendre l'autre bus, mais elle (perdre) son ticket. D'abord, elle (écrire) un texto à sa copine Claudine. Claudine (ne pas répondre). Alors, Coralie (rentrer) à la maison. Elle (prendre) son vélo, elle (ne pas faire) attention et elle (tomber) dans la rue. Les copains (attendre) Coralie et après, ils (entrer) sans elle. Le film (commencer) à 18h30 sans Coralie. Mais, quelle chance, Coralie (rêver) seulement!

b) *Coralie raconte son rêve à sa sœur.*

Exemple: Hier, ***j'ai téléphoné*** *à* ***mes*** *copains*

G § 22

8 a) *Pour une fête avec des amis, vous voulez préparer des crêpes ou des gaufres, une grande salade et des boissons. Qu'est-ce qu'il y a dans votre cuisine?*

*Exemple: Il y a **du** fromage.*

b) *Qu'est-ce qu'il faut pour la salade, les gaufres, les crêpes ou un autre dessert?*

*Exemple: Pour mon dessert, il faut **de la** glace et **du** chocolat.*

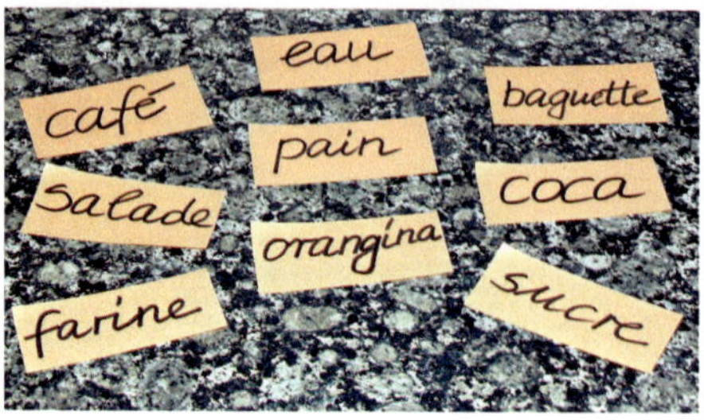

G § 21

9 *Faites des dialogues et jouez les scènes.* Achtet bei der Verwendung der Objektpronomen darauf, wer mit wem spricht.

Exemple: Le vétérinaire: Tu as un problème avec ton chien? Alors, tu m'appelles?
*La fille: Oui, je **vous** appelle.*

la copine, l'infirmière, le garçon, les parents, la grand-mère, le père, la vendeuse, la sœur, le vétérinaire, le voisin, la mère, le médecin, la fille, le touriste, le frère, le copain, le policier, la prof, le grand-père, le moniteur, la voisine, le vendeur, les grands-parents

10 a) Teilt die Objektpronomen der dritten Person in direkte und indirekte ein.

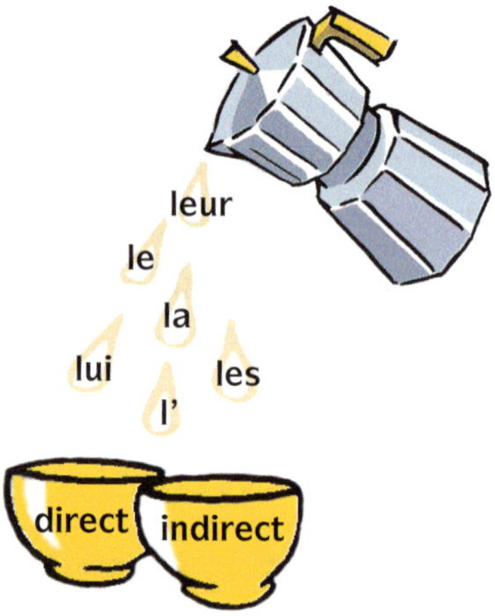

b) *Répondez aux questions. Répondez «oui» et remplacez l'objet **direct**.*

*Exemple: A: Vous visitez **la ville de Lille**?*
*B: Oui, nous **la** visitons.*

1. Tu aimes les livres de Victor Hugo?
2. Nous faisons l'excursion à Strépy-Thieu?
3. Adrien rattrape les cours?
4. Le professeur ouvre la fenêtre?
5. Vous préparez la comédie musicale?
6. La classe d'Adrien fait une interro de maths jeudi?

c) *Répondez aux questions. Répondez «oui» et remplacez l'objet **indirect**.*

*Exemple: A: Nadir apporte les devoirs **à Adrien**?*
*B: Oui, il **lui** apporte les devoirs.*

1. Tu téléphones à tes grands-parents aujourd'hui?
2. Nous écrivons un mél à nos amis français?
3. Les parents offrent un portable à leur fille?
4. L'élève répond à son professeur?
5. Vous demandez l'heure au monsieur en vélo?
6. Le prof donne les textes aux élèves?

11 *C'est qui pour toi? Répondez aux questions.*

Exemple: A: Qui ***t'****offre des cadeaux pour* ***ton*** *anniversaire?*
B: Mes parents ***m'****offrent des cadeaux pour* ***mon*** *anniversaire.*

1. Qui t'écrit toujours des textos?
2. Qui vous donne des devoirs?
3. Qui t'explique le problème de maths?
4. Qui vous prépare le repas à la maison?
5. Qui vous écoute quand vous avez un problème au collège?
6. Qui te comprend toujours?
7. Qui organise la fête pour ton anniversaire?

12 *Complétez le texte avec «me, te, le, la, les, lui, nous, vous, leur».*

G § 21, 25

SOS sur l'internet
J'aime Zidane. Oh oui, je ~ aime beaucoup. Je ~ écris des mél et je ~ téléphone. Mais il ne ~ répond pas. Zidane et son équipe, je ~ vois aussi à la télé. Ils sont formidables. Je ~ offre un petit cadeau. Avec mes amis, je ~ prépare une surprise. Est-ce qu'ils vont ~ répondre?
Et toi? Tu ~ aimes aussi? Tu ~ écris aussi? Il ne ~ répond pas? Tu ~ réponds? Je ~ aide. Tu ~ aides. Et la surprise, nous ~ préparons ensemble.

13 ***Maintenant, je sais ...***

a) Jetzt habt ihr Gelegenheit, euer Wissen aus den *Unités* 1 – 4 anzuwenden und zum Thema Ferien und Freizeit zu sagen:

- wo man die Ferien verbracht hat.
- was man spielen kann.
- dass man jemandem vorschlägt, gemeinsam ins Kino (Museum, in die Konditorei) zu gehen.
- welche Filme zu welcher Zeit im Kino laufen.
- dass man sich an einem bestimmten Ort zu einer bestimmten Zeit verabredet.
- wo man sich befindet (am Strand, am Hafen, auf der Straße).
- dass man dort hinkommt, wenn man zuerst geradeaus geht, eine Straße überquert, an einem Theater vorbeigeht, nach links und dann rechts abbiegt.

b) Ihr könnt euch aber auch über Probleme wie Unfall oder Krankheit äußern:

- wie man sagt, dass man sein Handy / seine Tasche verloren hat.
- wie man sagt, dass etwas gestohlen wurde.
- dass jemand einen Unfall hatte.
- dass man einen kranken Freund / eine kranke Freundin bemitleidet.
- dass man Kopfschmerzen hat.
- was man an Unterrichtsstoff nachholen möchte.

Notre école magique

Est-ce que vous avez déjà pensé à une journée ou à toute une semaine dans une **école magique**? Ce n'est pas difficile. Vous êtes déjà dans une école, vous êtes des élèves et vous avez des professeurs. C'est déjà génial.
Mais, maintenant, vous avez la chance d'inventer[1] **votre** école dans une jolie région de France. Vous cherchez et prenez une autre identité[2]. Vous êtes des élèves et des professeurs français et vous préparez la visite de vos amis allemands.
On y va?

! ***Attention!*** Eine Regel müsst ihr unbedingt beachten: Der Erste, der spricht, hat Recht!

1 *En France, il y a beaucoup d'écoles, de collèges et de lycées, mais seulement* ***une*** *école magique. Donnez des informations intéressantes.*

Umschlag-innenseite

a) *Où est votre école magique?* Wählt eine euch bekannte Region und Stadt Frankreichs aus. Die Landkarte auf der Umschlag-innenseite kann euch Anregungen geben. Weitere Informationen könnt ihr im Internet finden. Versucht es mit www.(Name der Stadt/Region).fr.

Exemple: C'est une école en France.

b) *Décrivez votre école magique. Comment est-ce qu'elle s'appelle[3]?*

Exemple: Notre école est petite. Son nom est MAGICÉE.

COLL – MA – GI – É – ÈGE – QUE – CO – LY – CÉE – LE

joli – petit

grand – super

2 *Qui? Cherchez des personnes pour votre école magique. Prenez une autre identité.*

a) Teilt die Klasse in zwei Gruppen. Die eine Gruppe trägt alle bekannten französischen weiblichen Vornamen zusammen, die andere Gruppe die männlichen. Die Gruppen schreiben ihre Ergebnisse in zwei Spalten an die Tafel.

p. 74

b) Eure Nachnamen wählt ihr aus den euch bekannten französischen Adjektiven. Eure Liste mit den Adjektiven aus Übung 3 auf S. 74 hilft euch dabei.

c) Damit eure Mitschüler/innen auch wissen, mit wem sie es zu tun haben, fertigt ihr ein Namensschild an. Dazu klebt ihr ein Passbild, das euch gefällt und nicht unbedingt euch selbst darstellen muss.

[1] ***inventer*** [ɛ̃vɑ̃te] – erfinden
[2] ***l'identité*** *f* [idɑ̃tite] – die Identität
[3] ***elle s'appelle*** [ɛlsapɛl] – sie heißt

3 *Écrivez la première lettre.* Nun wird es höchste Zeit. Die Austauschschüler/innen wollen endlich Genaueres wissen. Die Briefe (oder E-Mails), in denen ihr euch vorstellt, sollen an die Austauschklasse geschickt werden.

Exemple:

> *Cher ami / chère amie,*
> *Mon nom est* ~

4 *Préparez votre échange[1] ensemble. Écrivez les mots suivants au tableau.*

Um Gruppen bilden zu können, bringt ihr euer Namensschild jeweils unter der Aufgabe an, die euch am besten gefällt. In den einzelnen Gruppen müsst ihr sicher einiges an Material sammeln. Dafür solltet ihr euch einigen, wer was mitbringen kann. Ihr könnt einen Gruppenleiter bestimmen, der Notizen macht und die Uhr ein wenig im Auge behält, damit ihr rechtzeitig fertig werdet. *Et maintenant, au travail!*

a) *Cherchez des informations sur votre école magique.*

b) *Faites un emploi du temps avec les cours et les activités pour l'après-midi.*

c) *Préparez aussi des activités sportives.*

d) *Faites un plan de «votre» ville.*

e) *Prenez une photo de toutes les personnes de votre école magique.*

f) *Écrivez une invitation à votre classe d'échange. Utilisez les questions:*

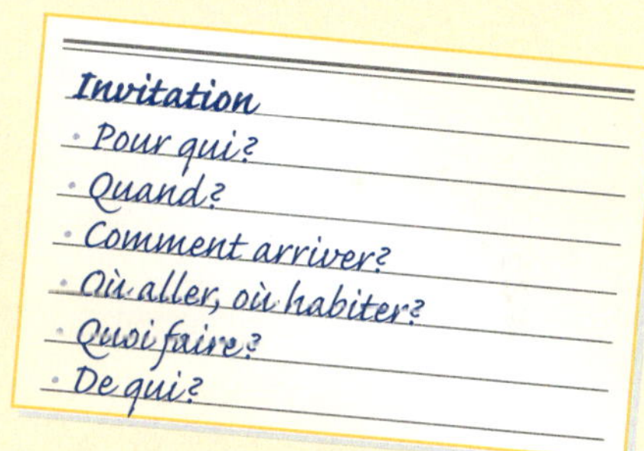

5 Stellt eure Arbeiten fertig. Bildet eine Redaktion und fasst alle Ergebnisse zu einem Material zusammen. Wenn ihr genügend Kopien anfertigt, hat jede/r von euch eine schöne Anregung für die Vorbereitung eines tatsächlichen Austausches. Schickt doch mal eine davon an unseren Verlag.

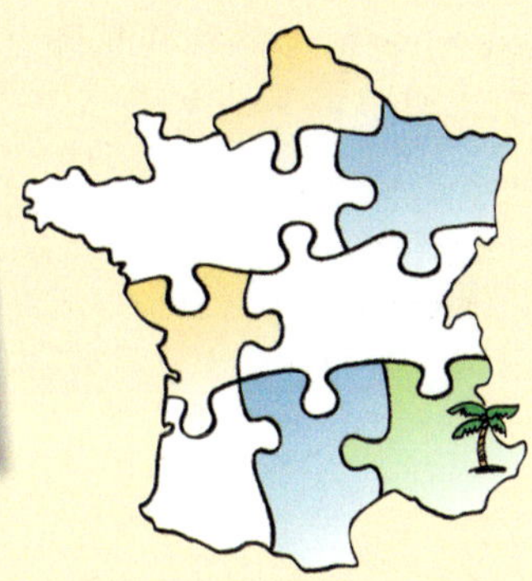

[1] ***l'échange*** *m* [eʃɑ̃ʒ] – der Austausch
[2] ***l'invitation*** *f* [ɛ̃vitasjɔ̃] – die Einladung

La nature en hiver

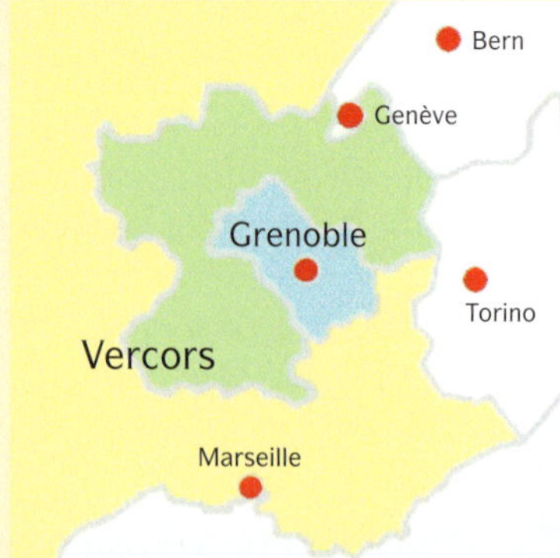

Lundi matin, c'est le grand départ pour Noémie et sa classe de quatrième. Les élèves vont dans le Parc naturel régional du Vercors pour un séjour scolaire d'une semaine. Ils vont rencontrer des personnes du parc, parler de la nature et des animaux et visiter une station météo parce qu'ils travaillent avec Madame Rivière, leur professeur de S.V.T., sur le projet: «comprendre la nature en montagne».

savoir vivre

Le Parc naturel régional du Vercors

En France, il y a plusieurs[1] parcs naturels, comme le Parc naturel régional de Corse[2] ou le Parc naturel régional de Camargue. Le Parc naturel régional du Vercors est près de Grenoble. Il est comme une petite région, avec 68 villes et villages[3]. Là, les touristes ou les élèves peuvent apprendre beaucoup de choses sur les animaux, la végétation[4] et aussi sur l'histoire de la région.
Des animateurs organisent des visites, des randonnées partout dans le parc. Les villages offrent des activités culturelles ou sportives. Mais on fait très attention à la nature parce qu'on veut la protéger[5]. On peut passer une journée dans le parc ou bien une semaine, un mois ... dans une maison de vacances ou dans un camping. Ce n'est pas ennuyeux!

? *Cherchez la réponse sur l'internet. Combien de parcs naturels régionaux est-ce qu'il y a en France?*

Mme Rivière: Bon, Paul est là, nous partons maintenant. Nous allons arriver au Parc naturel régional du Vercors à dix heures moins le quart. M. Torrin, l'animateur, nous attend et il va répondre à toutes vos questions sur les animaux du parc.

Guillaume: Dommage, il pleut aujourd'hui. Quel mauvais temps! Quel temps fait-il dans les montagnes? Quelle est la température là-bas?

Noémie: Dans le Vercors, il y a beaucoup de nuages. Il neige et il fait deux degrés. J'ai regardé la météo.

Guillaume: Super! J'aime les randonnées dans la neige. Et j'aime aussi faire de la luge...

[1] ***plusieurs*** [plyzjœr] – mehrere
[2] ***la Corse*** [kɔrs(ə)] – Korsika
[3] ***le village*** [vilaʒ] – das Dorf
[4] ***la végétation*** [veʒetasjõ] – die Pflanzenwelt
[5] ***protéger*** [prɔteʒe] – schützen

Marine: Et des batailles de boules de neige!
Noémie: Oui, c'est super rigolo.
Sylvain: Je suis allé dans le Vercors avec ma famille, pendant les vacances. Il a fait jusqu'à moins dix degrés. On a fait du snowboard et du ski. J'aime tous les sports d'hiver. Et toi, Paul?
Guillaume: Oh, oh! Paul ... Il dort encore!
Marine: Ah oui, il est sorti hier soir et il est allé très tard au lit.

Sylvain: Hé, monsieur! Regardez ces traces. De quel animal est-ce qu'elles sont?
M. Torrin: Qu'est-ce que vous pensez?
Guillaume: D'un éléphant, bien sûr!
Anne: Idiot! Ce sont des traces de renard!
Guillaume: C'est vrai, Anne? Tu sais bien ta leçon ... Quelle bonne élève!
Anne: Oh, ça suffit maintenant.
M. Torrin: Oui, bon, c'est ça. Ce sont les traces d'un renard. Ton amie a raison.
Guillaume: Pfut! ... Anne, ce n'est pas mon amie ...
Éric: Et les lièvres, est-ce qu'on les rencontre ici?
M. Torrin: Oui, quand on est seul. Mais ils ne sortent pas beaucoup quand il y a des touristes!
Marine: J'ai une carotte dans mon sac. Je la mets dans la neige et hop, voilà le lièvre!
M. Torrin: C'est très drôle, mais attention, dans un parc national, on ne donne pas à manger aux animaux.
Guillaume: Alors, moi, je prends ta carotte, j'ai faim.
Mme Rivière: Oui, Guillaume, nous avons compris. C'est bientôt l'heure du repas. Et nous avons de la chance pour le programme de l'après-midi, parce qu'il fait beau maintenant. Il y a du soleil et il ne fait pas froid.
Sylvain: Et il ne neige pas, Noémie. Toi et ta météo ...

5A Activités

1 *Vrai ou faux? Formez un mot avec les 8 lettres devant les réponses correctes.*
Manchmal sind mehrere Sätze richtig.

DELF

1. b Lundi matin, Noémie et ses parents vont dans le Parc naturel régional du Vercors.
   n Lundi matin, Noémie et sa classe vont dans le Parc national de Grenoble.
   m Lundi matin, Noémie et sa classe vont dans le Parc naturel régional du Vercors.

2. o Ils arrivent au parc à 9h45.
   s Ils arrivent au parc à 10h.
   r Ils arrivent au parc à 10h15.

3. a Guillaume aime faire du snowboard.
   n Sylvain aime faire du snowboard.
   t Marine aime les batailles de boules de neige.

4. b On peut visiter le parc seulement en hiver et en automne.
   a On peut visiter le parc toute l'année.
   f On peut visiter le parc seulement en hiver et au printemps.

5. g Sylvain trouve les traces d'un renard.
   n Guillaume trouve les traces d'un éléphant.
   c Patrick trouve les traces d'un lièvre.

6. z Dans le parc, il neige.
   n Dans le parc, il fait beau.
   e Dans le parc, il ne neige pas.

2 a) *Regardez les images.*
Reliez les activités aux verbes.

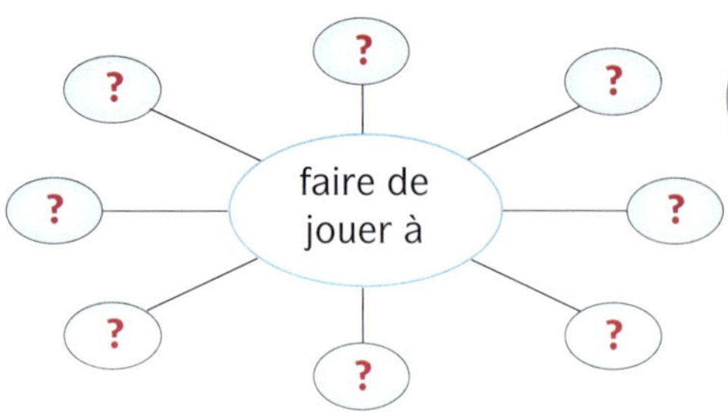

b) *Dessinez les expressions.* Gestaltet 3 Wortbilder zu den Ausdrücken von a).

Exemple:

c) *Qu'est-que vous aimez comme sport? Faites des dialogues avec les expressions de l'exercice a).*

C'est moi

Exemple: A: Est-ce que tu aimes faire de la luge?
B: Oui, j'aime faire de la luge. / Non, je préfère faire du ski.

d) *Qu'est-ce que vous faites en été? Qu'est-ce que vous faites en hiver? Faites des dialogues.*

Exemple: A: Qu'est-ce que tu fais en été?
B: En été, je joue au foot.

3 a) *Reliez les images aux phrases. Vouz pouvez prendre plusieurs phrases.*

G § 27
AG § 27
CA

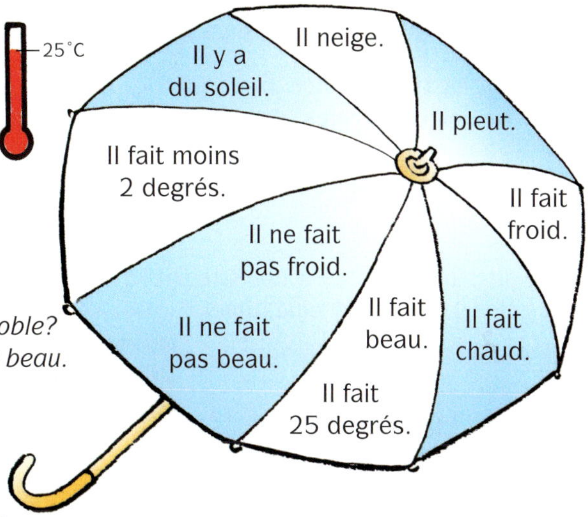

b) *Quel temps fait-il à ~ ?*
Posez des questions.

Exemple: A: Quel temps fait-il à Grenoble?
B: À Grenoble, il ne fait pas beau.
Il pleut et il fait froid.
Il fait 2 degrés.

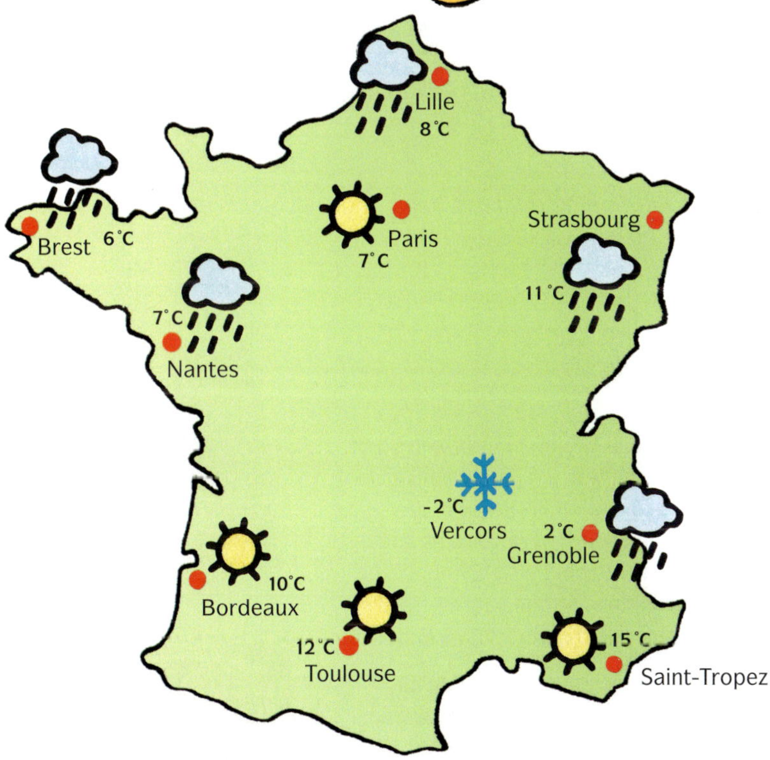

c) *Devinette.* Sucht euch eine der Städte auf der Karte aus und beschreibt eurem Nachbarn / eurer Nachbarin das dortige Wetter. Er / Sie soll raten, um welche Stadt es sich handelt. Dann ist der / die andere an der Reihe.

Exemple: A: Il ne fait pas beau. Il pleut et il fait froid. Il fait deux degrés.
C'est quelle ville?
B: C'est Grenoble!

d) *Quel temps fait-il chez toi?*

Exemple: Aujourd'hui, il ne neige pas, il fait ~ .

«Après la pluie, le beau temps.»[1]

4 *Écoutez la météo. Vrai ou faux?*

1. C'est le mois de mars.
2. C'est le printemps.
3. Il fait beau en France, mercredi.
4. Il va neiger dans les Alpes, pendant la nuit de jeudi à vendredi.
5. Il va faire 14 degrés à Honfleur.
6. Jeudi, la Bretagne va être sous le soleil.

Keine Angst, ihr müsst nicht alle Informationen der Sprecher verstehen.

5 a) *Faites des phrases.* Unterstreicht in euren Sätzen die Präpositionen vor den Jahreszeiten. Formuliert eine Regel.

Exemple: En été, il fait beau.

en été
en automne
en hiver
au printemps

Il pleut.
Il neige.
Il y a du soleil.
Il ne fait pas froid.
Il fait beau.
Il ne fait pas beau.
Il fait froid.

b) *Élève A décrit le temps, élève B trouve la saison.*

Exemple: A: Il fait très froid et il neige.
B: C'est l'hiver. En hiver, il fait très froid et il neige.

c) *Discutez. Quelle saison est-ce que vous aimez? Quelle saison est-ce que vous n'aimez pas? Pourquoi?*

C'est moi

Exemple: A: Tu aimes l'été?
B: Oui, j'aime l'été parce qu'il fait beau. Il y a du soleil et il ne fait pas froid. Et toi?

p. 83/3

savoir faire

Parler avec des images …

Bilder spielen eine wichtige Rolle, wenn du Informationen behalten oder weitergeben möchtest. Gerade beim Lernen von Fremdsprachen können sie sehr hilfreich sein. Schau noch einmal auf die Wetterkarte Frankreichs und in die Lektionstexte. Auf der Karte sind viele Symbole. Sie sind leichter und schneller zu verstehen als ein Text, denn ein Text wäre länger. Eine Karte ist viel übersichtlicher.

- Manchmal ergänzen Bilder einen Text. Sie helfen dir bei der Orientierung und du verstehst schneller, worum es in dem Text geht.
- Du kannst auch selbst Bilder benutzen, wenn du Dinge erklären möchtest, z. B. bei einem Referat oder einem kleinen Kurzvortrag mit Folien. Dadurch wird deine Präsentation für die Zuhörer/innen leichter verständlich und bestimmt interessanter. Aber Achtung: Verwende nicht zu viele Bilder oder Folien, sonst können die Zuhörer/innen nicht mehr folgen.

[1] *frz. Sprichwort:* Nach Regen folgt Sonne.

6 *Préparez la météo pour votre région.*

a) *Cherchez une carte de votre région.*
b) *Quelles images est-ce qu'il faut pour la météo de votre région?*
c) *Quel temps fait-il chez vous? Dessinez une carte pour la météo de votre région.*
d) *Faites des phrases comme à la télévision.*

G § 28
AG § 28

7 a) *Vous trouvez toutes les formes. Reliez les formes de «tout» aux substantifs.*

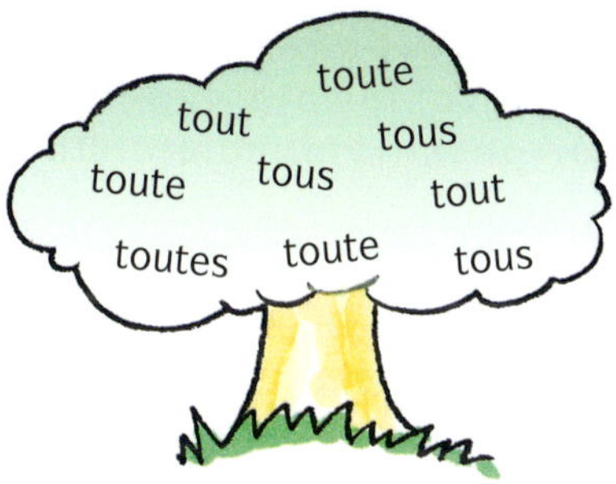

b) *Écrivez une petite histoire sur une excursion de votre classe avec les mots de l'exercice a). Vous pouvez aussi utiliser les verbes «aller, faire une excursion, visiter, jouer, rigoler, manger».*

Exemple: ***Toute la classe*** *est allée à* … .

8 *Guillaume a tout fait. Après l'excursion, Guillaume répond aux questions de son père.*

Exemple: Le père: Alors, tu as vu des renards?
Guillaume: Oui, j'ai vu ***tous les*** *renards.*

1. Tu as vu le parc régional?
2. Tu as aimé le séjour?
3. Tu as vu des traces d'animaux?
4. Tu as aussi vu des lièvres?
5. Tu as parlé à des animateurs?
6. Et les animateurs ont répondu aux questions?
7. Et tu as mangé la carotte de Marine?
8. Tu as pris des photos?
9. Tu as écrit un texte?
10. Tu as parlé aux garçons et aux filles de ta classe?
11. Tu as vu des éléphants?

Alors, mon fils, tu es Super-Guillaume!

	partir	sortir	dormir
je	pars	~	~
tu	~	sors	~
il / elle / on	~	~	~
nous	~	~	~
vous	~	~	dormez
ils / elles	~	~	~
p. c.:	il est parti elle est partie	il ~ elle ~	il / elle a dormi

G § 29
AG § 29

9 a) *Chaîne de mots. Cherchez les formes des verbes «partir, sortir, dormir».*

lfklskdorsfjklfjlkskfjlsfjsorsjlkjsdljfkjfljfdlpartonsaiiibhwlbellghoed
kvsortwiibheibhklniembbkobnkldkekrjsortezdkwoiwljlnbolsiztbnlk
anhfopdormonsieghowhnowighpartentwipjkbnieztpbnwparsonvlei
partldleihlonboeghionvlsbnoihdortohglbnlwohitoklnwoldjnvoilksnl
olknqdormentohgoihgoinqoqheothoihjqerfsortonsklfjölojieolefnlefoj

b) **Torsten auf dem Trapez**

Trouvez les deux formes de «sortir» et «partir» dans les mots **Torsten** *et* **Trapez**. Warum werden diese beiden Formen hier genannt?

c) *Cherchez d'autres exemples.* Notiert alle Verbformen von *sortir* und *partir* und versucht, die Buchstaben so umzustellen, dass sich 3 weitere deutsche Wörter ergeben.

d) *À vous maintenant! Élève A fait une chaîne de mots avec les verbes «partir, sortir, dormir». Élève B cherche les formes.*

10 a) *Complétez les phrases avec «sortir» ou «partir».*

Exemple:  *La prof part.*

1 
Les élèves ~

2 
Noémie et Guillaume ~ du car.

3 
Le lièvre ne ~ pas.

4 
Attention, ~ !

5 

Il est 18 heures. Alors, on ~ .

6 

Ce soir, je ~ avec Anne.

b) Welche Bedeutung hat *sortir* im letzten Satz?

11 a) *Faites un tableau. Mme Perdriset sort toujours, le matin. Un détective l'observe parce que M. Perdriset veut savoir où elle va. Écoutez le rapport[1] du détective. Faites un tableau.*

à quelle heure?	qui?	sortir	partir	de la / du
09:00	Mme P.		X	de la maison

1. *Écoutez bien! Notez les heures.*
2. *Écoutez une 2e fois. Notez les personnes.*
3. *Écoutez une 3e fois.* Kreuzt das richtige Verb an und notiert die Orte.

b) *Le soir, le détective décrit la journée de Mme Perdriset à M. Perdriset.*

Exemple: 1. À neuf heures, Mme Perdriset est partie de la maison.
2. À neuf heures vingt, elle ~

[1] ***le rapport*** [rapɔr] – der Bericht

12 a) *Après une semaine intéressante et amusante dans la nature, la classe de Noémie est retournée à l'école. Cécile n'est pas allée avec eux. Elle pose beaucoup de questions à ses camarades de classe.*

Exemple: Où – partir? → *Où est-ce que vous **êtes partis**?*

1. Quand – partir?
2. Vous – rester – combien de temps?
3. Qu'est-ce que – faire – dans – parc naturel?
4. Pourquoi – visiter – station météo?
5. Quel – nom – votre projet?
6. Voir – animaux?
7. Trouver – traces?
8. Quel – temps – faire – parc?

b) *Répondez aux questions de Cécile.*

*Exemple: A: Où est-ce que vous **êtes allés**?*
*B: Nous **sommes allés** dans le Parc naturel régional du Vercors.*

c) *Cécile parle à sa mère et lui raconte le séjour de sa classe dans le Vercors.*

*Exemple: **Ils sont partis** lundi matin.* ~

d) *Pourquoi est-ce que Sylvain dit à la fin: «Noémie, toi et ta météo ...»?*

13 *Quel est le problème du soleil et de la lune[2]?*

Le soleil a rendez-vous avec la lune
Mais la lune n'est pas là et le soleil l'attend
Ici-bas[3] souvent chacun[4] pour sa chacune
Chacun doit[5] en faire autant[6]
La lune est là, la lune est là
La lune est là, mais le soleil ne la voit pas
Pour la trouver, il faut la nuit
Il faut la nuit mais le soleil ne le sait pas et toujours luit[7]
Le soleil a rendez-vous avec la lune
Mais la lune n'est pas là et le soleil l'attend
Papa dit qu'il a vu ça, lui ...
(Charles Trenet)

[2] ***la lune*** [lyn] – der Mond
[3] ***ici-bas*** [isiba] – hier unten
[4] ***chacun,e*** [ʃakɛ̃ / ʃakyn] – jede,r
[5] ***doit*** [dwa] – muss
[6] ***autant*** [otɑ̃] – ebensoviel
[7] ***il / elle luit*** [lɥi] – er / sie leuchtet

Les traces dans la neige

L'après-midi, les jeunes vont faire une randonnée dans la neige. Ils vont observer la nature et les animaux. Pendant la semaine, des élèves vont préparer un texte, avec des photos, sur les animaux du Vercors. Les autres élèves vont faire un film quand la classe va visiter la station météo. Tous les jeunes vont voir et apprendre beaucoup de choses dans le parc; ils vont avoir des idées pour leurs devoirs! Aujourd'hui, entre le repas et la randonnée, ils ont du temps libre. Certains élèves font un bonhomme de neige ... très à la mode! Éric, lui, a trouvé les traces d'un animal.

Éric: Venez. J'ai trouvé quelque chose.
Guillaume: Ah voilà! Ce sont les traces d'un renard.
Noémie: Et bien, écoutez, on peut le chercher.
Anne: Bonne idée, je viens avec vous.
Noémie: Regardez! Là, il y a quelque chose. Ne parlez plus.
Guillaume: Vite, prends ton appareil photo.
Noémie: Oui, tiens mon sac, je prends une photo.

Anne: Oh, c'est seulement un lièvre, pas un renard.
Guillaume: Nous sommes les vrais spécialistes pour les traces ... Mais vous savez, ce sont les traces d'un lièvre, je pense.
Éric: Prends quand même une photo.
Noémie: D'accord.
Anne: Nous sommes déjà loin du groupe, nous retournons?
Guillaume: Mais non, je veux chercher un renard.
Éric: Non, Guillaume. Anne a raison, nous retournons.
Guillaume: Oui, quand madame Anne parle, nous faisons comme elle veut.
Éric: Écoute, tu ne vas pas arrêter? Ça suffit, vos disputes.

Vingt minutes après:

Sylvain: Ah, vous êtes enfin là! Vous n'avez rien apporté pour notre bonhomme de neige? Mais qu'est-ce qu'il y a? Vous n'êtes pas heureux …

Noémie: Tu sais pourquoi? D'abord, nous avons rencontré un lièvre et j'ai pris une photo. Puis, nous sommes retournés vers vous et tout à coup, un renard est venu près de nous.

Sylvain: C'est génial! Vous avez eu beaucoup de chance!

Noémie: Non. J'ai voulu prendre une photo, bien sûr. Mais là, Pierre est arrivé et il a lancé une boule de neige sur nous. Elle est tombée sur moi et avec ça, il a cassé mon appareil et le renard est parti.

Paul: Pierre ne fait jamais attention. C'est dommage pour ton appareil et pour la photo.

Éric: Il va acheter un autre appareil photo! Ça va être une semaine chère pour lui.

Sylvain: Et bien, voilà aussi une bonne boule de neige pour toi, Pierre!

Éric: Une bataille de boules de neige! À l'attaque!

Mme Rivière: Non! Arrêtez avec les boules de neige! Vous ne pouvez pas faire ça ici.

Guillaume: Elle dit toujours non … C'est comme à l'école …

1 a) *Qui fait quoi? Complétez les phrases.*

1. ~ trouve les traces d'un animal.
2. ~ veut chercher le renard.
3. ~ tient le sac de Noémie.
4. ~ prend une photo.
5. ~ veut retourner.
6. ~ lance la première[1] boule de neige.
7. ~ casse l'appareil photo de Noémie.
8. ~ commence la bataille de boules de neige.
9. ~ n'est pas d'accord avec la bataille de boules de neige.

b) *Racontez l'histoire au passé composé. Utilisez les phrases de l'exercice a).*

Exemple: 1. ~ ***a trouvé*** *les traces d'un animal.*

CA

2 a) *Regardez les images. Qu'est-ce-qu'il y a sur l'image A?* Schreibt die richtigen Substantive mit dem bestimmten Artikel in euer Heft.

b) *Décrivez l'image A avec les substantifs de l'exercice a).*

c) *Regardez les images et trouvez les différences. Élève A décrit l'image A. Élève B compare l'image A et l'image B et trouve la différence. Faites attention à la négation «ne ... pas* ***de****».*

Exemple: A: Le bonhomme de neige a une carotte.
B: Le bonhomme de neige n'a pas ***de*** *carotte.*

A

B

3 *Pierre est furieux parce qu'il a cassé l'appareil photo. Il répond toujours avec la négation.*

Exemple: M. Torrin: Est-ce que tu as aimé la nature?
Pierre: Non, je ***n'****ai* ***pas*** *aimé la nature.*

1. *Les amis:* Est-ce que tu as écouté la météo?
2. *Mme Rivière:* Est-ce que tu as aimé la luge?
3. *M. Torrin:* Est-ce que tu as vu les traces?
4. *M. Torrin:* Mais est-ce que tu as écouté?
5. *Mme Rivière:* Est-ce que Noémie et toi, vous avez écrit le texte?
6. *Mme Rivière:* Est-ce que les animaux sont venus?
7. *Les amis:* Est-ce que tu as observé les animaux?
8. *Éric:* Est-ce que Paul a eu son appareil photo?
9. *Mme Rivière:* Est-ce que tu as lancé la boule de neige sur Noémie?

[1] ***premier, première*** [prəmje, prəmjɛr] – erste,r

4 Deux frères

a) *Décrivez Dominique. Utilisez la négation «ne … pas, ne … jamais, ne … plus, ne … rien».* Dominique ist das genaue Gegenteil seines jüngeren Bruders Alexandre.

CA

Exemple: Alexandre aime les animaux.
Dominique n'aime pas les animaux.

G § 30
AG § 30

1. Alexandre fait **toujours** ses devoirs.
2. Il lit **encore** les BD d'Astérix.
3. Il aime lire.
4. Alexandre lit **tout.**
5. Il invite **encore** ses grands-parents pour son anniversaire.
6. Alexandre prépare **toujours** le repas avec sa mère.
7. Il part **encore** avec ses parents en vacances.
8. Il rigole **toujours.**

b) *Continuez. Faites attention à «de».*

*Exemple: Alexandre fait encore **de la** luge. → Dominique ne fait plus **de** luge.*
*Il a toujours **du** temps libre. → Dominique n'a jamais **de** temps libre.*

1. Alexandre fait toujours **du** sport.
2. Il fait **de la** planche à voile.
3. Il boit toujours **du** jus de pomme.
4. Il écrit **des** lettres à ses amis.
5. Il a **un** chat.
6. Il fait encore **des** bonhommes de neige.

c) *Travaillez à deux. Décrivez les deux frères.* Jede/r denkt sich drei Sätze zu Alexandre aus und lässt den Partner / die Partnerin dann Dominique beschreiben.

*Exemple: A: Alexandre mange **toujours** du chocolat.*
*B: Dominique ne mange jamais **de** chocolat.*

5

a) *Cherchez la négation pour les expressions de l'image A.*

G § 31

*Exemple: A: aller **toujours** dans la nature → B: **ne jamais** aller dans la nature*

A

- aller toujours dans la nature
- faire toujours des photos
- faire toujours attention
- lire tous les livres sur le parc
- avoir encore son appareil photo
- regarder tous les animaux
- être un peu ennuyeux parce que … être parfait

B

- ne jamais aller dans la nature, ~
- ne pas être ennuyeux

b) *Quelles différences est-ce qu'il y a entre les visiteurs? Décrivez les personnes.*

c) *Et vous?* Benutzt die Beschreibungen beider Personen aus Übungsteil a), die für euch zutreffend sind.

*Exemple: Je vais toujours dans la nature. Mais je ne fais jamais **de** photos.* ~

6 *Discutez. Vos grands-parents vont venir dimanche, mais vous voulez rencontrer des amis et faire du ski. Vos parents ne sont pas d'accord.*

a) *Préparez la discussion.* Teilt die Klasse in zwei Gruppen. Eine Gruppe sammelt Argumente für die Eltern, die andere Argumente für die / den Jugendliche/n. Überlegt euch auch, welche Kompromisslösung es geben könnte, um euch am Ende zu einigen.

Exemple: les parents: jour de la famille ⟷ le / la jeune: après-midi ennuyeux

b) *Jouez le dialogue.*

Exemple: les parents: Dimanche, tu ne peux pas voir tes amis parce que tes grands-parents vont venir. C'est le jour de la famille.
le / la jeune: Je n'aime pas rester à la maison parce qu'un après-midi avec les grands-parents, c'est ennuyeux.

7 DELF

a) *Écoutez la 1ère partie du texte et répondez aux questions.*

1. Quels élèves parlent?
2. Qu'est-ce qu'ils font?
3. Qu'est-ce qu'ils peuvent trouver dans le petit sac?

b) *Écoutez la 2e partie du texte et répondez aux questions.*

1. Quels élèves parlent?
2. Où est-ce qu'ils sont?
3. De quoi est-ce qu'ils parlent?
4. Alors, qu'est-ce qu'Éric et Anne ont trouvé?

c) *Lisez les trois phrases et choisissez une fin pour le texte.*

1 Mme Rivière a perdu la clé pendant la randonnée.
2 M. Torrin donne un livre à Éric et Anne parce qu'ils ont trouvé sa clé.
3 M. Torrin a trouvé la clé de Mme Rivière sur le bonhomme de neige.

8 *Annika est dans le jardin[1] et fait ses devoirs. Tout d'un coup, il pleut …*

a) *Complétez les phrases avec le verbe «venir».*

1. Quand est-ce que tu ___ ? Je ___ à 10 heures.
2. Vous ___ avec vos amis?
   Non, nous ne ___ pas avec nos amis.
3. Il ___ à 11 heures à la maison?
4. Est-ce que tu ___ toujours à 11 heures à la maison?
5. À 6 heures du soir, mes grands-parents ___ chez nous.
6. Ce soir, ma sœur ___ avec son ami.

b) *Complétez les phrases avec le verbe «tenir».*

1. Le bonhomme de neige ___ une carotte.
2. Qu'est-ce que tu ___ là?
   Je ___ une surprise pour toi.
3. Ma copine ___ mon sac quand je vais aux toilettes.
4. Ils ___ leur appareil photo.

G § 32
AG § 32

[1] ***le jardin*** [ʒardɛ̃] – der Garten

9 a) *Faites des dialogues avec «aller à / dans» ou «venir de».*

Exemple: A: Où est-ce que tu ***vas*** *à 7 heures?*
B: À 7 heures, je ***vais dans*** *la salle de bains.*
A: D'où est-ce que tu ***viens*** *à 14h30?*
B: À 14h30 heures, je ***viens du*** *collège.*

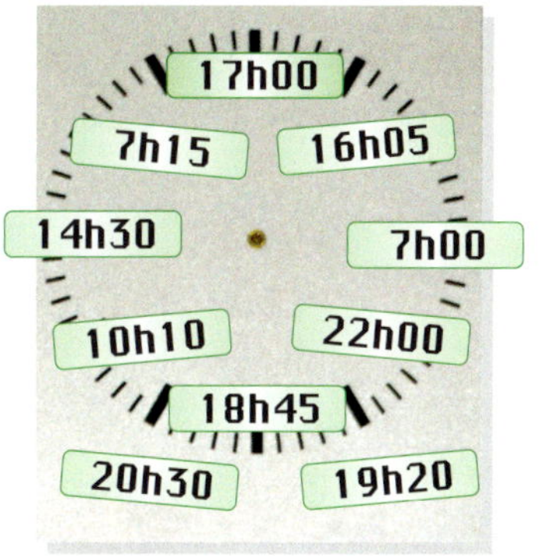

CA

b) *Qu'est-ce que vous avez fait le week-end? Écrivez des phrases avec «aller à / dans» et «venir de» dans votre cahier.*

Exemple: Samedi, à 9 heures, je ***suis venu(e) de*** *ma chambre.*
Je ***suis allé(e) dans*** *la cuisine.*

10 a) *Travaillez à deux. Qu'est-ce que vous avez fait hier? Racontez votre journeé d'hier à votre partenaire. Utilisez «le matin, à midi, l'après-midi, le soir».*

faire (de), regarder, lire, jouer à, arriver, venir, apprendre, être, avoir, écrire, boire, sortir / partir, tenir, dormir, vouloir, pouvoir, attendre, répondre, chanter, écouter, manger

*Exemple: Le soir, j'****ai mangé*** *du fromage.*

b) *Posez des questions et répondez.*

Exemple: A: Tu ***as mangé*** *du fromage?*
*B: Oui, j'****ai mangé*** *du fromage.*

c) *Travaillez en groupe.* Bildet eine Vierergruppe mit den beiden Schülern / Schülerinnen hinter / vor euch und erzählt eurem Gegenüber jeweils, was euer Partner / eure Partnerin euch gesagt hat.

Exemple: Elle / Il ***a mangé*** *du fromage.*

11 ***Attention à la prononciation!***

a) *Lisez le texte. Cherchez tous les mots avec* [j].

Attention, Guillaume! La bataille va commencer et les filles de quatrième ne sont pas gentilles ... Elles lancent bien; ce sont des spécialistes. Ce n'est pas ennuyeux ici! C'est comme au mois de juillet, dans ton quartier, avec ta famille, Mireille et Myriam, pour la bataille de ballons d'eau[1]. Génial! On ne travaille pas, il y a du soleil ... Mais ... oh, oh ... La prof arrive ... Pas de récréation ...

b) *Écoutez le texte. Comparez et corrigez vos résultats.*

[1] ***le ballon d'eau*** [balõdo] – der Wasserballon

G § 33
AG § 33
CA

12 a) *Les jeunes discutent. Mme Rivière ne comprend rien.* Die Jugendlichen sind so begeistert, dass sie alle durcheinander reden. Die Lehrerin hört nur einzelne Fetzen und muss sich die Sätze erst langsam zusammensetzen. Helft ihr dabei!

Exemple: Nous – pouvons – regarder – les lièvres. → *Nous pouvons regarder les lièvres.*

b) *Posez les questions de Mme Rivière et répondez avec «oui».*

*Exemple: Les élèves: Nous pouvons regarder **les lièvres.***
*Mme Rivière: Vous pouvez **les** regarder?*
*Lés élèves: Oui, nous pouvons **les** regarder.*

p. 36, savoir vivre

13 ***Une surprise dans la neige***

a) *Regardez le titre et l'image.* Wovon könnte der Hörtext handeln?

b) *Lisez d'abord les questions. Puis, écoutez le texte et prenez des notes.*

1. Où est-ce que les jeunes vont aller?
2. Qu'est-ce qu'ils veulent faire là-bas?
3. Qu'est-ce qu'ils ont préparé pour le pique-nique?
4. Pourquoi est-ce que Noémie a son appareil photo?
5. Quand est-ce que le bus part?
6. Quand est-ce qu'ils arrivent dans le Vercors?
7. Quel temps fait-il?
8. Pourquoi est-ce que l'appareil photo tombe dans la neige?
9. Qu'est-ce que Guillaume veut faire?

savoir faire

Übrigens: Wenn du folgende Satzanfänge vorher in deinem Heft notierst, ist es einfacher, das Wesentliche aufzuschreiben.

1. Les jeunes veulent aller
2. Ils veulent
3. Ils ont préparé
4. Elle a son appareil photo parce qu'
5. Le bus part à
6. Ils arrivent à
7. Il fait
8. L'appareil photo tombe parce que
9. Guillaume veut

c) *Écoutez encore une fois.* Nun seht, welche Fragen ihr noch nicht beantwortet habt, und konzentriert euch beim nächsten Hören darauf.

14 *Discutez. Après la bataille de boules de neige, Paul et Anne discutent avec Pierre.* Paul macht Pierre Vorwürfe wegen des kaputten Fotoapparates.

a) *Travaillez à trois. Préparez vos rôles.*

Exemple: Paul: Tu ne fais jamais attention.

Paul: faire attention | regarder les autres | oublier toutes ses choses | écouter | vouloir acheter un autre appareil photo

Pierre: avoir beaucoup d'argent | travailler – acheter un autre appareil photo | être vrai | être un ami de Noémie | avoir voulu faire ça

Anne: arrêter | travailler dans le jardin ou faire les courses | écouter | être aussi très gentil | acheter un autre appareil photo

b) *Jouez la scène.*

15 ***En français, s'il vous plaît!***

- Sylvain fragt Éric, was sie jetzt tun sollen. Er schlägt vor, einen Spaziergang im Schnee zu machen.
- Éric sagt, dass er lieber Schlitten fährt. Er fragt Sylvain, ob sie gemeinsam Schlitten fahren.
- Sylvain ist einverstanden. Er fragt Éric, ob dieser auch gerne Snowboard fährt.
- Éric sagt, dass er sehr gerne Ski fährt, aber dass er noch nie Snowboard gefahren ist. Er fragt, ob es leicht ist.
- Sylvain antwortet, dass es leicht und ganz toll ist. Dann fragt er, ob Éric die anderen sieht.
- Éric sagt, dass er sie nicht sieht.
- Sylvain sagt Éric, dass da ein Schneemann steht, und schlägt vor, diesen zu fragen.

16 ***Maintenant, je sais …***

- wie man fragt, wie das Wetter ist.
- wie man sagt, dass das Wetter gut ist.
- wie man sagt, dass das Wetter schlecht ist.
- wie man sagt, dass die Sonne scheint.
- wie man sagt, dass es regnet oder schneit.
- wie man sagt, wie die Temperatur ist.
- wie man von bestimmten Jahreszeiten spricht.
- wie man sagt, welche Wintersportarten man mag.
- wie man sagt, dass man einen Schneemann bauen und eine Schneeballschlacht machen möchte.
- wie man jemanden bittet, etwas festzuhalten.
- wie man sagt, dass man weggehen möchte.

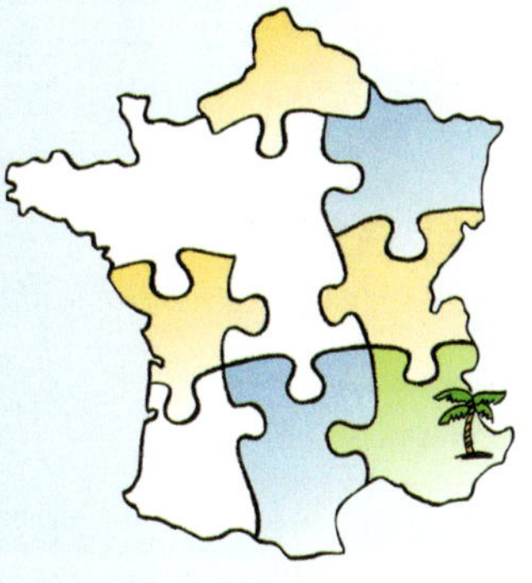

Qui veut être mannequin?

STUDIO
ROUGE-BLANC-BLEU
PARIS – ST.-TROPEZ

Nous cherchons ***des mannequins***,
jeunes filles, ***pour les photos du catalogue printemps – été***,
réalisation à St.-Tropez.

Vous avez 14 ans et +. Vous habitez dans la région.
Écrivez à l'adresse:
Studio Rouge-Blanc-Bleu, 6, avenue Foch,
83990 Saint-Tropez.

Envoyez-nous des photos, trois tenues:
classique, sportive et moderne,
avec vos nom, ville, âge et taille.

Pour toutes questions appelez le **04.94.71.42.81.**

Quelle chance! Je rêve … C'est le moment ou jamais … Mais quels vêtements est-ce que je vais mettre? Une robe longue ou courte ou bien un pantalon, avec ou sans veste … Et puis, il faut aussi un manteau? Et les chaussures … des baskets peut-être? Je ne sais pas. Et quelles couleurs? Des vêtements noirs et blancs, c'est classique. Des fringues rouges, jaunes ou violettes, c'est moderne. La couleur bleue, comme pour notre équipe de France de foot, c'est sportif. Mais pas de gris, c'est comme une souris et pas de pulls violets parce que je ne les aime pas!

Mais toi, Caroline? Regarde-toi. Est-ce que tu peux être mannequin? Tes parents te permettent ça? Papa, il est peut-être d'accord. Mais maman? Et Vincent, qu'est-ce qu'il va dire? Il y a beaucoup d'autres filles. Tu es assez jolie? Tu n'es pas trop petite? Est-ce que tu as des vêtements à la mode? Tu es classique comme maman, sportive comme Armelle ou bien moderne?

Il faut acheter des fringues. Mais qui les paie? Maman peut-être …? Ça, je ne le pense pas. Ou alors Armelle me donne son joli tee-shirt et sa jupe blanche et peut-être aussi son pantalon violet? Et quels copains peuvent m'aider encore? Julia et Olivier, peut-être? Vincent peut prendre les photos et je les envoie vite.

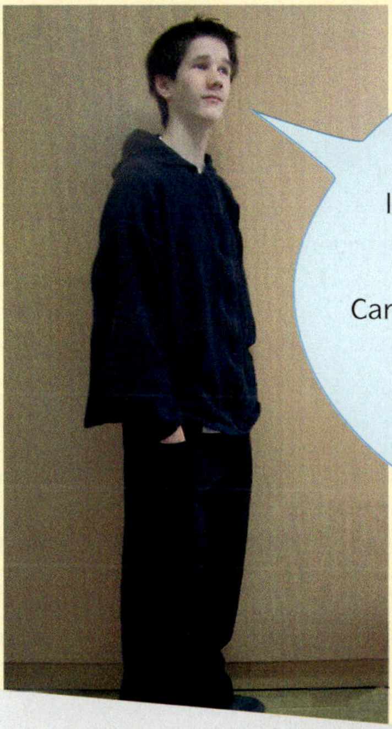

Ah, les filles et la mode!
Elles parlent toujours de ça, c'est un peu ennuyeux, je trouve. Et elles veulent toujours imiter les mannequins célèbres. Moi, j'aime les filles sympas. Blondes ou brunes, ce n'est pas très important. Et leurs vêtements, je ne les regarde pas beaucoup. Caroline est super avec ses cheveux longs et ses yeux verts. Avec un jean et un tee-shirt ou une chemise, elle est toujours jolie. Elle est bonne en natation. Elle parle beaucoup, elle aime rigoler et aller au cinéma avec les copains. J'aime ça chez elle.

Les grosses[1] de 45 kilos

Arrête, arrête ma petite sœur
on s'en fout[2] pas mal[3] de ta minceur[4]
arrête, arrête de maigrir[5].
Ce qu'[6] on préfère c'est ton sourire[7]
les filles sont belles[8] quand elles
pétillent[9].
Vas pas t'fourrer[10] des idées noires.
T'laisse[11] pas avoir par ces connards[12]
ces marchands négriers[13] nous font
gerber[14]
te laisse pas faire ma petite sœur.
Fais leur bras d'honneur[15].

Les grosses, les grosses
de quarant'cinq kilos.
C'est pas du gâteau.
Les grosses, les grosses
de quarant'cinq kilos.
C'est pas rigolo.

Les grosses, les grosses
de quarant'cinq kilos.
On les r'verra[16] plus.
Les grosses, les grosses
de quarant'cinq kilos.
Elles en ont plein l'dos[17].

(Patrice Bourgeon,
Paroles et musique)

[1] ***gros,se*** [gro, gros] – dick
[2] ***se foutre de qc / qn*** (*fam.*) [s(ə)futr(ə)] – auf etw. / jdn pfeifen
[3] ***pas mal*** *(fam.)* [pamal] – völlig
[4] ***la minceur*** [mɛ̃sœr] – die Schlankheit
[5] ***maigrir*** [megrir] – abnehmen
[6] ***ce que*** [s(ə)k(ə)] – was
[7] ***le sourire*** [surir] – das Lächeln
[8] ***beau, belle*** [bo, bɛl] – schön
[9] ***pétiller*** [petije] – *hier:* strahlen
[10] ***fourrer*** [fure] – *hier:* in den Kopf setzen
[11] ***laisser*** [lese] – lassen
[12] ***connard*** *(fam.)* [kɔnar] – Idiot
[13] ***le marchand négrier*** [marʃɑ̃negri(j)e] – der Sklavenhändler
[14] ***gerber*** *(fam.)* [ʒɛrbe] – *hier:* erbrechen
[15] ***le bras d'honneur*** [bradɔnœr] – Geste der Verachtung
[16] ***reverra*** [rəvɛra] – Futur von *revoir* – wiedersehen
[17] ***en avoir plein le dos*** [ɑ̃navwarplɛ̃l(ə)do] – die Nase voll haben

1 Posez des questions à tour de rôle: élève A pose une question, élève B répond avec les informations du texte p. 96 – 97. Puis, élève B pose une question et élève A répond.

p. 96 – 97

catalogue · numéro de téléphone · couleurs · équipe · yeux · photos · vêtements · problèmes · cheveux

Exemple: A: Quel catalogue?
B: Un catalogue printemps-été, un catalogue de mode.

savoir faire

Apprendre le vocabulaire (2)

Vokabeln kannst du dir besser einprägen, wenn du sie nach Themen ordnest. Besonders übersichtlich ist dabei ein „Karussell". Überlege zunächst, welches Thema du erarbeiten willst. Trage das Thema in das Zentrum des Karussells, in das mittlere Kästchen, ein. Am Beispiel des Themas *C'est moi* kannst du ein mögliches Vorgehen üben.

1. Suche geeignete Schlüsselbegriffe zum gewählten Thema. Nutze für die Sammlung dieses Wortschatzes die Vokabelübersicht der entsprechenden *Unités* und das *minidictionnaire*.
2. Trage die Schüsselbegriffe in die äußeren Kästchen ein. Sinnvoll ist eine Anordnung im Uhrzeigersinn, so dass sich eine logische Gedankenfolge ergibt.
3. Mit Farben lernt es sich leichter. Male jedes Karusselfeld in einer eigenen Farbe aus. Das Karussell zum Thema *C'est moi* könnte so aussehen:

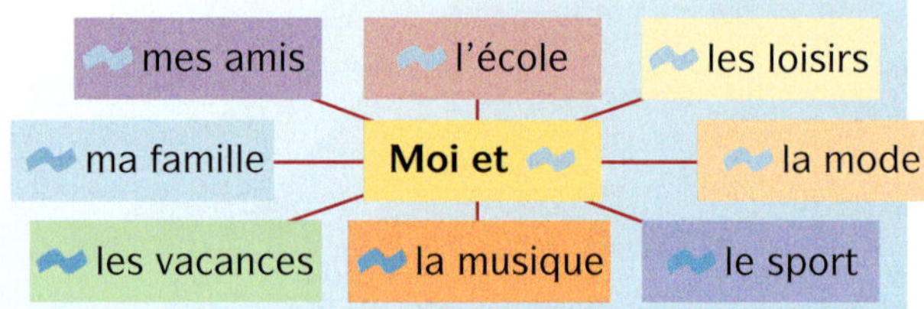

Dieses Karussel passt auch gut in deinen Portfolio-Ordner: C'est moi

2 a) Fertigt nach dem Muster des *savoir vivre* ein Themenkarussel *Moi et la mode* an. Tragt zuerst das Thema in das mittlere Feld ein.

CA

b) Sucht aus den Texten S. 96 – 97 die Schlüsselbegriffe zum Thema *Moi et la mode* heraus und tragt sie in die äußeren Felder des Karussels ein. Anschließend könnt ihr sie farbig ausmalen.

p. 96 – 97

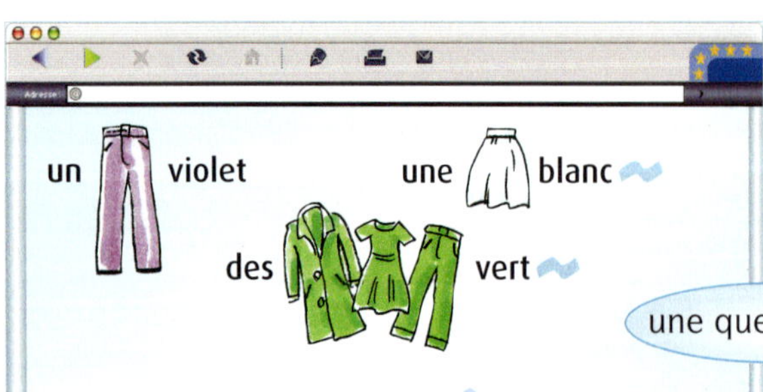

G § 35
AG § 35

[1] ***la queue*** [kø]– der Schwanz

3 a) *Caroline fait ses bagages pour Saint-Tropez.*

Exemple: A: Caroline part à Saint-Tropez et dans ses bagages, il y a une robe.
B: Caroline part à Saint-Tropez et dans ses bagages, il y a une robe et une veste.
C: ~

b) *Quels vêtements est-ce que Caroline met dans ses bagages?*
Verwendet jedes Kleidungsstück mit einem **vorangestellten** Adjektiv.

*Exemple: Caroline met une **jolie** robe dans ses bagages.*

c) Verwendet alle Kleidungsstücke mit einem **nachgestellten** Adjektiv.

*Exemple: Caroline met une jupe **moderne** avec une veste **moderne** dans ses bagages.*

joli
petit
grand
autre

court
long
moderne
classique
sportif
intéressant
cher

4

une robe bleue,
une robe noire,
une veste noire,
un manteau rouge,
un jean bleu,
des baskets bleues,
deux pulls jaunes,
deux pulls rouges,
deux tee-shirts violets,
une jupe blanche,
une jupe noire avec
une veste noire,
une chemise violette,
un pantalon vert

a) *Regardez les bagages de Caroline de **l'exercice 3**. Comparez la liste et les vêtements. Est-ce que Caroline a mis tous ses vêtements dans ses bagages?*

Exemple: Est-ce que j'ai mis **la** *robe* **bleue**? → *Mais non, j'ai mis la robe rouge.*
Est-ce que j'ai mis **la** *robe* **noire**? → *Mais oui, voilà la robe noire.*

b) *Faites une nouvelle[1] liste avec les vêtements de l'exercice 3.*

Exemple: une robe rouge, une robe noire, ~

[1] ***nouvelle*** [nuvɛl] – neu

5

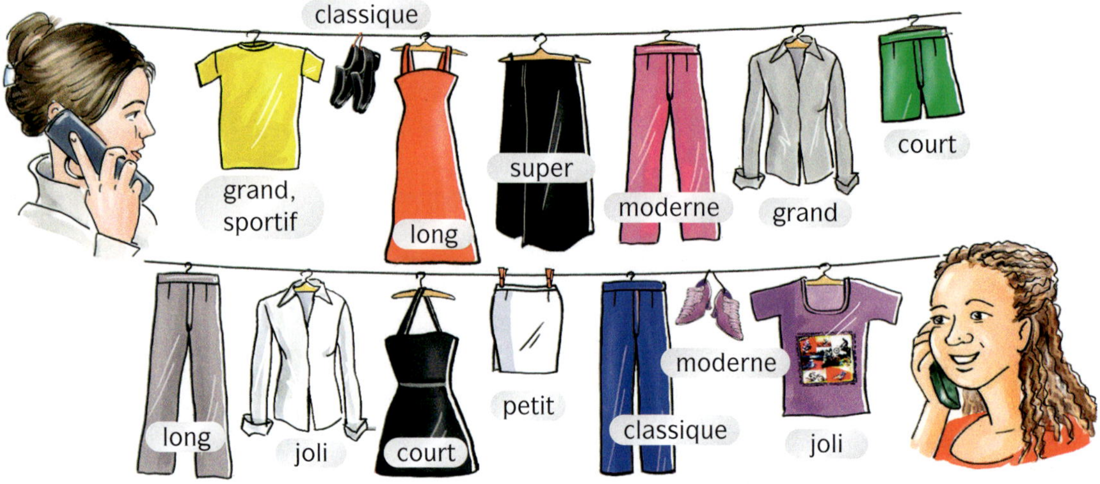

a) *Caroline téléphone à Armelle. De quels vêtements est-ce qu'elles parlent?*

Exemple:  → *une robe rouge*

b) *Faites des dialogues.*

Exemple: Caroline: Je vais mettre ***une*** *robe* ***longue****.*
Armelle: ***Quelle*** *robe longue?*
Caroline: La robe rouge.
Armelle: Tu rigoles? Tu ne veux pas mettre ***ta*** *robe* ***noire****?*
Caroline: ***La*** *robe* ***courte****? Bonne idée.*

6 *À vous maintenant! Cherchez des photos de vous.* Beschreibt eure Kleidung auf den Fotos und lasst euren Nachbarn / eure Nachbarin raten, um welches Foto es sich handelt.

Exemple:  *Sur la photo, je porte un jean bleu,* ~

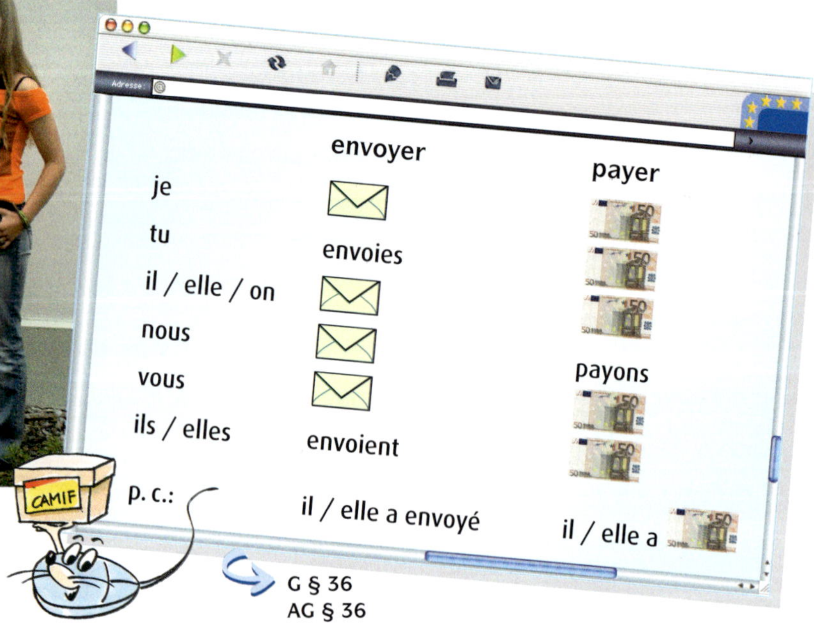

G § 36
AG § 36

7 

Travaillez en groupe. Schreibt in euer Heft jeweils zwei konjugierte Formen von *envoyer* und *payer*. Verschlüsselt sie und diktiert sie in dieser Form euren Mitschülern/innen. Überprüft, ob sie die richtige Form herausfinden.

Exemple: A: 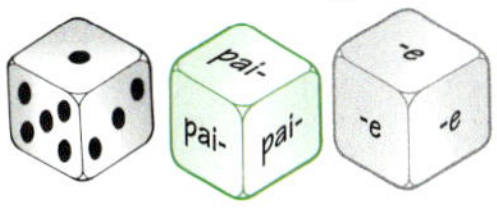 *= un, vert, blanc* → *B: je paie*

8 *Complétez les phrases avec «payer» ou «envoyer».*

1. J'ai trois catalogues. Qu'est-ce qu'ils m' ~ ?
2. La CAMIF m' ~ le tee-shirt blanc avec le pantalon bleu. Et qui ~ ? Maman et papa les ~ peut-être.
3. Les deux autres, la REDOUTE et les 3 SUISSES m' ~ des pantalons courts. Et qui ~ ? Armelle et moi, nous les ~ ensemble. Moi, je ~ le pantalon vert de la REDOUTE et Armelle ~ le pantalon jaune des 3 SUISSES.
4. Les 3 SUISSES peuvent m' ~ encore les baskets jaunes. Et mamie, tu les ~ peut-être.
5. La REDOUTE m' ~ la robe d'été. Et maman et papa, vous la ~ peut-être.
6. Mais je rêve, maman et papa ne ~ rien, alors les catalogues n' ~ rien.

9 *Pour la préparation[1] des photos, les amis de Caroline l'aident. Mettez les phrases à l'impératif.*

G § 37

Exemple: Armelle, tu ***me donnes*** *ta jupe courte?* → ***Donne-moi*** *ta jupe courte.*

1. Olivier, tu m'aides?
2. Armelle et Vincent, vous me donnez la robe noire?
3. Vincent, tu me regardes bien?
4. Vincent, tu nous apportes un coca?
5. Armelle, tu m'appelles encore une fois ce soir?
6. Olivier et Vincent, vous nous attendez, après?

10 a) *Écoutez bien!* Bei einer Modenschau werden zwei unterschiedliche Modetypen vorgestellt. Wie heißen die Personen?

b) *Faites un tableau avec les noms des deux personnes. Écoutez le texte encore une fois. De quels vêtements est-ce qu'elles parlent?*

c) *Écoutez une dernière fois.* Notiert nun alle Informationen zum Aussehen.

d) *Dessinez une des deux personnes.*

e) *Présentez la personne.*

Exemple: Voilà ~ . Elle a ~ . Elle est ~ . Elle porte ~ .

DELF

[1] ***la préparation*** [preparasjõ] – die Vorbereitung

11 a) *Qu'est-ce que vous mettez quand vous allez au collège, à la discothèque, au concert, en vacances, à une fête de famille?*

Exemple: Au collège, je mets un jean bleu avec un tee-shirt noir et des baskets.

b) *Qu'est-ce qu'Armelle peut faire et pourquoi? Faites des phrases avec le verbe «permettre».*

Exemple: Armelle peut mettre les baskets chères parce que ***ses parents*** *le* ***permettent****.*

- mettre les baskets chères — ses parents
- prendre ton appareil photo — tu
- lire mon livre — je
- regarder la BD de sa sœur — elle
- jouer dans votre groupe de musique — vous
- déjà rentrer à la maison — son professeur
- aller au cinéma avec nous — nous

12 a) *Faites des phrases. Utilisez aussi la négation.* Caroline hat ihren Eltern gestanden, dass sie sich beim Fotostudio bewerben möchte. Am Abend unterhalten sich die Eltern sorgenvoll darüber. Ordnet ihre Aussagen danach, welche Argumente für das Vorhaben von Caroline sprechen könnten und welche dagegen.

(ne pas) être trop jeune – (ne pas) travailler à l'école – (ne pas) être très jolie –
(ne pas) aider à la maison – (ne pas) vouloir acheter des vêtements –
(ne pas) pouvoir mettre mes / tes vêtements – (ne pas) être trop petit(e) –
(ne pas) pouvoir aller à Saint-Tropez avec / sans nous – (ne pas) avoir le temps –
(ne pas) pouvoir rencontrer des autres jeunes

Exemple: • *Je suis d'accord parce que Caroline est très jolie.*
▲ *Je ne suis pas d'accord parce que Caroline ne travaille pas beaucoup à l'école.*

b) Welche Argumente ordnet ihr eher dem Vater zu und welche der Mutter?

Exemple: Le père: Pour les photos, je suis d'accord / je ne suis pas d'accord parce que ~
La mère: Je permets / je ne permets pas les photos parce que ~

c) *Faites le dialogue.*

Exemple: Le père: Moi, je suis d'accord / je ne suis pas d'accord avec ~
La mère: Ah non, / Ah oui, ~

13 *Attention à la prononciation!*

a) *Fermez les livres. Écoutez et répétez les phrases.*
b) *Lisez les phrases avec l'intonation correcte.*

Tu peux faire ça?	Tu es assez jolie?	Tu as des vêtements à la mode?
Tu peux faire ça.	Tu es assez jolie.	Tu as des vêtements à la mode.
Tes parents le permettent?	Tu n'es pas trop petite?	Maman les paie?
Tes parents le permettent.	Tu n'es pas trop petite.	Maman les paie.

c) *Écoutez et comparez avec l'intonation de vos phrases.*

d) Setzt die Sätze in b) in die 3. Person Singular und lest sie zweimal.
Beim ersten Mal soll deutlich werden, dass Caroline nicht sehr überzeugt von sich ist.
Beim zweiten Mal sprecht sie so, als wäre Caroline zufrieden mit sich.

14 *Qu'est-ce que Caroline et Vincent pensent de la mode?*

Exemple:
- ***La mode pour Caroline:*** *C'est quelque chose pour elle. Elle aime* ~
- ***La mode pour Vincent:*** *C'est ennuyeux. Il aime* ~

savoir vivre

Antoine de Saint-Exupéry (1900 – 1944) – Le Petit Prince

Antoine de Saint-Exupéry est un écrivain[1] français célèbre. Un jour, il a rencontré le petit prince. Le petit prince, un petit bonhomme extraordinaire[2], habite sur une autre planète[3]. Là, il y a une très jolie rose[4]. Le petit prince l'aime beaucoup, mais il y a une dispute[5] entre eux. Il veut connaître la vérité[6] et il part. Sur les autres planètes, il rencontre beaucoup de personnes et il voit aussi d'autres roses. Il comprend quelque chose: sa rose n'est pas la seule[7] rose. Sur la terre[8], il rencontre un renard. Le renard lui apprend le secret de l'amitié:

Voici mon secret. Il est très simple: On ne voit bien qu'avec le cœur. L'essentiel est invisible pour les yeux.[9]

15 *Discutez. Qu'est-ce que vous pensez de la mode?*

Als sich der kleine Prinz, enttäuscht von seiner wunderschönen Rose, auf den Weg zur Erde macht, begegnet ihm der Fuchs, der ihm ein Geheimnis anvertraut. Meint ihr, dass der Fuchs Recht hat?

Exemple:
- *La mode est importante pour moi. J'aime* ~
- ▲ *La mode n'est pas importante pour moi. Je préfère* ~

[1] ***l'écrivain*** *m* [ekrivɛ̃] – der Schriftsteller
[2] ***un bonhomme extraordinaire*** [bɔnɔmɛkstraɔrdinɛr] – ein außergewöhnlicher Herr
[3] ***la planète*** [planɛt] – der Planet
[4] ***la rose*** [roz] – die Rose
[5] ***la dispute*** [dispyt] – der Streit
[6] ***la vérité*** [verite] – die Wahrheit
[7] ***seul,e*** [sœl] – *hier:* einzige
[8] ***la terre*** [tɛr] – die Erde
[9] „Hier mein Geheimnis. Es ist ganz einfach: man sieht nur mit dem Herzen gut. Das Wesentliche ist für die Augen unsichtbar." ANTOINE DE SAINT-EXUPÉRY, *Le Petit Prince*.

Une mode pour moi

Caroline fait le numéro du studio. Elle tombe sur le répondeur.

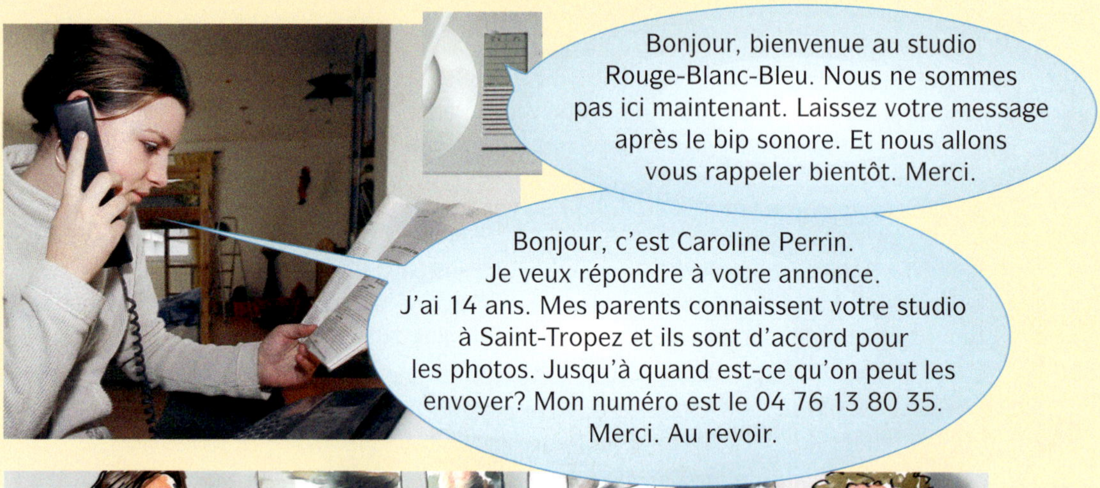

Vincent: Voilà, c'est bien. Reste comme ça.

Armelle: Les vêtements de ta mère sont super. Elle n'a rien acheté pour toi et elle ne veut pas t'aider, c'est dommage. Mais tu peux quand même prendre ses fringues. Pour ça, elle est d'accord.

Olivier: Mais, ne mets pas sa veste. Hi, hi! Elle est un peu trop grande.

Caroline: Olivier, ne rigole pas. C'est important maintenant.

Vincent: Oui, bon, mais rigoler avec les amis, c'est bien aussi ... Prendre des photos de mode, c'est un peu long et ennuyeux, tu sais. Ta mère a raison: tu penses seulement à ça.

Armelle: Caroline, tu connais ce pantalon violet? Il te plaît? Tu fais quelle taille? C'est du 36.

Olivier: Ah, non, ne mets pas ça! C'est moche.

Armelle: Mais c'est très à la mode. Et ça va bien avec ses yeux.

Vincent: Moi, je te préfère avec un jean.

Olivier: Ou alors, mets cette robe. Avec ça, tu peux sortir en discothèque.

Caroline: Un jean, ce n'est pas mal. Et qu'est-ce que je mets avec?

Olivier: Prends mes baskets et aussi ma chemise.

Caroline: Ah, non merci! Je ne veux pas être du type «éléphant». Je fais du 50, tu penses?

Armelle: Mais non! Écoute, j'ai oublié le test du «Journal de la mode» sur les types. Nous le faisons ensemble maintenant?

Vincent: D'accord. On arrête avec ces photos ... Quelles sont les questions?

TEST

Vous êtes quel type?

Je mets souvent un jean, un tee-shirt et des baskets. 🟦
Je mets souvent un pantalon noir (garçons) / une jupe bleue (filles). ⬜
Je mets souvent des vêtements à la mode. 🟥

Les baskets, ça coûte cher. 🟦
Les baskets, c'est bon marché. 🟦
Les baskets, je ne les aime pas. ⬜

J'achète mes vêtements dans un magasin de sport. 🟦
J'achète mes vêtements dans un magasin de mode. 🟥
J'achète mes vêtements dans un supermarché. 🟦

J'aime beaucoup les baskets. 🟦
J'aime beaucoup les chaussures à la mode. 🟥
J'aime beaucoup les chaussures noires. ⬜

La mode, ce n'est pas important pour moi. 🟦
La mode, c'est important pour moi. 🟥
La mode, je ne connais pas. 🟦

Quand je pars une semaine, je prends un sac de sport. 🟦
Quand je pars une semaine, je prends beaucoup de bagages. 🟥
Quand je pars une semaine, je prends peu de bagages. ⬜

J'aime le blanc et le noir. ⬜
J'aime le rouge et le jaune. 🟥
J'aime le bleu et le vert. 🟦

Je porte souvent une veste. ⬜
Je porte souvent un tee-shirt. 🟥
Je porte souvent un pull. 🟦

Je rêve de vacances dans un hôtel. 🟥
Je rêve de vacances dans un camping. 🟦
Je rêve de vacances dans une maison de vacances. ⬜

Résultats:
bleu: type sportif
blanc: type classique
rouge: type moderne

Un mois après ...

Ah! C'est du studio.
Qu'est-ce qu'ils écrivent?... Oh ... zut!
Je n'ai pas de chance ... Ils ne me prennent pas.
Je ne vais pas faire de photos pour leur catalogue.
Tout ce travail pour rien. Je vois déjà maman.
Elle va dire: «C'est très bien. Comme cela,
tu ne vas plus rêver et travailler
plus à l'école!»

savoir vivre

Les tailles

Oh là là – statistisch gesehen sind die Französinnen und die Franzosen ja kleiner als wir Deutschen. Es kann also leicht passieren, dass man sich in Frankreich eine hübsche Bluse in Größe 36 kauft und dann zu Hause feststellt, dass sie – *hélas!* – nur der kleinen Schwester passt.

🇫🇷	🇩🇪
36	34
38	36
40	38

DELF **1** a) *Reconstituez les phrases. Mettez les phrases dans le bon ordre.*

Pour Caroline, les photos ~

- des photos de mode
- sont importantes
- pense seulement aux photos.
- ne veut pas l'aider
- c'est un peu long et ennuyeux.
- Vincent préfère Caroline
- Armelle aime les vêtements
- à la mode mais
- mais pour Vincent, prendre
- Il préfère rigoler
- avec un jean.
- avec les amis.
- La mère de Caroline
- parce que Caroline
- Et Olivier?

b) *Pourquoi est-ce que les photos sont importantes pour Caroline?*

c) *Et vous? Est-ce que la mode est importante pour vous?*

Exemple: Pour moi, la mode est importante / n'est pas importante. ~

aimer, préférer, rêver, permettre, plaire, payer, coûter cher, mannequin, discothèque, vêtement, ami, copain, bon marché, intéressant, ennuyeux, joli, gentil, sportif, moderne, parce que, mais

d) *Discutez en groupe d'un des deux problèmes.*

Vincent: Pour moi, les vêtements ne sont pas très importants. J'aime les filles sympas comme Caroline. Elle est toujours jolie avec ses cheveux longs, ses yeux verts, un jean et une chemise. Elle aime rigoler, parler et nager. Pour moi, c'est une bonne copine.

La mère de Caroline: La mode, ça, c'est important pour Caroline. Elle aime imiter les mannequins. Elle veut toujours des vêtements chers. Mais à l'école, elle ne travaille pas beaucoup. Je ne suis pas d'accord.

2 *Répondez aux questions du test à la page 105. Vous êtes quel type?*

CA

3 a) *Léo est stagiaire[1] dans le studio Rouge-Blanc-Bleu. Il téléphone à toutes les candidates[2] pour les photos. Posez des questions avec «quel, quelle, quels» ou «quelles».*

quel	âge	avoir
quelle	type	être
quels	musique	aimer
quelles	sport	faire
	vêtements	aimer porter
	couleurs	préférer
	taille	faire

b) *Qu'est-ce que Caroline répond?*

14 ans, sportif, musique pop, danse, pantalons, tee-shirts, rouge, noir, 34

c) *À vous maintenant! Posez les questions de a) et répondez.*

[1] ***le stagiaire*** [staʒjɛr] – der Praktikant
[2] ***le / la candidate,e*** [kɑ̃dida/t] – der / die Kandidat/in

4 *Caroline est nerveuse[1] parce que le studio peut l'appeler. Elle demande à Armelle: «Qu'est-ce qu'ils veulent savoir?» Travaillez à deux. Un élève pose la question, l'autre montre la forme correspondante: «quel, quelle, quels» ou «quelles». Comparez et corrigez.*

Caroline:
~ sont les questions?

Armelle:
~ est ton nom?
~ est ta ville?
~ est ton adresse?
~ est ton numéro de téléphone?
~ est ta taille?
~ est la couleur de tes yeux?
~ sont tes vêtements pour la fête?

G § 38
AG § 38

5 a) *Le téléphone sonne. C'est pour un sondage sur la mode. Tu peux répondre à toutes les questions?*

b) *Discutez en classe.* Diskutiert eure Antworten und stellt die unterschiedlichen Auffassungen mit ihren Begründungen einander gegenüber.

6 a) *Reliez les vêtements aux pronoms démonstratifs. Complétez ensuite le prix.*

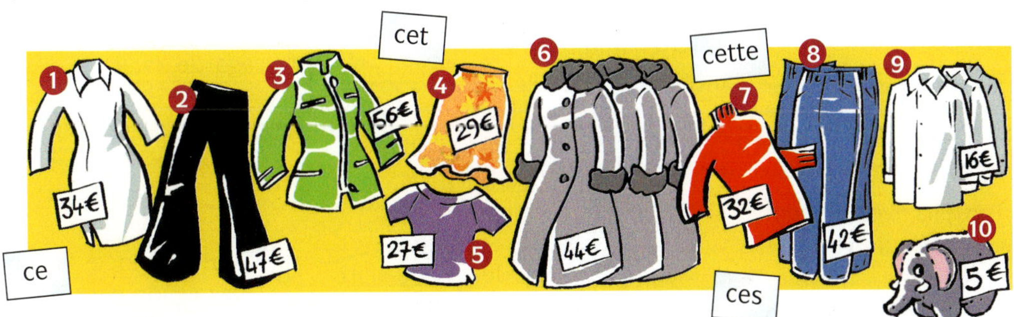

Exemple: ❶ **Cette** *robe blanche – 34€*

b) *Faites des dialogues.*

Exemple: A: Combien est-ce que la robe blanche coûte?
B: **Cette** *robe blanche coûte 34 euros.*

c) *C'est cher ou bon marché? Faites des phrases.*

Exemple: Cette **robe** *blanche à 34 euros est trop* **chère.**

[1] ***nerveux,se*** [nɛrvø/z] – aufgeregt

G § 39
AG § 39

7

a) *Faites des dialogues. Les loyers[1] sont chers à Paris. M. Marin doit[2] fermer son magasin.* Übernehmt seine Rolle und bietet von seinen noch verbliebenen Sachen so viel wie möglich eurem Nachbarn / eurer Nachbarin an.

*Exemple: A: **Ce manteau** jaune vous **plaît**?*
*B: Non, merci, **il** ne me **plaît** pas.*

b) *À la brocante[3] de Montmartre. Cherchez des vêtements pour une brocante dans les armoires de vos parents ou grands-parents.* Versucht, sie euren Mitschülern und Mitschülerinnen anzupreisen.

*Exemple: A: Voilà une jolie **jupe** longue. **Elle** vous **plaît**?*
B: Non, merci. Je préfère les jupes courtes.

DELF **8** a) *Reconstituez le dialogue.*

36 ou S. Mais regarde, il est trop long.

Je veux acheter un tee-shirt.

Bien sûr. Qu'est-ce que tu cherches?

Mais regarde, là, il y a des jolis tee-shirts et des pulls. Quelle couleur est-ce que tu préfères?

D'accord.

Je voudrais un tee-shirt noir ou bleu.

Tu viens avec moi dans un magasin de vêtements?

Regarde, ce tee-shirt est vraiment joli et en 36 aussi. Mais il est vert. Comment tu le trouves?

Bonne idée. Il va bien avec mon pantalon blanc. Alors, je le prends. Merci. On va prendre encore une glace?

Regarde, ça, c'est un joli tee-shirt noir en 36. Tu fais quelle taille?

b) *À vous de jouer!* Ersetzt die unterstrichenen Satzteile durch andere Kleidungsstücke, Farben und Größen.

[1] ***le loyer*** [lwaje] – die Miete
[2] ***doit*** [dwa] – muss
[3] ***la brocante*** [brɔkɑ̃t] – der Flohmarkt

9 a) *Faites des phrases. Utilisez l'impératif au singulier et la négation «ne ... pas, ne ... pas de, ne ... plus, ne ... jamais» ou «ne ... rien».*

*Exemple: Ne **fais** pas de ski ici.*

~ mets ~ les baskets.
Ne rigolons plus.
~ mettez ~ ces vêtements.

G § 40

1

2

3

4

5

6

b) *Mettez les verbes aux formes du pluriel.*

*Exemple: Ne **faites** pas de ski ici.*

connaître

je	connais	nous	connaissons
tu	~	vous	connaissez
il / elle / on	connaît	ils / elles	~
p.c.: il / elle a connu			

G § 41
AG § 41

10 *Posez des questions et répondez.*

*Exemple: A: Est-ce que vous connaissez ce petit chien français?
B: Oui, nous le connaissons.
Ce petit chien français est Idéfix.*

connaître – Tu ~ ? Vous ~ ?

ce garçon belge

cette dame célèbre

ce petit chien français

cette personne de l'histoire

ce sportif allemand

cet hôtel de ville français

cette rue de Paris

ce groupe de musique français

11

MOI

Marre[1].
Marre des parents, des profs, des copains. Marre de moi, de ma peau[2].
De mon acné[3]. De mes cheveux gras[4]. De ma tronche[5], toujours la même[6] et toujours aussi moche. De mes kilos en trop qui[7] s'ajoutent[8] aux kilos en trop, à coups de[9] Carambars, de Smarties et de fraises Tagada.
Sale gueule[10], voilà comment je mériterais[11] qu'on m'appelle.
Léa Sale gueule. Quand je me rencontre dans un miroir[12], je n'ai qu[13]' une seule[14] envie[15] me fiche des baffes[16].
Je déteste[17] les miroirs.
Je me déteste.
Tout le monde[18] me déteste. Ils ont raison.
J'ai quatorze ans et je suis détestable[19].

Auszug aus *Gudule, J'ai quatorze ans et je suis détestable.*

a) *Qu'est-ce que Léa décrit?* Sucht aus dem 1. Textabschnitt alle Substantive mit dem bestimmten Artikel heraus.

Exemple: les parents

b) *Pourquoi est-ce que Léa n'est pas heureuse?*

c) *Décrivez-vous vous-même[20] avec les mots de a).* Ihr könnt die Beschreibung auch um andere Aspekte ergänzen *(la taille, les yeux, les vêtements etc.).*

12 a) *Vous rêvez d'un beau mannequin? Comment est-ce qu'il est? Cherchez:*

- ses cheveux (blonds, bruns, noirs, longs, courts)
- ses yeux (verts, bleus, bruns, noirs, grands, gris)
- son caractère[21] (sympathique, gentil, aimer rigoler)
- sa taille (grand, petit)
- ses vêtements
- les couleurs

Et montrez-le à la classe.

Exemple: Voilà mon mannequin. C'est ~ . Il / Elle est grand(e). ~

b) *Demandez aux autres élèves.*

Exemple: A: Est-ce que mon mannequin vous plaît aussi?
B: Oui, ton mannequin me plaît parce que ~ .

1 ***en avoir marre de qc/qn*** *(fam.)* [ɑ̃navwarmar] – etw./jdn satt haben
2 ***la peau*** [po] – die Haut
3 ***l'acné** f* [akne] – die Akne
4 ***gras,se*** [gra/s] – fettig
5 ***la tronche*** *(fam.)* [trɔ̃ʃ] – *hier:* der Kopf
6 ***le / la même*** [mɛm] – der-/ die-/ dasselbe
7 ***qui*** [ki] – Relativpronomen, *hier:* die
8 ***s'ajouter à qc*** [saʒute] – zu etwas (noch) hinzukommen
9 ***à coups de*** [akud(ə)] – *hier:* mit jedem weiteren
10 ***avoir une sale gueule*** *(fam.)* [avwarynsalgœl] – fies aussehen *(ugs.)*
11 ***mériter*** [merite] – verdienen
12 ***le miroir*** [mirwar] – der Spiegel
13 ***ne … que*** [n(ə)k(ə)] – nur
14 ***seul,e*** [sœl] – *hier:* einzig
15 ***avoir envie*** [avwarɑ̃vi] – Lust haben
16 ***me fiche des baffes*** *(fam.)* [məfiʃdebaf] – gib mir Ohrfeigen
17 ***détester*** [detɛste] – verabscheuen
18 ***tout le monde*** [tul(ə)mɔ̃d] – alle
19 ***détestable*** [detɛstabl(ə)] – abscheulich
20 ***vous-même*** [vumɛm]– *hier:* euch selbst
21 ***le caractère*** [karaktɛr] – das Wesen, der Charakter

13 *Vous êtes en France. Dans un journal, vous trouvez l'annonce du studio Lumina: «Nous cherchons des figurant(e)s[1], filles et garçons, pour un film de jeunes.» Quelle chance! Vous faites le numéro du studio et tombez sur le répondeur. Laissez un message sur le répondeur.* Geht beim Hinterlassen der Nachricht systematisch vor, um die wichtigen Informationen zu geben und um sicher zu sein, dass ihr zurückgerufen werdet.

1. Begrüßung	5. Adresse in Frankreich	9. Kontakt für Rückruf
2. Name	6. Alter	10. Dank und Verabschiedung
3. Grund eures Anrufes	7. Größe	
4. Nationalität	8. Aussehen	

14 ***En français, s'il vous plaît!***

Vous parlez de la mode à un copain / une copine.

Du sagst ihm, dass er / sie für dich der sportliche Typ ist, und willst wissen, welcher Modetyp du für ihn / sie bist.	Er antwortet, dass er das nicht weiß, und fügt hinzu, dass du in Jeans und T-Shirt immer sportlich bist. Er / sie trägt auch am liebsten Jeans, Sportschuhe und T-Shirts.
Du findest seine / ihre Sachen modern und fragst, wer seine / ihre Sachen kauft.	Er / Sie antwortet, dass er / sie diese zusammen mit seiner / ihrer Mutter oder mit Freunden kauft. Er / Sie sieht sich auch Kataloge an. Er / Sie mag besonders blaue, weiße oder schwarze T-Shirts, aber keine grünen und gelben T-Shirts.
Du fragst, ob er / sie dich in sportlicher und moderner Kleidung fotografieren kann.	Er / Sie fragt nach dem Grund.
Du sagst ihm / ihr, dass ein Katalog jugendliche Fotomodelle sucht.	Er / Sie fragt, ob du Witze machst.
Du sagst, dass du das gut findest. Du kannst tolle Sachen anziehen und man macht Fotos von dir.	Er / Sie meint, dass viele Jugendliche gern Fotomodelle imitieren, aber ihm / ihr gefällt das nicht.

15 ***Maintenant, je sais ...***

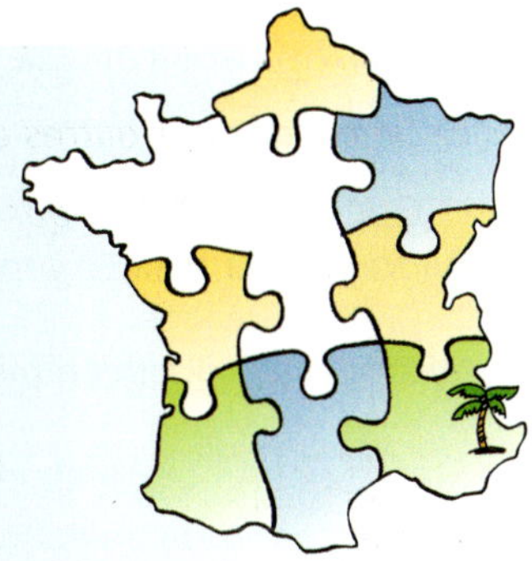

- wie man sagt, welche Kleidung man gern trägt.
- wie man sagt, welche Farben für Kleidungsstücke man mag.
- wie man sagt, dass etwas gut bzw. nicht gut zu etwas oder jemandem passt.
- wie man sagt, wo man seine Sachen kauft.
- wie man seine Kleidergröße nennt.
- wie man sagt, welches Kleidungsstück einem gefällt.
- wie man jemanden nachdrücklich bittet, etwas zu tun bzw. nicht zu tun.
- wie man eine Nachricht auf einem Anrufbeantworter hinterlässt.
- wie man sagt, dass man etwas kennt bzw. nicht kennt.

[1] ***le / la figurant,e*** [figyrɑ̃/t] – der / die Statist/in

Un collège actif

Au collège Maurice Ravel, c'est bientôt la journée porte-ouverte. Beaucoup de personnes vont venir. Des enfants et des jeunes vont visiter le collège avec leurs parents. Il faut organiser beaucoup de choses. C'est pourquoi les classes travaillent avec leurs professeurs. Ils préparent cette journée. Jérémy et les élèves de sa classe écrivent les invitations et un questionnaire avec beaucoup de questions sur le collège. Ils ont des idées intéressantes.

Élise: On peut envoyer les visiteurs au premier étage, au CDI. Il faut chercher le numéro du livre «Notre-Dame de Paris». C'est le numéro 597!

Jérémy: Bonne idée. Mais il faut aussi demander des choses drôles aux visiteurs.

Audrey: Oui, nous pouvons écrire: est-ce qu'il y a des toilettes au troisième étage?

Stéphanie: D'accord, et: quelle est la couleur de la porte du principal?

Jérémy: C'est une bonne question car elle est moche, cette porte! Elle est jaune!

Audrey: Et est-ce qu'ils savent ça: soixante-dix pour cent des élèves mangent à la cantine? On peut demander ça?

Élise: Oui, et on peut aussi parler des langues. Cent pour cent des élèves apprennent une langue!!!

Stéphanie: Et combien de langues apprend-on dans notre collège?

Audrey: On a l'anglais, l'allemand, l'espagnol, le latin et le grec.

Jérémy: Et moi, j'ai une sixième langue: le français! ...

Stéphanie: Les langues, c'est super. Ma petite sœur est à l'école primaire. Elle apprend déjà l'anglais et elle aime ça!

Audrey: Et l'année prochaine, en sixième, elle va avoir M. Malet en anglais, tu sais, «Mister Mac».

Jérémy: Oui, et comme question, on demande: pourquoi appelle-t-on M. Malet «Mister Mac»?

Stéphanie: Ah oui, il aime beaucoup les hamburgers!

Audrey: On peut aussi parler de l'emploi du temps en sixième. Il n'est pas comme à l'école primaire. Et en quatrième, on a encore d'autres cours. Les gens le savent?

Élise: Et il faut aussi parler de la classe de troisième et du brevet.

Audrey: Oui, les élèves ont beaucoup de travail pendant cette dernière année au collège, à cause du brevet. Ce n'est pas un examen facile.

Stéphanie: Et après, ça va être le lycée pour eux, avec le bac …
Jérémy: Pouh! Brevet, bac … Moi, je préfère retourner en maternelle! …

Jérémy: Nous avons déjà beaucoup de questions pour notre rallye-collège. Et toi, Ludo, ton groupe a écrit l'invitation?
Ludovic: Oui. Il a fallu chercher des idées et des dessins sympas et on a trouvé … Regardez!

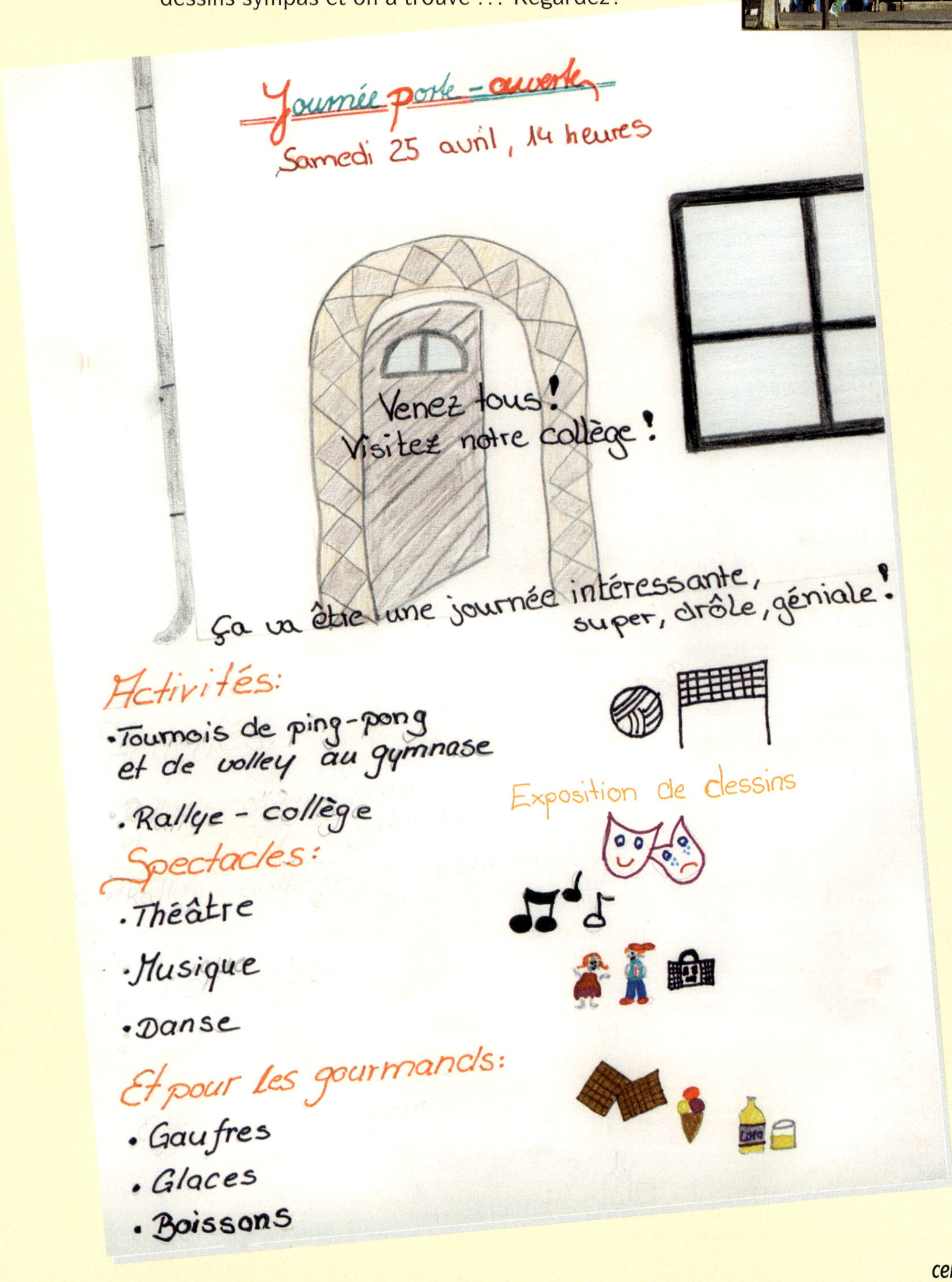

LE/I, p. 89

savoir vivre – activité

Quelle est la réponse correcte? Formez un mot avec 7 lettres.

1. Les cours en France durent [n] 45 minutes [c] 55 minutes [a] 60 minutes.
2. Quand les élèves cherchent un livre, ils vont [f] à la salle des profs [b] au gymnase [a] au CDI.
3. Les élèves n'ont pas cours [n] le mercredi après-midi [m] le jeudi après-midi [o] le vendredi après-midi.
4. Un surveillant [i] donne des cours [d] fait des jeux avec les élèves [t] aide les élèves quand ils font leurs devoirs pendant la permanence.
5. À midi, beaucoup d'élèves sont [s] dans la cour du collège [c] dans la salle de classe [i] à la cantine.
6. Quand un prof est malade, [a] les élèves vont à la maison [n] les élèves ont une heure de permanence [l] un autre prof donne le cours.
7. Un cours intéressant, c'est [e] histoire-géo [h] maths-géo [g] histoire-anglais.

savoir vivre

Le système scolaire français • Das französische Schulsystem

Jérémy a 14 ans, il est en quatrième. Voici son parcours[1] dans le système scolaire français:

À 3 ans, Jérémy est allé à l'école maternelle. Il est resté dans cette école pendant 3 ans. Certains enfants entrent en maternelle à 2 ans.

Après, Jérémy est allé à l'école élémentaire, pendant 5 ans.

À 11 ans, après l'école primaire (maternelle et élémentaire), et comme tous les autres jeunes Français, Jérémy a commencé les 4 années de collège.
Il est allé en sixième, en cinquième, puis en quatrième (certains élèves vont dans une autre école après la quatrième pour faire une formation[2] courte).

En troisième, Jérémy va passer un examen: le brevet.
Après la classe de troisième, il va aller au lycée et préparer le baccalauréat (bac).

maternelle (3 ans) élémentaire (5 ans) collège (4 ans) lycée (3 ans)

[1] *le parcours* [parkur] – die Laufbahn
[2] *la formation* [fɔrmasjõ] – die Ausbildung

1 *Les élèves du collège ont écrit un questionnaire avec beaucoup de questions sur le collège. Voici les réponses; posez les questions.*

Exemple: C'est le numéro 597. → ***Quel*** *est le numéro du livre «Notre-Dame de Paris»?*

1. Non, il n'y a pas de toilettes au troisième étage.
2. La couleur de la porte du principal est jaune.
3. Soixante-dix pour cent des élèves mangent à la cantine.
4. Cent pour cent des élèves apprennent une langue.
5. On apprend cinq langues dans notre collège.
6. On appelle M. Malet «Mister Mac» parce qu'il aime beaucoup les hamburgers.

2 *C'est la journée porte-ouverte dans* ***votre*** *école.* Ihr unterhaltet euch mit einigen französischen Austauschschülern, die zu Besuch sind. Dabei stellt ihr fest, dass euch manchmal das richtige Wort nicht auf Anhieb einfällt. Das macht nichts, ihr könnt viele Wörter auch umschreiben.

savoir faire

Apprendre le vocabulaire (3)

a) Findet zunächst die richtige Umschreibung in der rechten Spalte für die Wörter der linken Spalte.

b) Nehmt kleine Kärtchen und schreibt die Begriffe von links auf die Vorderseite, die Umschreibungen auf die Rückseite. Zieht abwechselnd ein Kärtchen und erklärt euch gegenseitig die Begriffe, die auf dem Kärtchen stehen, ohne das Buch zu benutzen.

c) Denkt euch weitere Wörter aus, die ihr schon gelernt habt, schreibt diese Wörter ebenfalls auf Kärtchen und umschreibt sie abwechselnd – *en français, bien sûr!*

Exemple: le ping-pong → *un jeu pour deux personnes sur une table*

une invitation
le ping-pong
le principal
un élève
des langues
un examen
un questionnaire
un spectacle
être actif

une lettre pour la fête
un enfant à l'école
travailler beaucoup
un jeu pour deux personnes sur une table
par exemple: le théâtre, la musique et la danse
une liste avec des questions
par exemple: l'espagnol, le latin, le français
le «chef» de l'école
par exemple: le bac

3 *À la radio, on parle de la journée porte-ouverte. Faites un tableau.*

a) *Écoutez une fois: De quelle* ***personne ou chose*** *est-ce qu'on parle?*

b) *Écoutez une 2e fois:* Notiert die **Zahl**, die im Zusammenhang mit der Person oder Sache genannt wird.

personne / chose	nombre
visiteurs	

G § 42
AG § 42

4 *Travaillez à deux. Voilà la liste des gagnants[1] du tournoi de ping-pong dans la classe de Jérémy. Les trois premiers peuvent participer au tournoi de la journée porte-ouverte. Élève A pose les questions de Stéphanie. Élève B répond.*

Exemple: A: Qui est le premier?
B: ***La première*** *est* ***Karine Chelles****.*

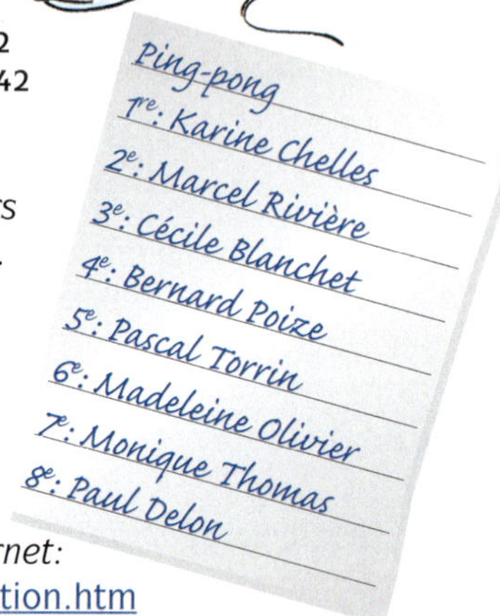

5 *Cherchez le site du collège Maurice Ravel Paris sur l'internet:*
http://lyc-maurice-ravel.scola.ac-paris.fr/citscol/presentation.htm

Répondez aux questions.

1. Combien d'élèves est-ce qu'il y a dans une classe?
2. Combien de personnes travaillent à la cantine?
3. Trouvez un autre mot pour «cantine».
4. Combien d'heures de cours est-ce que les élèves ont en quatrième?
5. Combien d'heures est-ce qu'il y a
   a) en français et
   b) en anglais?

6

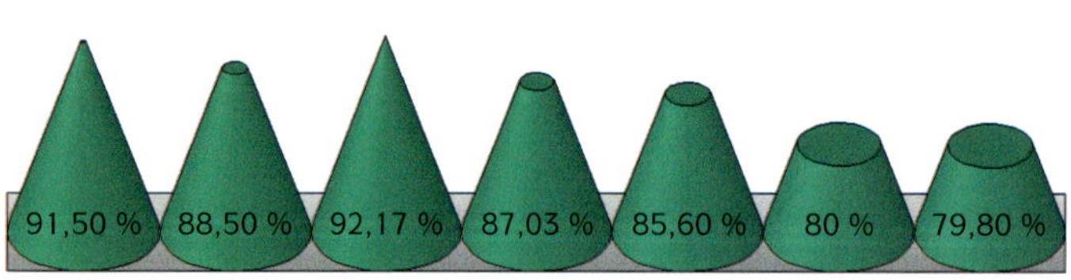

1. Wie viel Prozent der Schüler des *collège Maurice Ravel* haben in den Jahren 1997 bis 2003 das *brevet* bestanden?
2. Wie viel haben nicht bestanden?
3. Welche Tendenz ist zu erkennen?

[1] ***le gagnant*** [gaɲɑ̃] – der Gewinner
[2] ***la réussite*** [reysit] – der Erfolg

7 a) *Écoutez bien et cherchez l'intrus.*

dernier · quartier · oublier · hier · premier · cahier · policier

b) *Trouvez les mots avec* [je] *ou* [jɛr].
Faites un tableau.

[je]	[jɛr]

c) *Lisez les phrases.* Lest diese Sätze, so schnell ihr könnt. Versucht es im Wettbewerb: Wer kann die Sätze zuerst fehlerfrei ohne Textvorlage sprechen?

Hier, pour la première fois, après l'école, j'ai raté le premier bus, parce que j'ai oublié mon cahier au premier étage, pendant le dernier cours. Mon père est policier et depuis l'année dernière, ma mère est infirmière au collège du quartier.

8 *Sarah, la petite sœur de Frédéric, veut savoir beaucoup de choses sur le collège. Faites des dialogues.*

Exemple: il y avoir – cantine? → *A: Est-ce qu'il y a une cantine? / Il y a une cantine?*
B: Oui, il y a une cantine.

1. cours – durer – combien de minutes?
2. vous – avoir cours – toute la journée?
3. comment – on – appeler – première classe du collège?
4. la quatrième – être – dernière classe du collège?
5. on – avoir – brevet – après la quatrième?
6. où – vous – travailler – quand – vous – ne pas avoir cours?
7. quelles langues – tu – pouvoir apprendre – dans ton collège?
8. quel prof – tu – avoir eu – en anglais?

9 a) *Travaillez en groupe.* Spielt „Flaschendrehen"! (Anstelle einer Flasche könnt ihr auch einen Stift benutzen.) Der / Die Erste stellt eine Frage und dreht die Flasche. Der- / Diejenige, auf den / die der Flaschenhals zeigt, muss die Frage beantworten. Dann stellt er / sie die nächste Frage und dreht. Benutzt dabei immer Inversionsfragen und Pronomen.

G § 43
AG § 43

Exemple: A: ~, sors-tu avec Philippe?
B: Oui, je sors avec Philippe. / Non, je ne sors pas avec Philippe.

ranger la chambre · organiser une fête d'anniversaire · comprendre la grammaire · écrire des mél · sortir au cinéma · dormir beaucoup · aimer le rap · parler beaucoup pendant les cours · aider tes copains · aimer qn · chanter sous la douche · jouer souvent à l'ordinateur · aider tes copains · regarder la télé tous les soirs · manger des gaufres

b) *Travaillez à deux. Posez des questions et répondez.* Erinnert euch zusammen an mindestens fünf Fragen und Antworten, die während des Spiels in a) vorgekommen sind.

*Exemple: A: **Jennifer, sort-elle** avec Philippe ?*
B: Non, elle ne sort pas avec Philippe.

10 a) *Posez des questions. Ce matin, un élève vient pour la première fois dans votre classe. Vous êtes curieux et vous avez beaucoup de questions.*

*Exemple: **Parles-tu** français?*

b) *Travaillez à deux. Élève A joue le rôle du nouvel élève, élève B répond aux questions.*

*Exemple: A: **Parles-tu** français?*
B: Oui, je parle français.

DELF

11 a) *Écoutez bien! Comme Sarah, vous entendez[1] seulement les réponses de Stéphanie. Qu'est-ce que demande la personne au téléphone?*

Exemple: Oui, ça va. ➜ Ça va?

b) *Qu'est-ce que vous pensez: à qui est-ce que Stéphanie téléphone?*

G § 44
AG § 44

12 *Qu'est-ce qu'il faut faire ou qu'est-ce qu'il ne faut pas faire?*

Exemple:

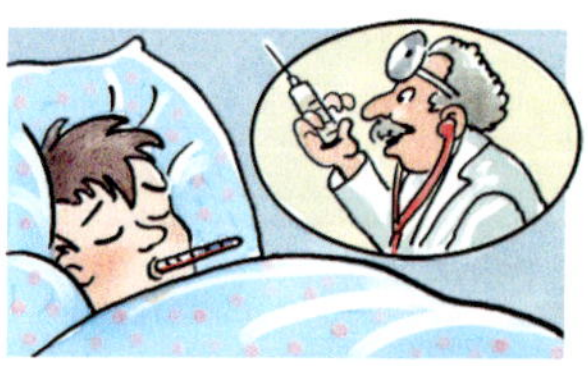

***Il faut** appeler un médecin.*

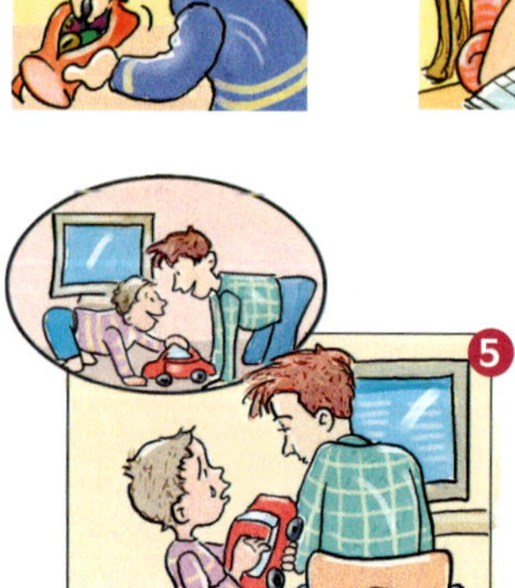

[1] ***entendre*** [ɑ̃tɑ̃dr(ə)] – hören

13 a) *Complétez les phrases avec «car, à cause de, c'est pourquoi».*

G § 45
AG § 45

1. Beaucoup de personnes vont venir au collège ~ la journée porte-ouverte, ~ les classes préparent beaucoup d'activités avec leurs profs.
2. La classe de Jérémy cherche beaucoup de questions intéressantes ~ elle prépare un questionnaire pour les visiteurs.
3. La porte du principal est moche ~ elle est jaune!
4. M. Malet aime beaucoup les hamburgers, ~ on l'appelle «Mister Mac».
5. Les élèves de troisième travaillent beaucoup ~ brevet.
6. Le lycée est difficile ~ bac.

b) *Reliez les deux phrases.* Verwendet jedesmal alle drei Konjunktionen *car, à cause de, c'est pourquoi*.

Exemple: Pendant la dernière année au collège, les élèves ont beaucoup de travail. Il y a le brevet après la troisième.
→ *a) Pendant la dernière année au collège, les élèves ont beaucoup de travail* ***car*** *il y a le brevet après la troisième.*
b) Pendant la dernière année au collège, les élèves ont beaucoup de travail ***à cause du*** *brevet.*
c) Après la troisième, il y a le brevet, ***c'est pourquoi*** *les élèves ont beaucoup de travail pendant la dernière année au collège.*

1. Il y a une journée porte-ouverte. Beaucoup de personnes veulent visiter le collège.
2. M. Malet a mangé sept crêpes. Maintenant, on l'appelle «M. Crêpes».
3. Les visiteurs vont au CDI. Ils cherchent le numéro du livre «Notre-Dame de Paris».

c) *Travaillez à deux.* Sucht für die folgenden Situationen möglichst viele, originelle Ausreden.

C'est moi

1. Je n'ai pas fait mes devoirs
2. J'arrive trop tard au cours
3. J'ai oublié mon livre
4. Je n'ai pas écouté

→ car ~
→ à cause de ~
→ parce que ~

14 *Reliez les parties de phrases.* Verwendet die angegebenen Konjunktionen. Manchmal sind mehrere möglich.

DELF

1. Aujourd'hui, il y a beaucoup de personnes au collège
2. Les élèves préparent beaucoup d'activités
3. À la journée porte-ouverte, on peut faire un rallye
4. Aujourd'hui, des parents
5. Le brevet est difficile
6. Jérémy aime le collège

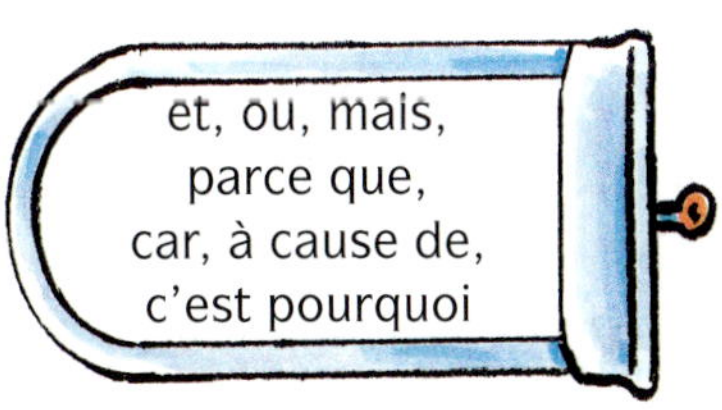

il y a une fête au collège.
la journée porte-ouverte.
manger des crêpes.
des jeunes visitent le collège.
Jérémy préfère retourner en maternelle ...
il ne veut pas travailler.

15 *Travaillez en groupe. Vous faites un questionnaire avec 8 questions intéressantes et amusantes sur votre école. Vous pouvez utiliser les mots «le principal, les profs, la cantine, les langues, les toilettes, la salle des profs, le nom de l'école, etc.».* Schreibt die Fragen und Lösungen auf unterschiedliche Blätter und gebt die Fragen an eine andere Gruppe weiter. Anschließend wird die Auswertung vorgenommen.

C'est moi

La journée porte-ouverte

Stéphanie: Quelle belle danse! Elle est moderne, ce n'est pas une soirée ennuyeuse avec des vieilles danses comme l'année dernière. Elles sont géniales, les filles!

Audrey: Fais vite une photo d'elles avec ton nouvel appareil!

Jérémy: C'est super! Il y a beaucoup de visiteurs et beaucoup ont participé à notre rallye-collège. On n'a plus de questionnaires.

Audrey: Vous avez vu les dessins de la classe de cinquième A? Ils ont le nouveau prof d'arts plastiques et ils ont fait des choses super.

Ludovic: C'est vrai. Allons voir ça tout de suite. Vous venez avec moi?

Élise: Bonne idée. Il n'y a personne devant les dessins parce que tout le monde regarde le spectacle.

Jérémy: Oui, mais je n'ai pas encore mangé de gaufres.

Audrey: Je n'ai pas mangé non plus et j'ai faim.

Stéphanie: D'accord, on mange et après, on va voir les dessins.

Élise: Et nous devons compter les points des questionnaires avant 18 heures, n'oubliez pas.

Jérémy: Est-ce que quelqu'un va avoir toutes les bonnes réponses? Un 20 sur 20?

Ludovic: Ah oui, dans le rallye, c'est facile d'avoir une super note, mais pendant les cours ... oh là là ... Vous savez, en maths par exemple, je n'ai pas eu la moyenne au dernier bulletin.

savoir vivre

Les notes et les bulletins dans les écoles françaises

Die französischen Schüler haben nicht die Zensuren 1 bis 6, wie ihr sie aus deutschen Schulen kennt. In Frankreich gibt es stattdessen 20 Punkte. Von 16 bis 20 Punkten hat man die Note „sehr gut“, 14 bis 15,9 sind „gut“, 12 bis 13,9 Punkte entsprechen der deutschen Note 3 (befriedigend), 10 bis 11,9 Punkte der Note 4 (ausreichend).
Das Schuljahr ist nicht in Halbjahre unterteilt, sondern in *trimestres*, also Drittel. Es gibt deshalb dreimal im Jahr Zeugnisse (*bulletins*). Am Schuljahresende wird der Durchschnitt der Punkte in den jeweiligen Fächern ausgerechnet. Man muss dann mindestens 10 Punkte, *la moyenne* (die Hälfte der Punktzahl), in den einzelnen Fächern erreichen, um versetzt zu werden.

Français	14	*Ludovic est très actif pendant les cours.*
Histoire-géo	16	*Très bon travail. Continue!*
Langue vivante I Anglais	10	*Ludovic doit apprendre ses leçons de grammaire.*
Langue vivante II Allemand	12	Ludovic doit travailler plus. Il le peut!
Arts plastiques	12	*Ludovic a des bonnes idées, mais il ne travaille pas assez.*
Éducation musicale	13	***Bon trimestre.***
Mathématiques	8	*Il faut beaucoup travailler au troisième trimestre.*
Sciences de la vie et de la terre	10	***Ludovic ne doit pas rêver au troisième trimestre.***
Physique-Chimie	11	Ludovic ne fait pas attention pendant les cours.
Technologie	13	*Bon travail, mais Ludovic parle trop.*
Éducation civique	14	*C'est bien. Ludovic est un élève actif.*
Éducation physique et sportive	13	Ludovic joue très bien au volley, mais il a des problèmes en natation.

Absences : 3 demi-journées

Logiciel MAG

ADMIS EN TROISIEME OUI NON

le Chef d'établissement

À 19 heures, les derniers visiteurs partent.
Jérémy, ses copains et une famille discutent encore un peu.

1 a) *Jérémy, Stéphanie et Audrey ont écrit un petit texte pour le journal du collège. Lisez les trois textes et trouvez le bon résumé.*

b) *Corrigez les fautes.*

1
D'abord, les filles ont dansé. Beaucoup de visiteurs ont participé à notre rallye-collège. Ils n'ont pas regardé le spectacle parce que tout le monde a vu les dessins.

2
D'abord, les filles ont montré une belle danse, la danse de l'année dernière. Après, on a mangé beaucoup de gaufres. À 19 heures, les derniers visiteurs sont partis. On ne va pas oublier cette belle journée porte-ouverte au collège et ce rallye intéressant.

3
Après la danse des filles, une danse moderne, beaucoup de personnes ont mangé nos gaufres. Beaucoup de visiteurs ont participé à notre rallye-collège. Le groupe de notre collège a dû chanter sa chanson deux fois. À 19 heures, tous les visiteurs sont partis. On ne va pas oublier cette belle journée.

savoir faire

Les mots de la même famille

Manche Vokabeln kann man sich besser merken, weil man schon ähnliche Wörter der gleichen Wortfamilie kennt. Sie haben einen gemeinsamen Wortstamm und oft eine ähnliche Bedeutung. In dieser Lektion z. B. kommen neue Wörter vor, die dir bekannt vorkommen müssten, weil du vorher schon Wörter mit ähnlicher Bedeutung gelernt hast.

2 a) *Trouvez les mots de la même famille.* Notiert in eurem Heft die folgenden Wörter mit der deutschen Übersetzung und das schon bekannte Wort der gleichen Wortfamilie. Achtet dabei auch auf den Artikel und notiert ihn ebenfalls.

1. l'invitation *f* – ~
2. la chanson – ~
3. l'activité *f* – ~
4. le guitariste – ~
5. la neige – ~
6. le portable – ~
7. le questionnaire – ~
8. le visiteur – ~

b) Umgekehrt könnt ihr auch mit Hilfe der euch schon bekannten Wörter der gleichen Wortfamilie die Bedeutung neuer Wörter erschließen. Findet heraus, welche Länder im Folgenden gemeint sind, und notiert die zugehörigen Adjektive.

1. L'Angleterre 2. L'Espagne 3. La Grèce

3 *Reconstituez les adjectifs.* Setzt zwei Silben zu einem Adjektiv zusammen.

lade eux per ressant gen par til égo li pa amu gé vre ma ma sant

mo mau cé su amou derne çais cile rieux curi yeux reux formi fa

sym fait heu nial fu ennu ïste pau reux inté vais fran lèbre gique dable jo

Regardez	Oui, tu as	Je n'aime pas
mon ~ pantalon	un beau pantalon	mon ~ pantalon
mon ~ appareil photo	un ~ appareil photo	mon vieil appareil photo
ma nouvelle chemise	une ~ chemise	ma vieille chemise
mes nouveaux livres	des ~ livres	mes ~ livres
mes ~ chaussures	des belles chaussures	mes ~ chaussures

G § 46
AG § 46

4 a) *Élise a perdu son portable. Dans son école, il y a une salle des objets trouvés[1]. Là, elle peut peut-être trouver son portable. Faites des phrases avec «vieux».*

Exemple:
*Dans la salle, il y a une **vieille** veste. Il y a aussi ~*

b) *Certaines personnes trouvent leurs affaires[2] dans la salle des objets trouvés, d'autres pas. Ils achètent des nouvelles affaires. Qu'est-ce qu'ils ont acheté? Faites des phrases avec «nouveau».*

*Exemple: Jérémy a un **nouveau** tee-shirt.*

Jérémy Ludovic Stéphanie Audrey Mister Mac Sarah

c) *Élise regarde les affaires des autres et pose des questions. Jouez le rôle d'Élise. Faites des dialogues avec «nouveau» et «beau».*

*Exemple: Élise: Jérémy, tu as **une nouvelle** veste?*
Jérémy: Oui, j'ai une nouvelle veste.
*Élise: **Quelle belle** veste!*

[1] ***les objets trouvés*** [lezɔbʒɛtruve] – die Fundsachen
[2] ***l'affaire*** *f* [afɛr] – *hier:* die Sache

5 a) *Complétez le texte avec les adjectifs «beau, nouveau, vieux, grand» ou «petit».*
Ihr sollt einen kurzen Aufsatz über ein für euch wichtiges Ereignis der letzten Wochen schreiben. Ein Freund ist vor zwei Wochen umgezogen und hat seine neue Wohnung als Thema genommen.

Le ~ appartement
Depuis deux semaines déjà, nous habitons dans un ~ appartement. Il est au troisième étage d'une ~ maison dans la ~ ville. Ma ~ chambre est très ~ avec ses ~ fenêtres. J'ai aussi une ~ armoire et un ~ lit. Mais mes chaises sont ~ . Elles sont de ma ~ chambre. Mes ~ livres sont déjà sur la ~ étagère où j'ai beaucoup de place. Notre cuisine est très ~ aussi avec beaucoup de place pour manger. Il y a seulement un petit problème: la ~ douche ne fonctionne[1] pas et il faut aller dans le ~ appartement de ma grand-mère.
Je n'aime pas ça.

b) *À vous maintenant!* Welches Thema nehmt ihr für euren Aufsatz? Denkt an ein Ereignis, welches für euch eine Bedeutung hatte, und berichtet in einem ähnlichen Umfang darüber in eurem Heft.

6 a) *Ludovic a fait les posters pour la journée porte-ouverte. Jérémy et Stéphanie trouvent le texte ennuyeux. Faites un nouveau poster avec les adjectifs «froid, intéressant, grand, amusant, génial, bon, beau».*

*Exemple: Regardez nos **beaux** dessins.*

b) *À vous maintenant! Travaillez en groupe. Vous préparez une journée porte-ouverte. Faites des posters.* Wählt das beste Plakat aus.

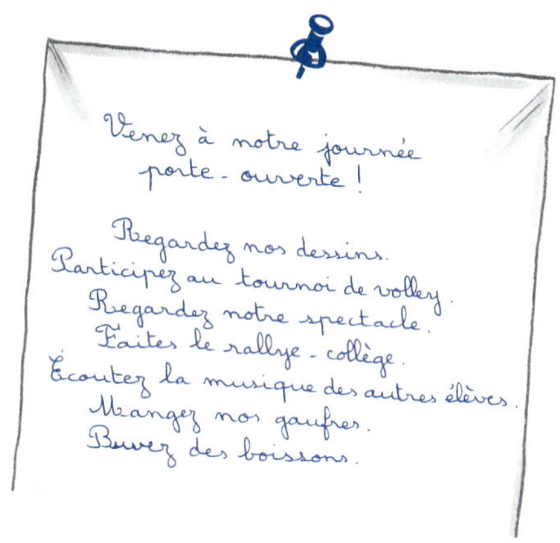

7 *Travaillez à deux. Faites des dialogues. Qu'est-ce que vous voulez / pouvez / allez faire?*
Heute fällt die letzte Unterrichtsstunde aus. Ihr unterhaltet euch mit eurem Nachbarn / eurer Nachbarin darüber, was ihr jetzt machen wollt. Fragt und antwortet abwechselnd.

Exemple: A: (Est-ce que) tu veux manger une glace?
B: Non, je ne veux pas manger de glace.
Est-ce que qu'on peut / va boire un coca?
A: Oui, on peut / va boire un coca.

boire un coca
jouer au foot
aller au cinéma
écouter de la musique
manger une glace
regarder la télé
lire un livre
écrire un mél
parler français

[1] ***fonctionner*** [fɔ̃ksjɔne] – funktionieren

8 a) *Qu'est-ce qu'Audrey et les autres doivent faire aujourd'hui?*

Exemple: À 8 heures, je ***dois*** *aller à l'école.*

devoir			
je	dois	nous	~
tu	dois	vous	devez
il / elle / on	~	ils / elles	doivent
p.c.: il / elle	a ~		

G § 47
AG § 47

8h:	moi – aller à l'école
10h:	maman – parler à M. Malet
13h:	Élise et moi – organiser l'anniversaire de Jérémy
16h30:	Stéphanie et Ludo – faire les courses pour la fête
17h:	moi – apprendre l'histoire-géo pour l'interrogation
18h:	Élise, Stéphanie et Jérémy – venir chez moi
18h15:	Élise, Stéphanie, Jérémy et moi – aider Ludo
18h30:	papa – réparer mon vélo
19h30:	maman – faire des gaufres avec moi, pour l'anniversaire de Jérémy
20h30:	moi – dormir

b) *Qu'est-ce que les autres doivent faire sans Audrey? Elle doit leur dire.*

Exemple: Maman, à 10 heures, ***tu dois*** ~

9 a) *Vous préparez une fête. Faites une liste: qu'est-ce qu'il faut faire?*

Exemple: Pour la fête, ***il faut*** *acheter des boissons,* ~

C'est moi

b) *Qu'est-ce que vous devez faire?*

Exemple: Moi, ***je dois*** *acheter des boissons. Florian doit* ~

10 a) *Complétez les phrases avec «ne … pas (3 ×), ne … rien (2 ×), ne … jamais, ne … plus».*
Élise hat sich bei der Probe zur Tanzaufführung verletzt. Nun kann sie am Tag der offenen Tür nicht teilnehmen. Sie sitzt zu Hause und überlegt, was ihr alles entgeht.

C'est dommage! Je ~ peux ~ participer à la journée porte-ouverte. Je ~ peux ~ danser. Jérémy ~ peut ~ me voir pendant le spectacle. Il ~ y a ~ à manger pour moi. Je ~ vois ~ les copains. Je ~ peux ~ faire. Je ~ ai ~ de chance!

b) *Élise est triste*[1] *et écrit un texto à Stéphanie. Complétez son texto avec «ne … personne (2 ×), ne … pas non plus».*

CA
G § 48
AG § 48

[1] ***triste*** [trist(ə)] – traurig

11 Un vrai cauchemar![1]

a) *Élise fait un cauchemar. À quoi rêve-t-elle?*

Exemple:
ne pas comprendre la première question
➜ *Je **ne** comprends **pas** la première question.*

b) *Le cauchemar d'Élise. Faites des phrases et utilisez le passé composé.*

Exemple:
ne pas comprendre la première question
➜ *Je **n'ai pas compris** la première question.*

c) *Faites des phrases et utilisez le futur composé.*

Exemple:
ne pas comprendre la première question
➜ *Je **ne vais pas comprendre** la première question.*

12 *Écoutez bien et répondez aux questions.*

1. À quel devoir est-ce que Jérémy a eu une mauvaise note?
2. Quelle note est-ce que Jérémy a eu?
3. Pourquoi est-ce qu'il a eu cette note?
4. Quand est-ce que les élèves vont faire une autre interrogation?
5. Comment est-ce qu'Audrey veut aider Jérémy?

13

CA

a) Um die Bedeutung folgender Verben nachzuschlagen, bildet zunächst den Infinitiv. Schlagt gegebenenfalls die Bedeutung nach.

1. ils doivent 2. je vais 3. nous buvons
4. ils peuvent 5. ils prennent 6. tu as vu

b) Um die Bedeutung folgender Adjektive nachzuschlagen, braucht ihr die maskuline Form.

1. belle 2. blanche 3. nouvelle
4. gentille 5. heureuse 6. vieille

savoir faire

Travailler avec le minidictionnaire

Am Ende deines Französischbuches findest du ein *minidictionnaire*. Es hilft dir, wenn du Vokabeln vergessen hast oder neue Wörter in einem Text vorfindest. Auch wenn du nicht mehr weißt, wie ein Wort geschrieben wird oder welchen Artikel du verwenden musst, kannst du dort nachsehen. Aber Achtung: Verbformen stehen im *minidictionnaire* nur im Infinitiv und Adjektive in der maskulinen Form.

14

Ado 82, 2003, Connaissez-vous Jérémy?

a) Sucht zuerst alle Wörter aus dem Comic, die ihr durch Ähnlichkeit zum Deutschen oder Englischen erschließen könnt.

b) Schlagt die unbekannten Wörter im *minidictionnaire* nach und findet den bestimmten Artikel dazu.

1. endroit 2. nourriture
3. visage 4. serveur

c) Die Wörter *ce type* und *ce visage* werden im Text ohne Artikel verwendet. Dennoch könnt ihr das Geschlecht auch ohne *minidictionnaire* herausfinden. Woran erkennt ihr es?

d) Auch wenn ihr einige Wörter noch nicht kennt, werdet ihr den neuen Textinhalt verstehen. Na?

e) Überprüft anschließend, ob eure Vermutungen richtig waren, und schlagt die fehlenden Wörter im *minidictionnaire* nach:

1. vulgaire 2. répugnant 3. mieux

15 *En français, s'il vous plaît!*

a) *Après la journée porte-ouverte, Jérémy rentre à la maison.*

- Jérémys Mutter möchte wissen, ob viele Besucher gekommen sind.
- Jérémy antwortet, dass viele Schüler, Eltern und alle Lehrer teilgenommen haben.
- Sie fragt, ob er die Tanzaufführung gesehen hat.
- Er bejaht und fügt hinzu, dass es ihm ganz toll gefallen hat.
- Sie möchte natürlich auch wissen, wer die Rallye gewonnen hat.
- Jérémy sagt, dass es ein Mädchen ist, Karine Chelles.
- Seine Mutter möchte auch wissen, ob er etwas gegessen hat.
- Er bejaht und sagt, dass er fünf Waffeln gegessen und vier Cola getrunken hat.

b) *À vous de jouer.*

16 *Maintenant, je sais …*

- wie man sagt, dass man erster / fünfter / letzter ist.
- wie man sagt, dass man zur Toilette muss.
- wie man jemandem sagt, dass man die Hausaufgaben noch machen muss.
- wie man begründet, dass man zu spät zur Schule gekommen ist / warum man seine Hausaufgaben vergessen hat.
- wie man sagt, dass 60 % der Schüler in der Kantine essen.
- wie man sagt, dass man noch viel vorbereiten muss.
- wie man sagt, dass man niemanden getroffen hat.
- wie man sagt, dass man noch nicht tanzen kann.
- wie man sagt, dass das Buch neu ist.
- wie man sagt, dass die Ferien schön waren.

Seite 126:
[1] ***le cauchemar*** [koʃmar] – der Albtraum
[2] ***sert*** [sɛr] – 3. P. Sg. von *servir* – servieren
[3] ***tu t'assoies*** [tytaswa] – du setzt dich

Presque des champions …

Adrien et ses copains du vélo club de Grenoble sont allés à la gare. Là, ils attendent les jeunes d'un vélo club de Lyon. Ensemble, ils veulent aller en vélo à l'Alpe-d'Huez. Là-bas, ils vont regarder une étape du Tour de France, puis ils vont continuer en direction de la mer.

Adrien: Chut! Qu'est-ce qu'ils disent?
Jean-Sébastien: Leur train va avoir du retard. Oh là là, la SNCF …
Nadir: Entre Lyon et Grenoble, il n'y a pas de TGV. Je me demande pourquoi. C'est dommage. J'aime le TGV, c'est un train moderne et il va vite.
Adrien: Mais il est aussi plus cher …
Jean-Sébastien: Bon, maintenant, on a du temps. On s'amuse un peu? On peut aller au café en face et boire quelque chose.
Adrien: Bonne idée! On y va?

Trente minutes plus tard …
Adrien: Bonjour, Yves, ça va? Vous êtes en retard!
Yves: Oh oui, ces trains … Mais nous sommes enfin là. Salut, Adrien! Tu vas bien?
Adrien: Super bien! Et toi, tu t'appelles comment?
Kevin: Je suis Kevin. Le voyage a été long. J'ai soif maintenant. On prend un coca?
Adrien: Oh, non, nous avons déjà bu, nous venons du café là-bas.
Yves: Oh, vous en venez, c'est dommage.

Adrien: Mais dans le car, tu peux boire. Tu sais, jusqu'au Bourg-d'Oisans, nous nous reposons.
Nadir: Mais après, nous allons être plus actifs!
Yves: On va faire combien de kilomètres aujourd'hui?
Adrien: 13, mais ça monte! Tiens, regarde la carte. On part à 722 mètres et on arrive à presque 1450 mètres.
Nadir: L'étape de l'Alpe-d'Huez est l'étape la plus difficile du Tour de France, je pense.
Kevin: Et nous, on va faire comme les champions. C'est super.
Adrien: Et 25 équipes de télévision vont être là et 100 000 personnes vont nous regarder!
Nadir: Oui, oui, tu peux toujours rêver.
Adrien: Le vélo club de Grenoble contre les coureurs de Lyon. Quelle va être la meilleure équipe?
Yves: Nous, bien sûr. Nous sommes venus ici parce que nous voulons gagner.

Il est 19 heures. Au camping, pendant le repas, les jeunes parlent de leur journée. Les coureurs du vélo club de Lyon sont heureux: ils ont gagné. Cette compétition n'a pas été géniale pour l'équipe de Grenoble, elle est seulement deuxième. Beaucoup de touristes sont déjà à l'Alpe-d'Huez et ce soir, il y a une grande fête. Mais après cette étape difficile, les garçons ne sortent plus. Ils écoutent les informations car ils veulent connaître les résultats de l'étape du Tour de France.

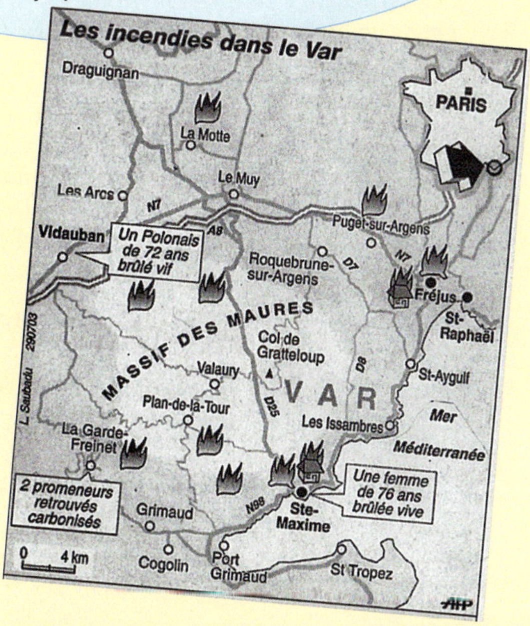

Les jeunes n'écoutent plus les résultats du Tour. Ils parlent des feux. C'est une mauvaise nouvelle. Tout à coup, les garçons ont beaucoup de questions. Pourquoi est-ce qu'il y a tous ces feux là-bas? Est-ce que ce sont des accidents? Des personnes ont mis le feu? Comment va être la nature après? Et les animaux, qu'est-ce qu'ils vont manger? Est-ce qu'on peut encore aller dans la région de Saint-Tropez?

Saint-Tropez doit être la dernière étape de leur tour. Mais avec les feux …

8 A Activités

p. 36

savoir faire

Compréhension de texte (2) • **Textverständnis (2)**

Du bist inzwischen in der Lage, auch längere und schwierigere Texte zu lesen. Um diese leichter zu verstehen, werden dir folgende Regeln helfen:

LE/I, p. 147

1. Folge dem logischen Aufbau des Textes und du kannst wesentliche Informationen zum Thema erfassen. Dabei helfen dir die bereits bekannten Schlüsselfragen *(Qui ...?, Quoi ...?, Où ...?, Quand ...?, Pourquoi ...?, Comment ...?)*, aber auch die Einteilung des Textes in Abschnitte.
2. Markiere zuerst in einer **Kopie des Textes** die Stellen, die sich auf die Schlüsselfragen beziehen.
3. Antworte nun mit Hilfe deiner markierten Textstellen auf die Schlüsselfragen.
4. Finde für jeden Textabschnitt eine Überschrift, die den wesentlichen Inhalt des Abschnittes enthält.

1 a) Nehmt auf einer **Kopie** des Textes *Presque des champions ...* von S. 128 – 129 Markierungen zur Gliederung vor. Notiert am Rand das jeweilige Schlüssel-Fragewort.

p. 128 – 129

b) Markiert in einer **zweiten Farbe** die Textstellen, welche Antworten auf die Schlüsselfragen enthalten.

c) *Notez les mots-clés*[1].

d) *Trouvez des titres pour les paragraphes du texte.*

e) *Comparez vos résultats et corrigez.*

2 a) *Le soir, Nadir pense à sa journée. Lisez le texte de la ligne 1 à la ligne 41 et cherchez des verbes pour décrire la journée de Nadir. Est-ce que le passé composé des verbes est conjugué avec «avoir» ou «être»?*

Exemple: aller à la gare → (être)
attendre les amis → (avoir)

b) *Nadir ne veut rien oublier. Alors, il écrit son journal*[2].

Exemple:

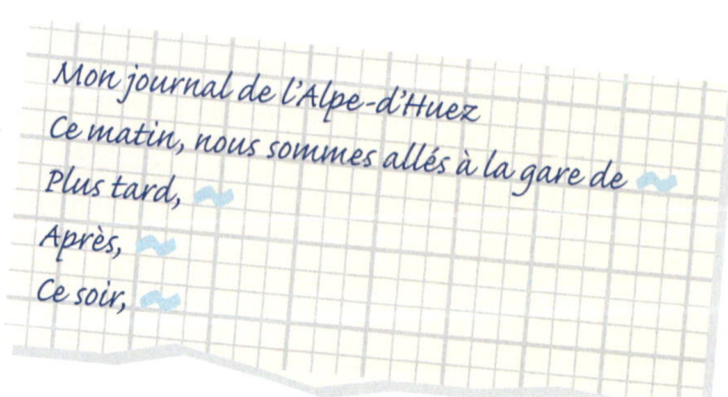

[1] ***le mot-clé*** [mokle] – das Schlüsselwort
[2] ***le journal*** [ʒurnal] – *hier:* das Tagebuch

3 *Beaucoup de journalistes sont déjà à l'Alpe-d'Huez. Un journaliste pose des questions à Yves. Lisez le texte l. 31 – l. 51 et reconstituez l'interview avec votre partenaire.*

p. 129

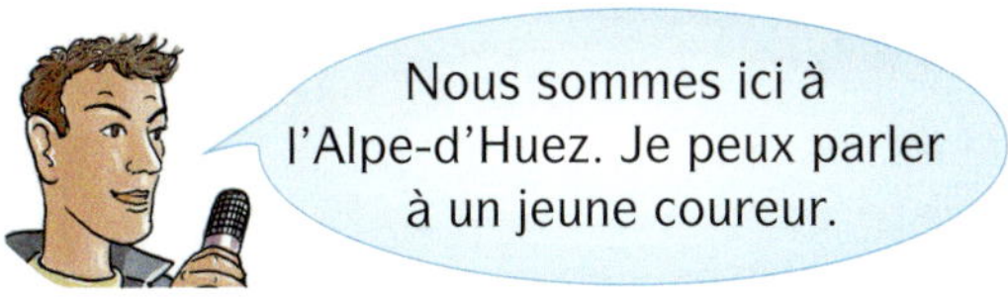

Exemple:
Le reporter: ***De quoi*** *est-ce que vous parlez?* *Yves: Nous parlons de notre journée.*

parler de ?	⟶	de la journée
venir de ?	⟶	de Grenoble et de Lyon
être heureux ?	⟶	avoir gagné
aller à la fête ?	⟶	ne plus sortir
ne plus sortir ?	⟶	l'étape – difficile
faire quoi ?	⟶	écouter les informations / connaître les résultats – l'étape – Tour de France

savoir vivre

Les régions et les départements

LE / I, p. 135

Neben den *régions* ist Frankreich in 95 *départements* eingeteilt. Die Nummerierung richtet sich nach dem Anfangsbuchstaben des *département*. So hat das *département de l'Ain* in der *région Rhône-Alpes* die Nummer 01 und in der gleichen *région* das *département de l'Isère* die Nummer 38. Diese Nummern findet man in den Postleitzahlen *(code postal)* und auf den Autokennzeichen *(plaques d'immatriculation)* wieder. Die Einteilung geht auf einen berühmten Kaiser der Franzosen zurück. Jedes *département* sollte nur so groß sein, dass es an einem Tag mit einem Pferd durchquert werden kann. Das geht heute natürlich schneller.

?
1. *Combien de régions est-ce qu'il y a en France?*
2. *Qui a instauré la division[1] en départements?*
3. *Dans quelle région est-ce qu'il y a deux départements avec les numéros 20A et 20B? Cherchez la région sur la carte.*

Umschlag-innenseite

4 a) *Regardez la carte avec les feux (p. 129) et répondez aux questions.*

p. 129

1. Dans quel département (nom) est-ce qu'il y a des feux? Quel est le numéro du département?
2. Combien de feux est-ce qu'il y a dans ce département?
3. Près de quelles villes est-ce qu'il y a des feux?
4. Combien de personnes sont mortes[2] dans le feu?

b) *Trouvez, sur l'internet, quelques chiffres intéressants sur ce département. Écrivez ces chiffres dans votre cahier.*

c) *Écrivez un texte sur les feux.*

[1] ***instaurer la division*** [ɛ̃stɔʀeladivizjɔ̃] – die Einteilung vornehmen
[2] ***mort,e*** [mɔʀ(t)] – gestorben

5 a) *Au camping, il y a beaucoup de spectateurs du Tour de France. Ils viennent de toute la France.*
Jede/r sucht je 5 Autokennzeichen heraus und diktiert sie dem Partner / der Partnerin. Er / sie notiert sie. Vergleicht eure Ergebnisse.

Exemple: A: 793 DKT 95.
B: Répète, s'il te plaît.
A: 793 DKT 95.
B: 793 DKT 95.

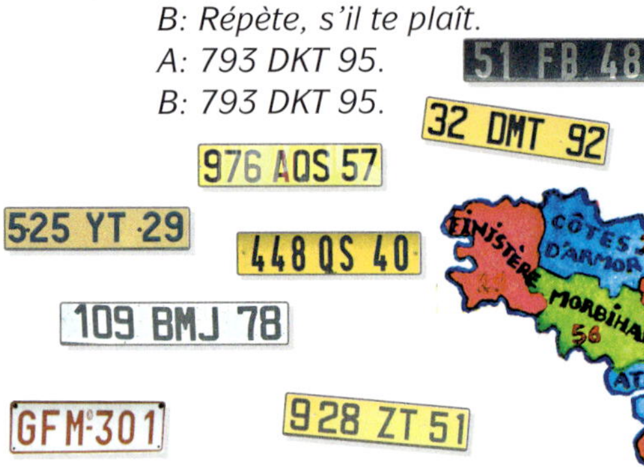

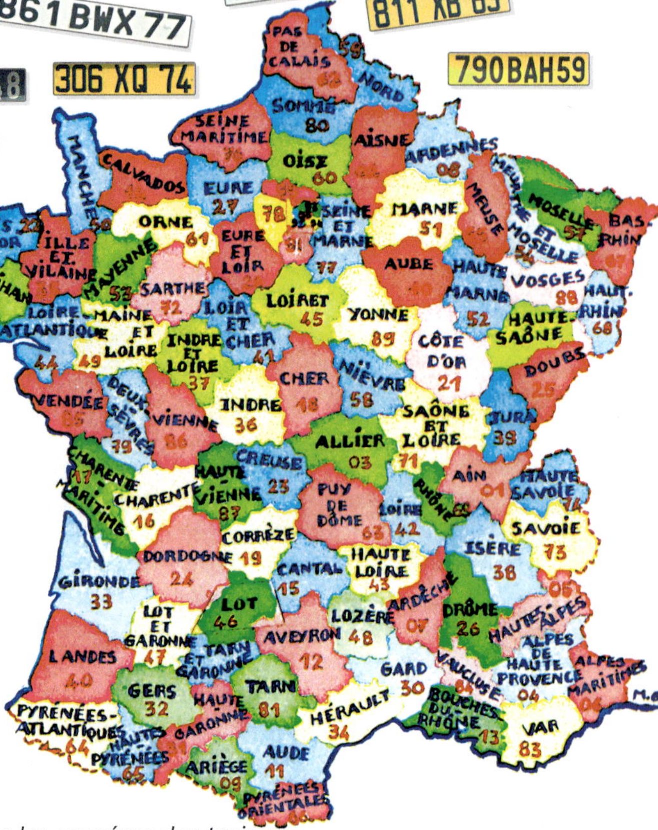

b) *Cherchez l'intrus.*
Quel numéro n'est pas français?

c) *C'est quel département?*
Die letzten beiden Ziffern zeigen an, in welchem *département* das Auto zugelassen ist.

Exemple: A: 793 DKT 95.
B: 95, c'est le Val d'Oise.

6 a) *Vous êtes à la gare. Faites un tableau.*
Écoutez bien et complétez le tableau avec les numéros des trains.

Exemple:

le train numéro	*en provenance de*[1]	*l'heure d'arrivée*	*un retard de*
425	*Paris*	*14h15*	*10 minutes*

CA

b) *Écoutez une 2e fois. Complétez la provenance des trains.*

c) *Écoutez une 3e fois. Quand est-ce que les trains arrivent?*

d) *Écoutez une dernière fois. Quels trains ont du retard?*

e) *Faites des dialogues.*

Exemple: A: Le train numéro 425 arrive à 14h15. Il vient d'où?
B: Il vient de Paris.
A: Est-ce qu'il a ***du*** *retard?*
B: Oui, il a 10 minutes ***de*** *retard.*

[1] ***en provenance de*** [ɑ̃prɔv(ə)nɑ̃zdə] – aus Richtung

7 a) *Voilà une étape du Tour de France 2003.* Notiert die Orte, die laut dem Streckenprofil **über 1000 Meter** liegen, und schreibt daneben die genaue Meterzahl erst als Ziffer und dann als Wort.

Exemple: Col de Portes – 1020 m – mille vingt mètres

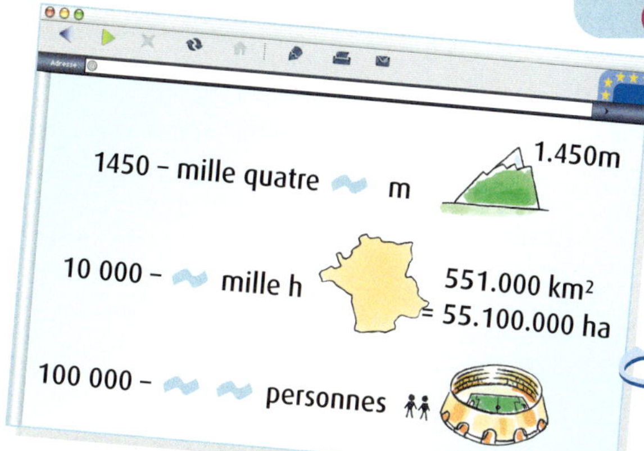

CA

G § 49
AG § 49

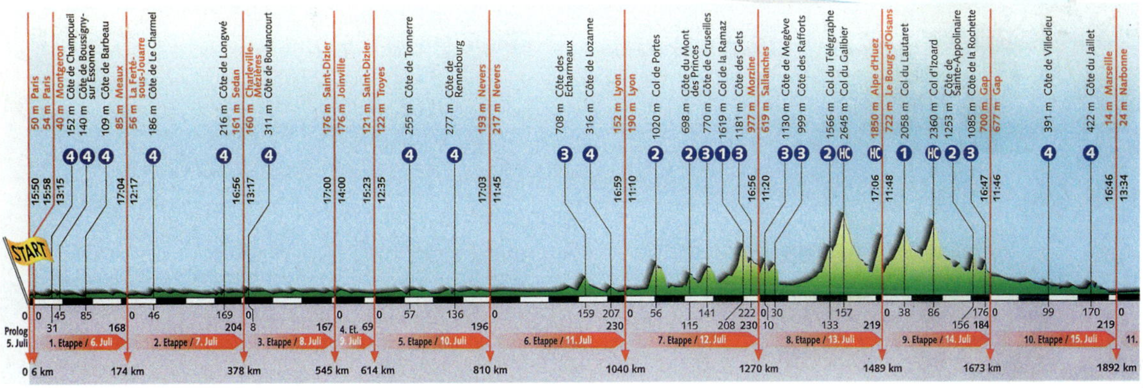

b) *Écoutez et répétez.*

c) *Travaillez en groupe.* Lest die Höhen **über 1000 Meter** vor. Schickt für jede Zahl jeweils zwei Mitschüler/innen an die Tafel, die nach euren Angaben die Zahlen an die Tafel schreiben. Vergleicht anschließend und korrigiert gegebenenfalls.

Exemple: mille vingt mètres – 1020 m

8 a) [œ] *ou* [ø]? *Lisez le poème et faites un tableau.*

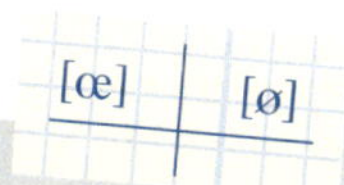

CA

Pas de vélo...

Il pleut.
Je suis furieux.
Je mange mon pain, mon beurre.
Dans la cuisine, tout seul[1].
Sur le répondeur, rien de neuf[2].

Et ma sœur?
Trop curieuse et ennuyeuse ...
Mais c'est l'horreur!
Encore une heure,
Puis un vieux film,

Pas le meilleur.
Demain,
Peut-être
Ça ira mieux ...[3]

b) *Écoutez le poème. Comparez et corrigez.*

9 ***En bref!***

a) *Répondez aux questions.*

b) *Utilisez vos réponses de a) et racontez l'histoire.*

c) *Trouvez une fin pour l'histoire.*

1. Qui attend les jeunes d'un vélo club de Lyon?
2. Où est-ce qu'ils les attendent?
3. Qu'est-ce qu'ils veulent faire ensemble?
4. Pourquoi les jeunes de Grenoble vont au café?
5. Comment est-ce qu'ils vont au Bourg-d'Oisans?
6. Ils vont faire combien de kilomètres jusqu'à l'Alpe-d'Huez?

[1] ***tout seul*** [tusœl] – *hier:* ganz allein
[2] ***rien de neuf*** [rjɛ̃d(ə)nœf] – *hier:* nichts Neues
[3] ***ça ira mieux*** [sairamjø] – es wird besser

G § 50

10 a) *Où est-ce qu'ils se reposent? Faites des phrases.*

Nous	se repose	à la maison.
Nadir	me repose	dans le car jusqu'au Bourg-d'Oisans.
Je	vous reposez	avec ma famille à Grenoble .
Adrien et ses copains	se reposent	dans un café avec son vélo club.
Tu	nous reposons	dans une petite ville de France.
Vous	te reposes	dans les Alpes.

C'est moi

b) *Et vous, où est-ce que vous vous reposez en été? Où est-ce que vos parents, vos grands-parents, vos frères et sœurs et vos amis se reposent?*

11 a) *Adrien et ses amis rencontrent des jeunes d'un autre vélo club. Trouvez la forme correcte.*

1. (m'appelle – t'appelles) Moi, je ~ Adrien.
2. (s'appelle – t'appelles) Comment tu ~?
3. (s'appelle – nous appelons) Il ~ Kevin.
4. (nous appelons – vous appelez) Nous ~ Nadir et Jean-Sébastien.
5. (vous appelez – s'appellent) Vous ~ comment?
6. (s'appelle – s'appellent) Ils ~ Yves et Kevin.

b) *Complétez avec le verbe «s'amuser».*

1. Je ~ avec mes copains.
2. Tu ~ au cinéma.
3. Il / Elle ~ beaucoup.
4. Nous ~ chez nos copains.
5. Vous ~ à une fête.
6. Ils / Elles ~ à la plage.

c) *Écoutez bien! Lisez les phrases très vite.*

Je m'appelle Isabelle. Et vous, vous vous appelez Victor et Violette?
Vous vous amusez au musée et vous vous reposez au ciné?
Mais non, nous, nous nous appelons Nouari et Nouma. Nous nous amusons après la compétition et nous nous reposons pendant la récréation.

12 *Jouez les rôles de Kevin et Adrien. Trouvez l'ordre des phrases.*

Kevin:
1. Bonjour, comment tu t'appelles?
2. Je me demande pourquoi le train a du retard.
3. Et ton copain, il s'appelle Pierre?
4. Il va être difficile, notre tour. Nous ne nous amusons pas pendant les vacances.
5. Nous prenons tout de suite les vélos?

Adrien:
a) Non, il s'appelle Jean-Sébastien.
b) Non, nous nous reposons d'abord dans le bus.
c) Bonjour, je m'appelle Adrien.
d) Mais si, on rigole beaucoup. On s'amuse bien ensemble.
e) Moi aussi, je me demande pourquoi.

13 *Complétez le dialogue entre Adrien et Kevin.*

CA — G § 51

Exemple:

Adrien:	*Kevin:*
L'équipe de Grenoble est ***active*** *(actif / active).*	*Ah bon? Mais l'équipe de Lyon est* ***plus active****.*
1. Mon VTT est (nouveau / nouvelle).	Ah bon? Mon VTT est ~ .
2. La ville de Grenoble est (beau / belle).	Ah bon? Mais la ville de Lyon est ~ .
3. L'étape de Sallanches à l'Alpe-d'Huez est (long / longue).	Ah bon? Mais l'étape de Nevers à Lyon est ~ .
4. L'équipe de Grenoble est très (bon).	Ah bon? Mais l'équipe de Lyon est encore ~ .
5. Les filles à Grenoble sont (jolis / jolies).	Ah bon? Mais les filles à Lyon sont ~ .

14 a) *Le Tour des superlatifs. Les spectateurs du Tour de France peuvent participer à un sondage. Faites un questionnaire. Utilisez les adjectifs «cher, difficile, amusant, actif, moderne, gentil, bon, long».*

G § 51 — DELF

Exemple: ***Le*** *coureur* ***le plus actif***

Le coureur ~	Les vélos ~	Le Tour ~	Les coureurs ~
L'équipe ~	Les étapes ~	L'étape ~	La chanson ~

b) *Faites des dialogues.*

Exemple: A: J'adore Erik Zabel parce que c'est ***un coureur actif****.*
B: Mais non, Jan Ullrich est ***le*** *coureur* ***le plus actif****.*

15 *Lisez le texte p. 128 – 129. Vrai ou faux?*

G § 52 — p. 128 – 129 — DELF

1. Adrien et ses copains sont à la gare de Grenoble. Ils y attendent des jeunes de Lyon.
2. Ils mangent quelque chose dans un café. Ils en viennent quand le train arrive.
3. Les jeunes veulent aller en vélo à l'Alpe-d'Huez. Mais jusqu'au Bourg-d'Oisans, ils y vont en car.
4. À Saint-Tropez, il n'y a pas de feu. Les jeunes y vont en vélo .

16 *Faites des dialogues. Utilisez le pronom «en».*

Exemple: A: Le train de 8h52 vient ***de Grenoble****?*
B: Oui, il ***en*** *vient.*

Grenoble	8h52
Lyon	11h38
Paris	14h15
Marseille	17h45
Lille	19h25
Bordeaux	21h35

17 *Répondez aux questions. Utilisez le pronom «y».*

Exemple: Adrien et ses copains vont ***à la gare****? → Oui, ils* ***y*** *vont.*

1. Le train de Lyon est en retard. Alors, les garçons vont encore **au café**?
2. Ils veulent faire du vélo ensemble. Ils vont en vélo **à l'Alpe-d'Huez**?
3. Mais d'abord, ils ne prennent pas leurs vélos. Ils vont en car **jusqu'au Bourg-d'Oisans**?
4. Ensuite, ils vont en vélo **aux Deux-Alpes**[1]?
5. Après la compétition entre le vélo club de Grenoble et le club de Lyon, les jeunes ne veulent plus sortir. Ils restent **au camping**?
6. Enfin, ils vont **à Saint-Tropez**?

[1] ***les Deux-Alpes*** [ledøzalp(ə)] – Skiort in den französischen Alpen

Le Tour arrive

C'est le grand jour! Tout à l'heure, les coureurs du Tour de France vont arriver à l'Alpe-d'Huez. Beaucoup de spectateurs sont venus de la région ou de plus loin et les attendent déjà. Ils ramassent les choses que la caravane du Tour leur lance comme des petits drapeaux, des bonbons et des jeux de cartes. Après la caravane, il y a beaucoup de déchets. Mais le Tour, c'est vraiment la grande fête de l'été. Adrien et ses copains sont là, bien sûr, avec leurs vélos, leurs appareils photo, avec des boissons et des sandwichs. Yves vient de ramasser un prospectus. Sur la première page, il y a la route du Tour et après, il trouve aussi des informations intéressantes et drôles:

Savez – vous ça?

le Tour de France

Il y a un Tour de France tous les ans depuis 1903.

En 1903, 60 coureurs ont participé, mais seulement 21 coureurs sont arrivés.

En 2003, on a compté déjà 22 équipes à neuf coureurs par équipe. Pendant le premier Tour, les coureurs ont fait 2 428 km. 100 ans après, ils ont fait 3 350 km.

Le maillot jaune, on le donne au meilleur coureur depuis 1919. Pour le coureur qui a le plus de points, il y a maillot vert depuis 1953. Pour le meilleur coureur dans les montagnes, il y a le maillot blanc avec des points rouges.

On a appelé Eddy Merckx «le cannibale» parce qu'il a gagné 5 fois le Tour. C'est un grand champion!

La caravane, qui est dans le Tour depuis 1930, compte maintenant plus de 200 voitures et 600 personnes. 

En 2003, le Tour a fêté ses 100 ans, mais on compte seulement 90 courses à cause des deux Guerres mondiales.

Pendant le Tour, les coureurs ne prennent pas seulement leurs vélos, mais aussi le car, le train, le TGV ou l'avion.

Sur le Tour, on compte 5 journalistes  par coureur. On appelle le dernier coureur «la lanterne rouge». 

Yves: Oh, il fait chaud!
Adrien: Oui, la météo n'a pas menti. Il fait chaud comme à la mer. Mais avec ce temps-là et les feux dans la région que nous voulons traverser, est-ce que nous pouvons quand même descendre jusqu'à la mer?
Jean-Sébastien: Je viens d'écouter les informations. Il n'y a plus de feux à Saint-Tropez.
Yves: Ouf! On peut y aller.
Yassine: Vous y allez en vélo?
Jean-Sébastien: Oui, mais en plusieurs étapes. Nos deux vélo clubs font ce tour ensemble.
Siham: Oh! Tu entends Yassine? C'est pour toi. Tu rêves de ça depuis beaucoup de temps.
Adrien: Vous savez, le vélo club de Grenoble, c'est le meilleur.
Yves: Tu mens! Hier, nous avons gagné, n'oublie pas.
Yassine: Pour les courses en montagne, vos vélos sont super.
Siham: Ils coûtent cher?
Jean-Sébastien: Je ne sais pas. C'est un cadeau de mes parents.
Adrien: Il n'y a pas de vélo club dans la ville où tu habites?
Yassine: Si, mais avec mon vieux vélo …
Siham: Oui, avec son vélo, il ne peut pas participer. Nos parents ne peuvent pas payer un autre vélo. Comme ma mère est au chômage, ce n'est pas facile.
Myriam: Je connais ça. Mon père, lui aussi, a été au chômage. Et j'ai dû arrêter mon cours de danse.
Yves: C'est vrai, tous les hobbies coûtent cher. Mes parents me donnent un peu d'argent de poche et ma grand-mère m'envoie 50 euros pour mon anniversaire, mais quand même, je n'ai jamais assez d'argent. Mes parents paient les sorties avec le vélo club.
Yassine: Mes parents, eux, ne me donnent pas d'argent de poche et ne paient pas pour le sport, mais j'ai encore le foot avec mes copains et ça, ça ne coûte rien!
Siham: Hé, regardez! Voilà les premiers coureurs.

savoir vivre

Le Tour de France et le problème des déchets

Le Tour de France est une compétition très célèbre. Pendant le Tour, il n'y a pas seulement les coureurs; il y a aussi tous les journalistes et les personnes qui organisent et qui travaillent pour cette grande fête du vélo. Et il y a beaucoup de monde qui regarde les coureurs et la caravane. Toutes ces personnes sont là parce qu'elles adorent le sport, mais elles lisent le journal sportif, mangent et boivent … Et les spectateurs ne prennent pas leurs déchets avec eux quand ils partent. Alors après, qu'est-ce qu'on fait avec tous ces déchets dans la nature?

Est-ce que tu sais ça?
Tu lances ces objets dans la nature et la nature a mal pendant …

4 à 6 mois

3 à 12 mois

100 à 1000 ans

4000 ans

1 a) *Qu'est-ce que la caravane offre aux spectateurs? Faites des dialogues.*

Exemple: A: Qu'est-ce que la caravane offre aux spectateurs?
B: Elle offre des bonbons.

b) *Qu'est-ce que les specteurs lancent dans la nature?*

Exemple: Les spectateurs lancent des bouteilles dans la nature.

CA

savoir faire

Utiliser un mind-map pour raconter un texte • **Texte nacherzählen mit Mind-Map**

LE / I, p. 72, savoir faire

Eine Mind-Map kann dir nicht nur beim Vokabellernen helfen, sondern auch als Gedankenstütze beim Nacherzählen von Texten dienen. Mit einem geeigneten Programm kannst du sie auch am PC erstellen.

1. In der Mitte steht der Titel des Textes, der nacherzählt werden soll.
2. Von dort führen **„Hauptäste"** weiter, die deine Nacherzählung in Abschnitte gliedern.
3. Die einzelnen „Äste" enthalten die wichtigsten Stichwörter, mit deren Hilfe du einzelne Teile des Textes nacherzählen kannst.
4. Von den „Hauptästen" verzweigen sich **„Nebenäste"**, die genauere Informationen enthalten, z. B. zu den Fragen *Pourquoi?, Comment?*.
5. Du kannst den Text anhand der Mind-Map nacherzählen, indem du folgende Reihenfolge beachtest: Titel → Hauptast → dazugehörige Nebenäste.

Exemple:

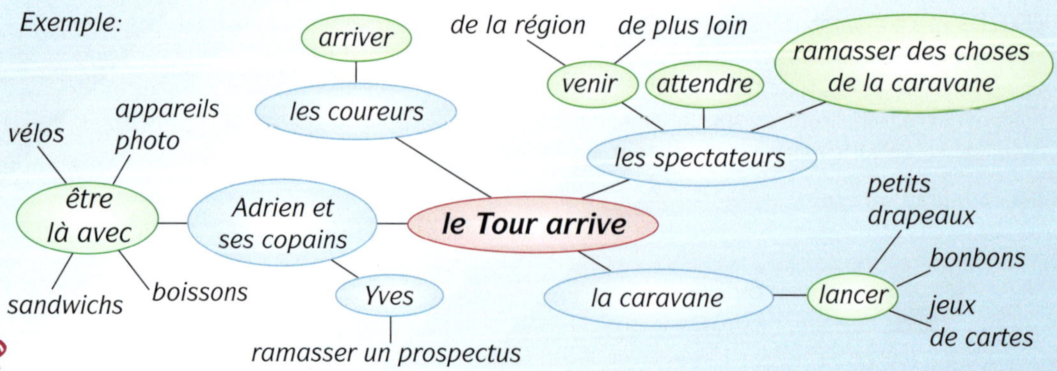

2 *Racontez le texte de la page 136 et utilisez le mind-map du «savoir faire».* CA

3 *L'itinéraire[1] du Tour de France change tous les ans. Écoutez bien et trouvez l'itinéraire d'après la description[2].*

a) *Écoutez bien! Notez les régions et les numéros des départements.*

b) *Écoutez le 2e texte! Quels numéros et quels départements vont ensemble? Répétez les noms des départements.* Umschlaginnenseite

c) *Cherchez l'itinéraire sur la carte. Présentez l'itinéraire.*

Exemple: La première étape du Tour de France commence dans la région Centre, dans le département 28. C'est l'Eure-et-Loir.

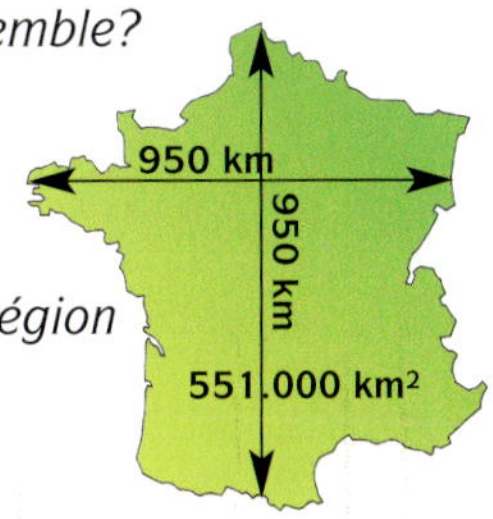

d) *Faites* ***votre*** *itinéraire. Élève A présente son itinéraire, élève B montre les étapes sur la carte. Contrôlez vos descriptions sur la carte.*

Exemple: Mon tour de France d'un jour commence dans le département …

Mon tour de France
- d'un jour = 80 km
- d'une semaine = 420 km
- d'un mois = 2300 km

CA

4 a) *Qui a gagné le Tour et en quelle année?*

Exemple:
Jacques Anquetil a gagné cinq fois: en 1957, en 1961, en 1962, en 1963 et en 1964.

b) *Faites des dialogues.*

Exemple:
A: Qui a gagné le Tour en mille neuf cent quatre-vingt-dix-neuf?
B: Lance Armstrong a gagné le Tour en mille neuf cent quatre-vingt-dix-neuf.

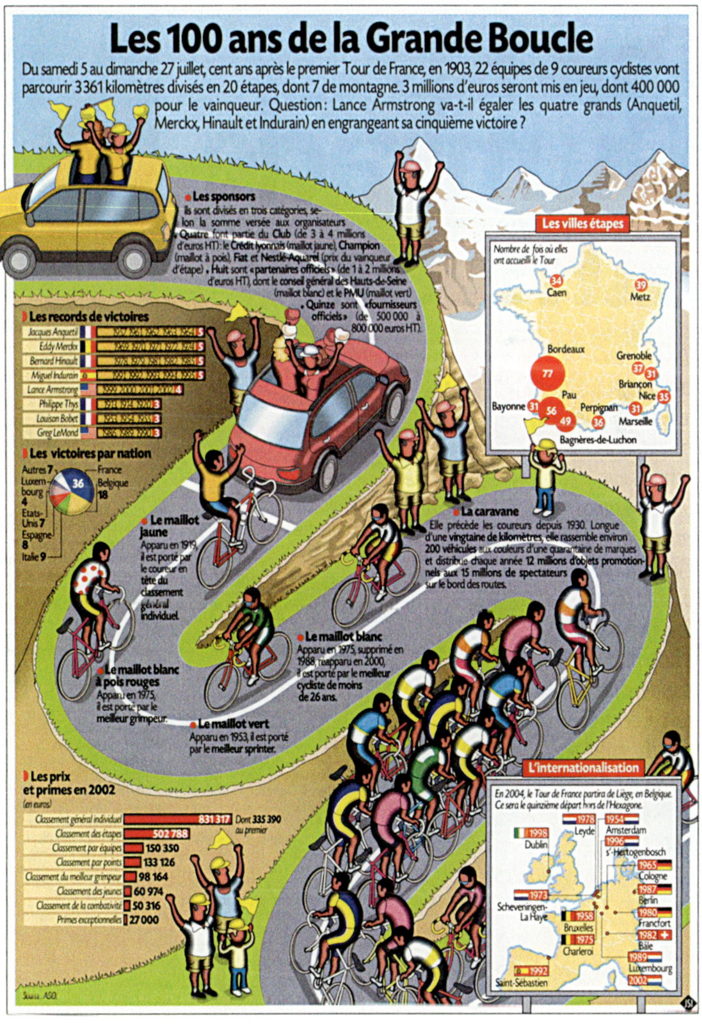

L'Express 19/6/2003

[1] ***l'itinéraire*** *m* [itinerɛr] – die Route
[2] ***la description*** [dɛskripsjõ] – die Beschreibung

5 *Il y a beaucoup de monde pour le Tour!*
Dans un article du journal sportif, Adrien a trouvé beaucoup de nombres[1]*. Il a une idée pour un jeu. Il dit à ses copains: «Je vous donne des nombres et des personnes ou des choses. Vous, vous trouvez les nombres et les personnes ou choses qui vont ensemble. Par exemple: Il y a 200 voitures dans la caravane.»*

DELF

a) *Écoutez bien! Trouvez les nombres et les personnes ou choses qui vont ensemble.*

b) *Écoutez la solution*[2] *et comparez. Répétez la solution.*

6 *Au camping, Adrien parle à Yves. Yves pose des questions.*

a) *Complétez les questions avec les verbes «tenir, ouvrir, dormir, offrir, sortir, venir, partir».*

1. Tu ~ la porte?
2. Ton père t'~ souvent des cadeaux?
3. ~-vous tous les soirs?
4. Est-ce que vos amis ~ à Paris, samedi et dimanche?
5. Est-ce que ta grand-mère ~ à ton anniversaire?
6. Est-ce que tes amies ~ jusqu'à midi les dimanches?

b) *Adrien dit «non» à toutes les questions. Répondez aux questions comme Adrien.*

Exemple: A: Tu ouvres la porte?
*B: Non, je n'**ouvre** pas la porte **parce que** je suis aux toilettes.*

7 a) *Trouvez les formes du verbe «mentir».*

je senm — tu msne — nous monstne — il / elle / on enmt — ils / elles tmenetn — vous zetenm — j'ai tinem

b) *Qui ment? Le jour après l'étape de l'Alpe-d'Huez, Adrien, Yves et Jean-Sébastien rencontrent Yassine, Siham et Myriam au camping. Ils parlent de l'étape et des informations du prospectus d'Yves.*

p. 136

Exemple: Adrien: Il y a le Tour de France depuis 1905.
→ *Adrien **ment**. Il y a le Tour de France depuis 1903.*

1. *Yassine:*	On donne le maillot jaune au meilleur coureur.
2. *Yves et Jean-Sébastien:*	Et les coureurs prennent seulement leurs vélos pendant le Tour.
3. *Myriam:*	En 2003, le Tour a déjà fêté ses 100 ans.
4. *Yassine et Myriam:*	Et Eddy Merckx, «le cannibale», a gagné seulement une fois.
5. *Siham:*	On appelle le meilleur coureur «la lanterne rouge».
6. *Myriam et Siham:*	La caravane est dans le Tour depuis 1930.
7. *Yves:*	On compte un journaliste pour un coureur.

c) *À vous maintenant! Faites des phrases sur des différents sujets (le Tour de France, votre école ou votre classe etc.).* Eure Mitschüler/innen müssen herausfinden, ob es sich um eine Unwahrheit handelt oder nicht, und erhalten für jede richtige Lösung einen Punkt. Welche Gruppe sammelt die meisten Punkte?

[1] ***le nombre*** [nɔ̃bʀ(ə)] – die Zahl
[2] ***la solution*** [sɔlysjɔ̃] – die Lösung

8 a) *Certaines personnes sont pour le Tour de France, d'autres contre. Faites des phrases avec les groupes de mots suivants. Est-ce que vous pouvez les utiliser pour une argumentation **pour** ou **contre** le Tour de France?*

*Exemple: **Pour** le Tour de France: Beaucoup de sportifs participent au Tour de France.*

beaucoup de sportifs – participer – être actif – intéressant – ennuyeux – trouver des amis – passer quatre semaines ensemble – durer environ quatre semaines – des champions

avoir mal – un accident – des étapes longues – perdre des kilos – être malade

toujours Lance Armstrong – gagner une étape – gagner le maillot jaune (vert / blanc avec des points rouges)

tee-shirts – la nature – les déchets – boissons chères – beaucoup de spectateurs – sandwichs

b) *Discutez. Est-ce que vous êtes pour ou contre le Tour de France?*

Exemple: (pour) *Je suis **pour** le Tour de France **parce que** j'adore le sport. Beaucoup de sportifs participent …*

(contre) *Je suis **contre** le Tour de France **parce que** c'est un grand spectacle. Il y a souvent des accidents …*

9 a) *Qu'est-ce qu'il y a dans votre école comme activités après les cours?*

*Exemple: Dans notre école, il y a un club **de** danse.*

CA

b) *Qu'est-ce que vous faites après l'école? Faites des dialogues.*

Exemple: A: Qu'est-ce que tu fais après les cours?
B: Le lundi, je joue au basket et le jeudi, je vais au club de danse. Et toi?

G § 53

10 *Qu'est-ce qu'ils viennent de faire? Qu'est-ce que vous venez de faire? Faites des phrases ou posez des questions. Utilisez les mots «gagner une étape du Tour, écouter une belle chanson, regarder un film sur les feux, faire les devoirs, parler avec le prof de français, chercher les amis à la gare, manger quelque chose, parler du Tour, arriver à Grenoble, téléphoner aux grands-parents, rentrer du cinéma, regarder la météo».*

Exemple: Lance Armstrong ***vient de*** *gagner une étape du Tour.*

G § 54

11 *Reliez deux phrases par le pronom relatif «qui».*

Myriam est une copine de Siham. ~~Elle~~ regarde aussi le Tour de France.

Exemple: Myriam est une copine de Siham ***qui*** *regarde aussi le Tour de France.*

Beaucoup de spectateurs attendent les coureurs.
Yves a ramassé un prospectus.
Il y a toujours beaucoup de journalistes et de spectateurs pendant le Tour.
Ils coûtent cher.
Il n'y a plus de feux à Saint-Tropez.
C'est une grande fête en France.
Il a des informations intéressantes et drôles sur le Tour.
Ils vont arriver bientôt.
C'est la dernière étape pour les jeunes.
Les deux vélo clubs ont des vélos super.

b) *Corrigez les phrases. Retrouvez les parties de phrases qui vont ensemble.*

Exemple: La danse est une activité ***que Myriam aime beaucoup****.*

Yves et ses copains ont des vélos qu'on donne au meilleur coureur.
Pendant le Tour, il y a beaucoup de choses que Yassine adore.
Depuis 1930, il y a le maillot jaune qu'on lance aux spectateurs.
Yassine aime beaucoup les tournois de foot que Myriam aime beaucoup.
La danse est une activité qu'il organise avec ses copains.

c) *Complétez les phrases.*

Exemple: Le vélo club d'Adrien est à la gare de Grenoble où il attend des jeunes de Lyon.

1. Le vélo club d'Adrien est à la gare de Grenoble où ~ .
2. Ensemble, ils vont à l'Alpe-d'Huez où ~ .
3. Maintenant, ils sont à l'Alpe-d'Huez où ~ .
4. Ils veulent descendre jusqu'à Saint-Tropez où ~ .
5. Après l'étape de l'Alpe-d'Huez, les jeunes vont dans la région de Saint-Tropez où ~ .

12 *«Qui», «que» ou «où»? Faites des phrases.*

Exemple: Adrien et ses copains attendent des jeunes ***qui*** *viennent de Grenoble.*

• Ils veulent regarder l'étape de l'Alpe-d'Huez • Le soir, les jeunes sont au camping • Adrien et ses copains attendent des jeunes • Les garçons veulent aller en vélo à l'Alpe-d'Huez • Et ils pensent • Ils sont à la gare	qui que où	• viennent de Grenoble • ils vont regarder le Tour • ils peuvent quand même aller à Saint-Tropez • est à l'Alpe-d'Huez • arrive leur train • il y a toujours beaucoup de spectateurs

savoir faire

Donner son avis • **Argumentieren**

Um Diskussionen zu führen, benötigst du Redewendungen, die deine Meinung wiedergeben. Folgende Wendungen helfen dir dabei.

Je pense que ~
Je trouve que ~
Je suis pour / contre
C'est (aussi) un problème.
C'est ça, je connais ce problème aussi, ~

Tu as raison.
C'est vrai que ~
Je suis d'accord avec ~
Je ne suis pas d'accord avec ~
Écoute, tu ne peux pas dire ça, ~
Tu es / c'est égoïste.
Mais pense aussi à ~, par exemple ~

13 *Discutez en groupe d'un des problèmes: «Je n'ai pas de hobbies parce qu'ils coûtent cher» ou «C'est vrai, tous les hobbies coûtent cher». Utilisez les mots du «savoir faire».*

- coûter cher
- être au chômage
- un club pour des filles / garçons seulement
- pas de piscine
- trop jeune
- plus de place

14 ***En français, s'il vous plaît!***

Vous parlez à un ami français de vos hobbies et de vos problèmes.

- Er sagt, dass er nach der Schule in einem Theaterklub und auch in einem Volleyballklub ist und am Wochenende mit seinen Freunden in einer Musikgruppe spielt. Er ergänzt, dass er 2 Gitarren hat.
- Du sagst, dass das teuer sein muss, und fragst, wer das bezahlt.
- Er antwortet, dass die Gitarren ein Geschenk seiner Großeltern sind und dass seine Eltern die Klubs bezahlen.
- Du sagst, dass du auch gern Theater spielst und Sport machst, aber in keinem Klub bist, da du nur deine Mutter hast, die das nicht bezahlen kann. Du fügst aber hinzu, dass du viele Freunde hast, mit denen du oft nach der Schule oder am Wochenende Rad fährst oder ins Kino gehst.
- Er fragt dich, wer das Kino bezahlt.
- Du sagst, dass du Taschengeld hast, nicht viel, und dass du auch ein bisschen arbeitest.

15 ***Maintenant, je sais …***

- wie man sagt, dass der Zug Verspätung hat.
- wie man sich entschuldigt und sagt, dass man sich verspätet hat.
- wie man sagt, dass man den Wettkampf gewonnen hat.
- wie man sagt, dass die Eltern arbeitslos sind.
- wie man sagt, dass die Eltern kein neues Fahrrad kaufen können.
- wie man sagt, dass Hobbys heute teuer sind

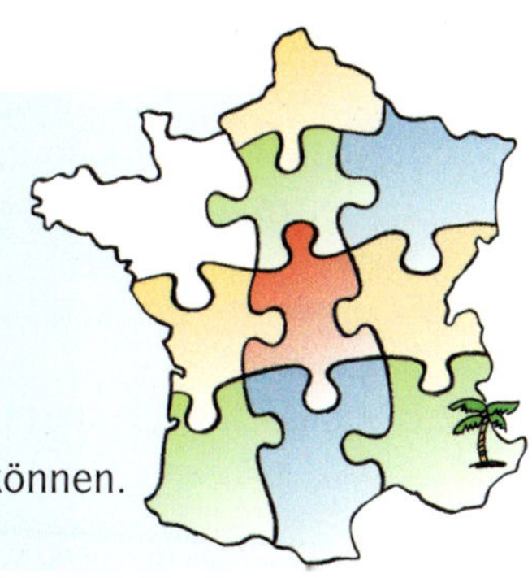

1 a) *François pense à l'année dernière. Trouvez les mots correspondant aux illustrations.*

CA

Exemple: Tour de France ～

b) *François parle à un ami. Faites des phrases.*

Exemple: ***En été****, je suis allé à l'Alpe-d'Huez. Là-bas, j'ai regardé* ～

savoir faire

Apprendre le vocabulaire et trouver les contraires • **Vokabeln lernen mit Gegensätzen**

Begriffe kannst du dir gut merken und gleichzeitig deinen Vokabelschatz erweitern, indem du sie mit dem Gegenteil *(le contraire)* lernst. Schreibe beide Wörter auf Karteikärtchen – ein Wort auf die Vorderseite und das Gegenteil dazu auf die Rückseite.

2 a) *Trouvez les contraires des mots «nouveau, chaud, manger, automne, moche, blanc, longue, premier, arriver, cher».*

Exemple: Il fait beau. → *C'est le contraire de «Il fait mauvais».*

b) *Travaillez en groupe. Faites trois groupes.* Jede Gruppe sucht aus dem *vocabulaire* 10 Wörter heraus, zu denen die anderen Gruppen das Gegenteil finden sollen. Eine Gruppe nennt einen Begriff, die zwei anderen Gruppen raten und rufen das Wort so schnell wie möglich zu. Nach jeder Aufgabe wird die Gruppe gewechselt. Die Gruppe, die die meisten Begriffe erraten konnte, hat gewonnen.

3 *Clément va participer à un échange*[1]*. C'est la première fois et sa mère l'aide à faire*[2] *ses bagages. Posez les questions de la mère de Clément et utilisez les pronoms d'objet direct ou indirect dans vos réponses.*

G § 21, 25

a) *Exemple:*

La mère: Est-ce que tu prends ***ton jean bleu****?*
Clément: Oui, je ***le*** *prends. / Non, ne* ***le*** *prends pas.*

1. avoir – le cadeau – Lars?
2. mettre – tes baskets – le sac?
3. avoir – portable?
4. prendre – ces sandwichs – le voyage?
5. avoir – les tee-shirts?

b) *Exemple:*

La mère: Est-ce que tu vas ranger ***ta chambre*** *aujourd'hui?*
Clément: Oui, je vais ***la*** *ranger aujourd'hui. / Non, je ne vais pas* ***la*** *ranger aujourd'hui.*

1. écrire – à Lars – avant le voyage?
2. mettre – ta veste – pendant le voyage?
3. lire – ton journal de sport – bus?
4. nous téléphoner – quand – tu – arriver?
5. écrire – carte postale – mamie?

[1] ***l'échange*** *f* [eʃɑ̃ʒ] – *hier:* der Schüleraustausch
[2] ***aider qn à faire qc*** [edekɛlkœ̃afɛrkɛlkəʃoz] – jdm helfen etw. zu tun

4 a) *Markus va aller à Paris pour la première fois. Il pense à la ville et à son ami français, Jérémy. Qu'est-ce que Markus n'a pas encore / jamais fait?*

Exemple: • *Je* ***ne*** *suis* ***pas encore*** *allé dans un restaurant français.*
• *Je* ***ne*** *suis* ***jamais*** *allé dans un restaurant français.*

G § 30

b) *Travaillez à deux. Faites des dialogues. Vous voulez aussi participer à un échange. Qu'est-ce que vous n'avez pas encore / jamais fait? Utilisez les verbes «écrire, faire, chanter, regarder, voir, acheter, aller, être».*

Exemple: A: Est-ce que tu as ***déjà*** *écrit une lettre en français?*
B: Je ***n'****ai* ***pas encore*** */* ***jamais*** *écrit une lettre en français.*

5 *En Allemagne, le prof de français demande beaucoup de choses. Qu'est-ce que Markus raconte?*

*Exemple: J'****ai mis*** *les cadeaux pour Jérémy sur la table.*

G § 7, 8, 10, 11, 34

6 ***Maintenant, je sais …***

Jetzt könnt ihr schon viel über eure Vorlieben und Freizeit reden. Ihr wisst

- wie ihr sagt, dass es schneit und ihr einen Schneemann baut.
- wie ihr sagt, welche Wintersportarten ihr mögt.
- wie ihr sagt, welche Kleidung ihr gern tragt.
- wie ihr sagt, dass etwas gut zu etwas oder jemandem passt.
- wie ihr entschuldigt, dass ihr zu spät gekommen seid.
- wie ihr entschuldigt, dass ihr etwas vergessen habt.
- wie ihr sagt, dass ihr den Wettkampf gewonnen habt.
- wie ihr sagt, dass eure Eltern euch kein neues Fahrrad kaufen können.

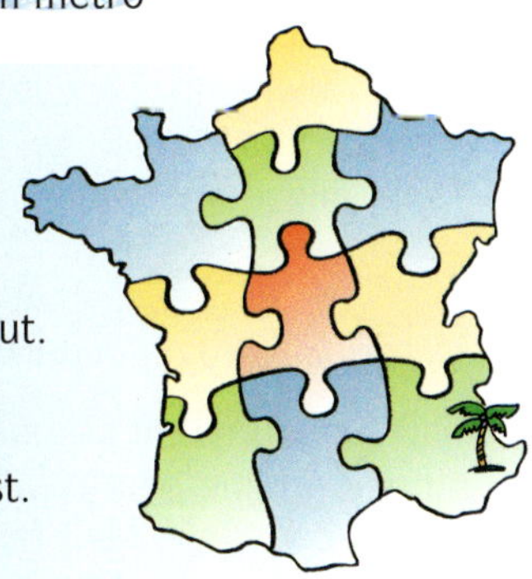

C'est moi

G § 55

Une question

Elle: C'était au printemps.
Il y avait du soleil.
Il pouvait me donner des roses[1].

Lui: C'était en automne.
Il y avait des nuages.
Elle pouvait me donner un parapluie[2].

Elle: Maintenant, c'est l'été.
Nous faisons une promenade à la plage.
Est-ce qu'il m'aime?

Lui: Maintenant, c'est l'hiver.
Nous faisons une bataille de boules de neige.
Est-ce qu'elle m'aime?

1 *Lisez le poème. Comparez le poème avec les dessins et trouvez les fautes dans les dessins.*

2 *Répondez aux questions.*

1. Quelles personnes est-ce qu'il y a dans le poème?
2. De quoi parlent les deux personnes?
3. Quel est leur problème?

3 *À vous maintenant! Complétez le poème.*

C'était ~ .
Il y avait ~ .
Il / Elle pouvait ~ .

Maintenant, c'est ~ .
Nous ~ .
Est-ce que ~ ?

4 *Complétez le texte avec «c'était, il y avait, pouvait».*

~ lundi et ~ beaucoup de gens au marché. Mme Lecoq ne ~ pas acheter de tomates, parce qu' ~ seulement des carottes chez M. Louis. ~ dommage pour elle, parce qu'elle ne ~ pas faire de soupe de tomates. À côté, chez Mme Roger, ~ du fromage et du jambon. Alors, elle ~ faire une quiche lorraine[3].

5 *Mettez le texte à l'imparfait.*

Dans un journal, il y a une annonce intéressante. C'est une annonce pour des mannequins. Alors, Caroline peut répondre. Mais c'est difficile parce qu'il n'y a pas d'adresse. Qu'est-ce qu'elle peut faire? Ah, voilà, il y a un numéro de téléphone! Elle peut alors téléphoner.

[1] ***la rose*** [roz] – die Rose
[2] ***le parapluie*** [paraplɥi] – der Regenschirm
[3] ***la quiche lorraine*** [kiʃlɔrɛn] – der Lothringer Speckkuchen

6 a) Wer spricht im Gedicht? Ist es hier im zweiten Text genauso?

b) Erklärt die fettgedruckten Wörter: Wann wird *dire*, wann *demander* verwendet? Kleiner Tipp: Schaut euch die Satzzeichen an. Wie werden die Anschlusswörter *que* und *si* ins Deutsche übersetzt?

__Elle dit que__ c'était au printemps,
__qu'__il y avait du soleil et
__qu'__il pouvait lui donner des roses.

__Elle dit qu'__en ce moment, c'est l'été et
__qu'__ils font une promenade à la plage.
__Elle demande s'__il l'aime.

G § 56

c) Vergleicht das Gedicht S. 146 mit dem Text und sucht nach den Entsprechungen für die orange und grün und blau markierten Wörter. Welche Wortarten verändern sich in der indirekten Rede?

p. 146

7 *Complètez la 2ᵉ et 4ᵉ strophe du poème avec* lui, elle, en ce moment, ils font, l'

Il dit que c'était en automne,
qu'il y avait des nuages et
qu'elle pouvait ~ donner un parapluie.

Il dit qu' ~ , c'est l'hiver et
qu' ~ une bataille de boules de neige.
Il demande si ~ ~ aime.

8 *Marie parle au téléphone à son amie Anne. Caroline est à côté de Marie et parle beaucoup. Anne ne comprend pas et demande à Marie: «Qu'est-ce qu'elle dit, Caroline?»*

a) *Qu'est-ce que Marie répond?*

Exemple:
Caroline: C'est un bon film.
Marie: __Elle dit que__ c'est un bon film.

1. Il pleut, c'est un bon jour pour aller au cinéma.
2. Il y a beaucoup de monde dans ce cinéma.
3. Il ne faut pas être en retard.

b) *Anne a encore des questions. Qu'est-ce que Marie dit à Caroline?*

Exemple:
Anne: Est-ce que le film commence à six heures?
Marie: __Elle demande si__ le film commence à six heures.

1. Est-ce que Florian vient aussi au cinéma?
2. Est-ce que le film dure 90 minutes?
3. Est-ce que le film est au cinéma UGC?

9 *Caroline téléphone au studio. Mettez le dialogue au discours indirect.*

Exemple: __Caroline dit qu'__elle s'appelle Caroline et qu' ~
__M. Mode demande si__ ~

Caroline: Je m'appelle Caroline et je veux être mannequin.
M. Mode: Tu as déjà 14 ans?
Caroline: Oui, j'ai 14 ans.
M. Mode: Tu fais du 36?
Caroline: Oui, je fais du 36.
M. Mode: Tu peux m'envoyer des photos?
Caroline: Oui, je peux vous envoyer des photos.
M. Mode: Tes parents sont d'accord?
Caroline: Oui, mes parents sont d'accord.

MON TOU

Tu fais un voyage en France avec tes parents. Vous visitez plusieurs villes et vous rencontrez beaucoup de gens. Vous avez aussi quelques problèmes. Tes parents ne parlent pas français. Mais toi, tu le parles!

Travaillez à deux. Regardez bien les situations suivantes. Un élève est la personne française, l'autre est allemand. Changez de rôle à chaque nouvelle station.

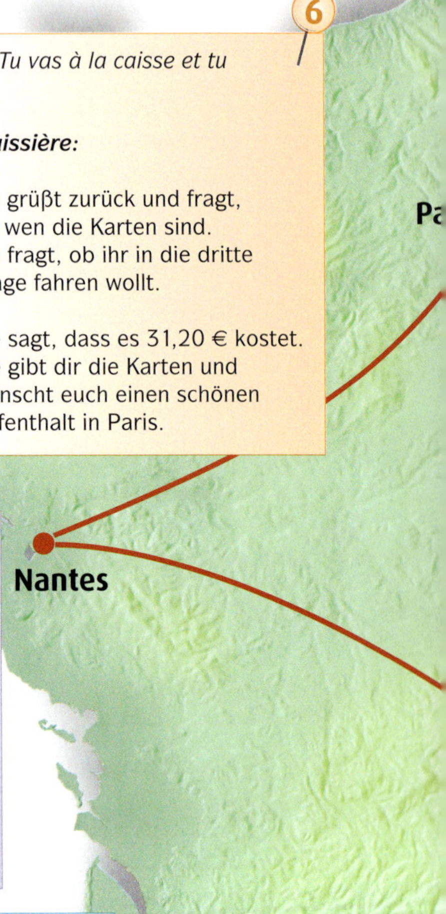

6

***À Paris**, vous visitez la tour Eiffel, bien sûr! Tu vas à la caisse et tu achètes des tickets.*

Toi:
- Du begrüßt die Kassiererin und sagst, dass du drei Karten kaufen möchtest.
- Du sagst, dass sie für deine Eltern und dich sind.
- Du bejahst und fragst, was es für euch alle kostet.
- Du bezahlst und bedankst dich.

La caissière:
- ▲ Sie grüßt zurück und fragt, für wen die Karten sind.
- ▲ Sie fragt, ob ihr in die dritte Etage fahren wollt.
- ▲ Sie sagt, dass es 31,20 € kostet.
- ▲ Sie gibt dir die Karten und wünscht euch einen schönen Aufenthalt in Paris.

5

***À Nantes**, vous entrez dans un grand supermarché. Tout à coup, ta mère n'est plus là. Tu vas à l'information et tu demandes de l'aide[7] à un employé[8].*

Toi:
- Du grüßt und sagst, dass du mit deinen Eltern aus Deutschland kommst und deine Mutter hier verloren hast.
- Du antwortest ihm.
- Du antwortest ihm.
- Du antwortest ihm.
- Du bedankst dich und wartest.

L'employé:
- ▲ Der Herr fragt nach dem Namen deiner Mutter.
- ▲ Er fragt, welche Kleidung sie trägt.
- ▲ Er fragt, ob sie groß ist.
- ▲ Er sagt, dass er sie suchen wird.

***À Saint-Tropez**, ton père veut acheter un nouveau pantalon. Vous allez dans une boutique et tu parles à la vendeuse.*

Toi:
- Du begrüßt die Verkäuferin.
- Du sagst, dass dein Vater eine neue Hose kaufen möchte.
- Du sagst, dass es eine klassisc moderne / sportliche Hose sein
- Du antwortest ihr.
- Du antwortest ihr.
- Dein Vater probiert die Hosen und du bedankst dich.

[1] ***le porte-monnaie*** [pɔrt(ə)mɔnɛ] – das Portemonnaie
[2] ***la station-service*** [stasjõsɛrvis] – die Tankstelle
[3] ***le pompiste*** [põpist(ə)] – der Tankwart
[4] ***fatigué*** [fatige] – müde
[5] ***la caissière*** [kɛsjɛr] – die Kassiererin
[6] ***l'épicerie** f* [episri] – das Lebensmittelgeschäft
[7] ***l'aide** f* [ɛd] – die Hilfe
[8] ***l'employé** m* [ɑ̃plwaje] – der Angestellte

DE FRANCE

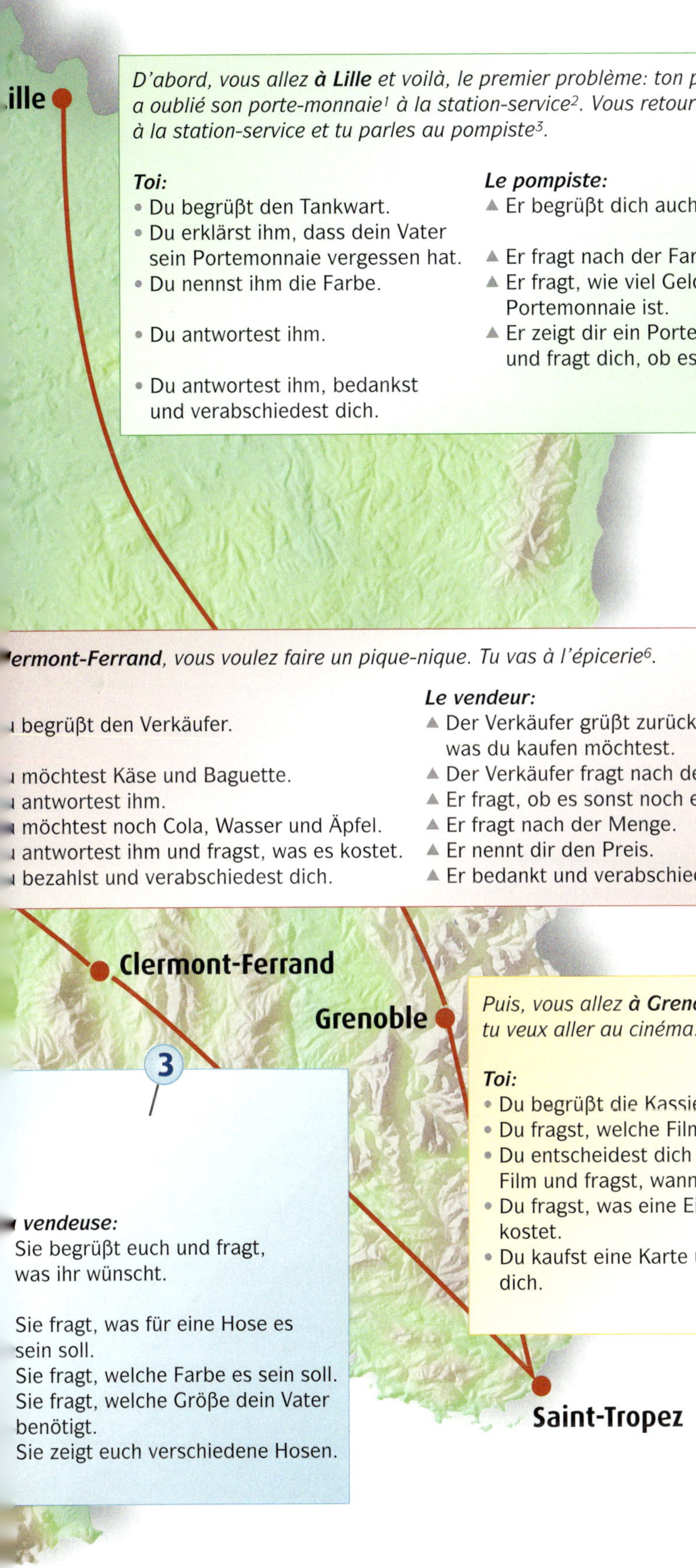

1

*D'abord, vous allez **à Lille** et voilà, le premier problème: ton père a oublié son porte-monnaie[1] à la station-service[2]. Vous retournez à la station-service et tu parles au pompiste[3].*

Toi:
- Du begrüßt den Tankwart.
- Du erklärst ihm, dass dein Vater sein Portemonnaie vergessen hat.
- Du nennst ihm die Farbe.
- Du antwortest ihm.
- Du antwortest ihm, bedankst und verabschiedest dich.

Le pompiste:
- ▲ Er begrüßt dich auch.
- ▲ Er fragt nach der Farbe.
- ▲ Er fragt, wie viel Geld in dem Portemonnaie ist.
- ▲ Er zeigt dir ein Portemonnaie und fragt dich, ob es das ist.

4

*…**ermont-Ferrand**, vous voulez faire un pique-nique. Tu vas à l'épicerie[6].*

- …begrüßt den Verkäufer.
- …möchtest Käse und Baguette.
- …antwortest ihm.
- …möchtest noch Cola, Wasser und Äpfel.
- …antwortest ihm und fragst, was es kostet.
- …bezahlst und verabschiedest dich.

Le vendeur:
- ▲ Der Verkäufer grüßt zurück und fragt, was du kaufen möchtest.
- ▲ Der Verkäufer fragt nach der Menge.
- ▲ Er fragt, ob es sonst noch etwas sein darf.
- ▲ Er fragt nach der Menge.
- ▲ Er nennt dir den Preis.
- ▲ Er bedankt und verabschiedet sich.

2

*Puis, vous allez **à Grenoble**. Tes parents sont fatigués[4], mais toi, tu veux aller au cinéma.*

Toi:
- Du begrüßt die Kassiererin.
- Du fragst, welche Filme laufen.
- Du entscheidest dich für einen Film und fragst, wann er beginnt.
- Du fragst, was eine Eintrittskarte kostet.
- Du kaufst eine Karte und bedankst dich.

La caissière[5]:
- ▲ Sie begrüßt dich.
- ▲ Sie nennt dir drei aktuelle Filme.
- ▲ Sie nennt dir die Uhrzeit.
- ▲ Sie nennt dir den Preis.
- ▲ Sie verabschiedet sich und wünscht dir einen schönen Abend.

3

…vendeuse:
- Sie begrüßt euch und fragt, was ihr wünscht.
- Sie fragt, was für eine Hose es sein soll.
- Sie fragt, welche Farbe es sein soll.
- Sie fragt, welche Größe dein Vater benötigt.
- Sie zeigt euch verschiedene Hosen.

Grammaire

Unité 1

§ 1 Die unverbundenen Personalpronomen

Les pronoms personnels disjoints

Person	Singular	Plural
1.	*moi*	*nous*
2.	*toi*	*vous*
3. maskulin	*lui*	*eux*
3. feminin	*elle*	*elles*

Verbundene Personalpronomen *(je, tu, ...)* stehen immer als Subjekt vor dem Verb. **Un**verbundene Personalpronomen dagegen sind **nicht** mit dem Verb verbunden, sondern stehen allein. In der 3. Person wird zwischen maskulinen und femininen Formen unterschieden, auch im Plural. Bei gemischten Gruppen aus männlichen **und** weiblichen Personen wird *eux* verwendet.

Die unverbundenen Personalpronomen stehen

1. nach *c'est / ce sont*, — *Exemple: Noémie, c'est* ***toi****?*
2. nach Präpositionen, — *Exemple: Après la colo, les jeunes rentrent chez* ***eux****.*
3. allein, in Sätzen ohne Verb — *Exemple: Nous allons à la plage. Et* ***vous****?*

oder

4. vor dem verbundenen Personalpronomen (= Subjektpronomen), um dieses hervorzuheben. — *Exemple:* ***Moi****, je joue avec Adrien.*
   Ich spiele mit Adrien.

Zwischen dem unverbundenen und verbundenen Personalpronomen steht immer ein Komma.

Im Deutschen werden die Subjektpronomen nur durch eine betonte Aussprache hervorgehoben. In diesem Fall wird das unverbundene Personalpronomen nicht übersetzt.

verbundene Personalpronomen	unverbundene Personalpronomen
je	*moi*
tu	*toi*
il	*lui*
elle	*elle*
nous	*nous*
vous	*vous*
ils	*eux*
elles	*elles*

I, § 5

§ 2 Der Anschluss der Verben mit *à* oder *de*

La concurrence entre «à» et «de»

Das Verb kann verschiedenartige Ergänzungen nach sich ziehen. Du kennst bereits

- Verben mit direktem Objekt,
- Verben mit indirektem Objekt,
- Verben mit direktem und indirektem Objekt,
- Verben mit adverbialer Bestimmung (Ort oder Zeit).

Das **indirekte** Objekt kann entweder mit *de* oder mit *à* angeschlossen werden.
Der Artikel des dazugehörenden Substantivs verschmilzt mit diesen Präpositionen.

Anschluss mit *à*	Anschluss mit *de*
parler à qn *répondre à qn* *demander à qn* *téléphoner à qn* *penser à qc / qn* *donner qc à qn* *jouer à qc*	*parler de qc / qn* *descendre de qc* *faire de qc*

Exemple:

jouer à + le, la, les

*jouer **au** foot* 

*jouer **à la** balle*[1] 

*jouer **aux** cartes* 

faire de + le, la, les

*faire **du** cheval* 

*faire **de la** planche à voile* 

*faire **des** jeux* 

Den Anschluss des Verbs erfährst du im Vokabelverzeichnis oder im Wörterbuch.

I, § 33, 39, 50

§ 3 Das stumme H und das *h aspiré*

Le «h muet» et le «h aspiré»

Im Französischen unterscheiden wir zwei Arten von H, das stumme H, auf Französisch *h muet*, und das *h aspiré*. Die Wörter mit einem stummen H werden wie Wörter behandelt, die mit einem Vokal beginnen.

Exemple: ***l'h**eure* [lœr], ***l'h**ôtel* [lotɛl],
***l'h**istoire* [listwar], ***l'h**ôpital* [lopital],
***j'h**abite* [ʒabit]

les hôtels [lezotɛl]

Das *h aspiré* ist ebenfalls nicht zu hören. Aber es will am Anfang eines Wortes wie ein Konsonant behandelt werden. Der Artikel wird nicht apostrophiert und es gibt keine Liaison.
In der Lautschrift erkennt man das *h aspiré* leicht am ' vor dem Vokal.

Exemple: ***le h**obby* [ləɔbi],
***le h**amburger* [ləɑ̃burgœr],
***le h**ip-hop* [ləipɔp]

les hamburgers [ləɑ̃burgœr]

I, § 2, 7, 11

[1] ***la balle*** [bal] – kleiner Ball

§4 Besonderheiten der Pluralbildung der Substantive

Marques du pluriel des noms

Singular		Plural
-al	→	*-aux*
-au, -eau, -eu	→	*-x*
Endung *-s, -x*	→	bleibt *-s, -x*

Enden die Substantive im Singular auf *-al*, so bilden sie fast immer den Plural auf *-aux*. Die Mehrheit der Substantive auf *-au*, *-eau* und *-eu* bildet den Plural auf *-x*. Die Substantive, die schon im Singular auf *-s* oder *-x* enden, erhalten kein zusätzliches Pluralkennzeichen.

Exemple: *le chev**al*** → *les chev**aux***
*le cad**eau*** → *les cad**eaux***
*le bat**eau*** → *les bat**eaux***
*le **jeu*** → *les **jeux***
*le fil**s*** → *les fil**s***

Einzelne Substantive werden im Französischen nur im Plural gebraucht, im Deutschen jedoch mit dem Singular übersetzt.

Präge dir für diese Substantive unbedingt das Geschlecht (feminin oder maskulin) ein. Du brauchst es, wenn du sie mit einem Adjektiv ergänzen willst.

Exemple: maskulin: *les épinards, les frites, les loisirs*
feminin: *les maths, les crudités, les toilettes, les vacances*

I, § 13

§5 Die Stellung der Adjektive

La place des adjectifs

le livre amusant	*les livres amusant**s***	*la BD amusante*	*les BD amusante**s***

Im Französischen stehen die meisten Adjektive anders als im Deutschen direkt **hinter** dem Substantiv. Sie richten sich in Geschlecht und Zahl nach dem Substantiv, auf das sie sich beziehen.

Das gilt für die Adjektive, die direkt neben dem Substantiv stehen, auf das sie sich beziehen (attributiver Gebrauch), wie auch für die Adjektive, die durch *être* mit dem Substantiv verbunden sind (prädikativer Gebrauch).

Exemple: mes copains sympathiques *Mes copains sont sympathiques.*

le joli garçon	*les joli**s** garçons*	*la jolie fille*	*les jolie**s** filles*

Nur einige wenige Adjektive, wie zum Beispiel *petit, grand* und *joli,* stehen **vor** dem Substantiv.

I, § 52
II, § 13 Die Adjektive auf *-eux, -euse*

§6 Das Verb *savoir* im Präsens

Le verbe «savoir» au présent

savoir [savwar]					
je	*sai-s*	[sɛ]	*nous*	*sav-ons*	[savõ]
tu	*sai-s*	[sɛ]	*vous*	*sav-ez*	[save]
il / elle / on	*sai-t*	[sɛ]	*ils / elles*	*sav-ent*	[sav]

§ 7 Das *passé composé* mit *avoir* (I)

Le passé composé avec «avoir» (I)

j'	*ai*	
tu	*as*	
il / elle / on	*a*	*chanté*
nous	*avons*	
vous	*avez*	
ils / elles	*ont*	

Das *passé composé* drückt eine Handlung in der Vergangenheit *(= passé)* aus. Diese Zeitform wird aus zwei Teilen zusammengesetzt *(= composé)*. Gebildet wird sie aus einer Präsensform von *avoir* und dem *participe passé* des Verbs.

II, § 8 Das *participe passé* der regelmäßigen Verben auf *-er*
II, § 10 Das *participe passé* der regelmäßigen Verben auf *-re*
II, § 11 Das *participe passé* der unregelmäßigen Verben
II, § 15, 34 Das *passé composé* mit *être*

§ 8 Das *participe passé* der regelmäßigen Verben auf *-er*

Le participe passé des verbes réguliers en -er

Das *participe passé* der regelmäßigen Verben auf *-er* wird aus dem Stamm des Infinitivs und der Endung *-é* gebildet.

Attention à la prononciation!
Infinitiv und *participe passé* der Verben auf *-er* lassen sich in der Aussprache nicht unterscheiden.

Exemple: parler [parle]
parlé [parle]

Infinitiv		*participe passé*	
mang	**er** [e]	*mang*	**é** [e]
parl		*parl*	
regard		*regard*	
écout		*écout*	
travaill		*travaill*	
cherch		*cherch*	

II, § 7 Das *passé composé* mit *avoir* (I)
II, § 10 Das *participe passé* der regelmäßigen Verben auf *-re*
II, § 11 Das *participe passé* der unregelmäßigen Verben
II, § 15, 34 Das *passé composé* mit *être*

Unité 2

§ 9 Die Grundzahlen von 100 bis 1000

Les numéraux cardinaux de 100 à 1000

100 *cent*	301 *trois cent un*	600 *six cents*	801 *huit cent un*
101 *cent un*	400 *quatre cents*	601 *six cent un*	900 *neuf cents*
200 *deux cents*	401 *quatre cent un*	700 *sept cents*	901 *neuf cent un*
201 *deux cent un*	500 *cinq cents*	701 *sept cent un*	
300 *trois cents*	501 *cinq cent un*	800 *huit cents*	1000 *mille*

Für die Zahlen zwischen 100 und 1000 gelten die gleichen Regeln wie für die Zahlen bis 100. Einer und Zehner werden ohne *et* und ohne Bindestrich angefügt.

Die Zahlen 200 bis 900 erhalten ein Plural **-s**, wenn danach keine weitere Zahl folgt.

Exemple: cent euros [sɑ̃tøro]

deux cents euros [døsɑ̃zøro]

trois cent quatre-vingt-quinze euros [trwasɑ̃katrəvɛ̃kɛ̃zøro]

I, § 52, 15, 30, 46
II, § 49 Die Grundzahlen über 1000

§ 10 Das *participe passé* der regelmäßigen Verben auf *-re*

Le participe passé des verbes réguliers en -re

Das *participe passé* der meisten Verben auf *-re* wird gebildet aus dem Stamm des Infinitivs und der Endung *-u*.

attend	**re**	→	*attend*	**u**
répond	**re**	→	*répond*	**u**
perd	**re**	→	*perd*	**u**

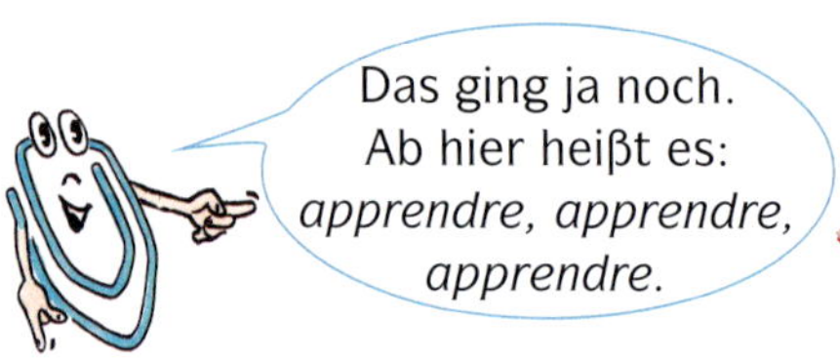

II, § 7 Das *passé composé* mit *avoir* (I)
II, § 8 Das *participe passé* der regelmäßigen Verben auf *-er*
II, § 11 Das *participe passé* der unregelmäßigen Verben
II, § 15, 34 Das *passé composé* mit *être*

§ 11 Das *participe passé* der unregelmäßigen Verben

Le participe passé des verbes irréguliers

Infinitiv		*participe passé*	
avoir	→	*eu*	[y]
être	→	*été*	[ete]
faire	→	*fait*	[fɛ]
mettre	→	*mis*	[mi]
prendre	→	*pris*	[pri]
***ap**prendre*	→	***ap**pris*	[apri]
***com**prendre*	→	***com**pris*	[kɔ̃pri]
vouloir	→	*voulu*	[vuly]
pouvoir	→	*pu*	[py]
savoir	→	*su*	[sy]

II, § 7 Das *passé composé* mit *avoir* (I)
II, § 8 Das *participe passé* der regelmäßigen Verben auf *-er*
II, § 10 Das *participe passé* der regelmäßigen Verben auf *-re*
II, § 15, 34 Das *passé composé* mit *être*

§ 12 Die Stellung des Adverbs

La place de l'adverbe

> *Beaucoup de personnes attendent déjà devant le cinéma.*
> *Quelqu'un a peut-être volé ton portable?*

Das Adverb dient meist dazu, innerhalb des Satzes die Bedeutung eines **Verbs** näher zu bestimmen. In Sätzen, die im Präsens stehen, folgt das Adverb in der Regel **nach** dem konjugierten Verb. In der zusammengesetzten Zeitform *passé composé* steht das Adverb in der Regel **nach** dem konjugierten Hilfsverb und **vor** dem *participe passé*.

Weitere Adverbien sind: *bien, mal, déjà, beaucoup, peu, aussi, tout.*

§ 13 Die Adjektive auf *-eux, -euse*

Les adjectifs en -eux, -euse

Il est …	*Ils sont …*	*Elle est …*	*Elles sont …*
… heureux.	*… heureux.*	*… heureuse.*	*… heureuses.*

Die Adjektive mit der Endung *-eux* sind in der maskulinen Form Singular **und** Plural gleich. Diese Form wird im Wörterbuch angegeben. Die feminine Singularform verändert sich zu *-euse* und erhält im Plural ein zusätzliches *-s*.
Wie die meisten Adjektive stehen die Adjektive auf *-eux, -euse* **hinter** dem Substantiv.

Exemple: Voilà un garçon curieux.
Voilà des enfants heureux.
Voilà une fille amoureuse.
Voilà deux dames furieuses.

I, § 52
II, § 5 Die Stellung der Adjektive

§ 14 Das Verb *commencer*

Le verbe «commencer»

commencer [kɔmɑ̃se]

je	*commenc-e*	[kɔmɑ̃s]	*nous*	*commenç-ons*	[kɔmɑ̃sɔ̃]
tu	*commenc-es*	[kɔmɑ̃s]	*vous*	*commenc-ez*	[kɔmɑ̃se]
il / elle / on	*commenc-e*	[kɔmɑ̃s]	*ils / elles*	*commenc-ent*	[kɔmɑ̃s]

p.c.: *il / elle a commenc-é*
Imperativ: *Commence.*
Commençons.
Commencez.

Attention à la prononciation!
Die Cedille hat die Aufgabe, vor den Vokalen *a, o, u* die Aussprache [s] des *-c-* zu erhalten, denn *c* wird vor *a, o, u* [k] gesprochen. Vor *e* und *i* wird *-c-* immer [s] gesprochen.

Das betrifft auch den Konsonanten *-g-*, der vor den Vokalen *a, o, u* [g] gesprochen wird und vor den Vokalen *e, i* [ʒ].

Exemple: mang-er → *nous mange-ons*

g / *c*	*vor*	*a* / *o* / *u*	[g] / [k]	*g* / *c*	*vor*	*e* / *i*	[ʒ] / [s]
				ge / ***ç***	*vor*	*a* / *o* / *u*	[ʒ] / [s]

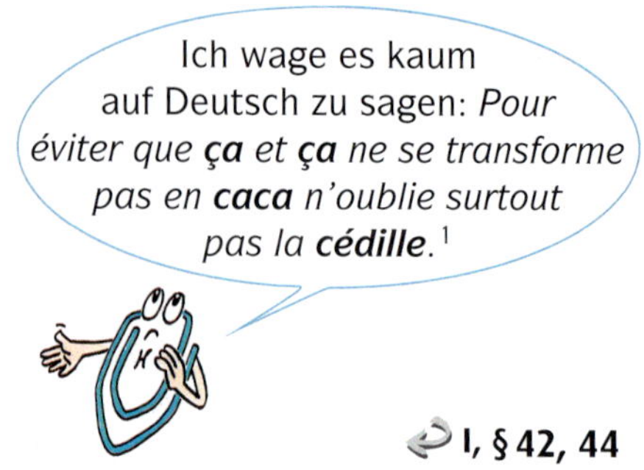

I, § 42, 44

§ 15 Das *passé composé* mit *être*

Le passé composé avec «être»

je	*suis*	*allé / allée*	[ʒəsɥizale]	*nous*	*sommes*	*allés / allées*	[nusɔmzale]
tu	*es*	*allé / allée*	[tyɛzale]	*vous*	*êtes*	*allé / allée / allés / allées*	[vuzɛtzale]
il	*est*	*allé*	[ilɛtale]	*ils*	*sont*	*allés*	[ilsõtale]
elle	*est*	*allée*	[ɛlɛtale]	*elles*	*sont*	*allées*	[ɛlsõtale]

Eine kleine Gruppe von Verben, die eine Bewegungs**richtung** angeben, bildet das *passé composé* mit *être*. Das *participe passé* dieser Verben richtet sich wie ein regelmäßiges Adjektiv in Geschlecht und Zahl nach dem Subjekt, auf das es sich bezieht.

Da *on* auch für *nous* stehen kann, kann das *participe passé* auch im Plural stehen.

Exemple: ***Marc, Élodie et nous***, ***on*** *est allé****s*** *au cinéma.*

Achte immer auf das Geschlecht und die Zahl des Subjektes, um das *participe passé* anzugleichen.

on	*est*	*allé*	[õnɛtale]
on	*est*	*allés*	[õnɛtale]
on	*est*	*allées*	[õnɛtale]

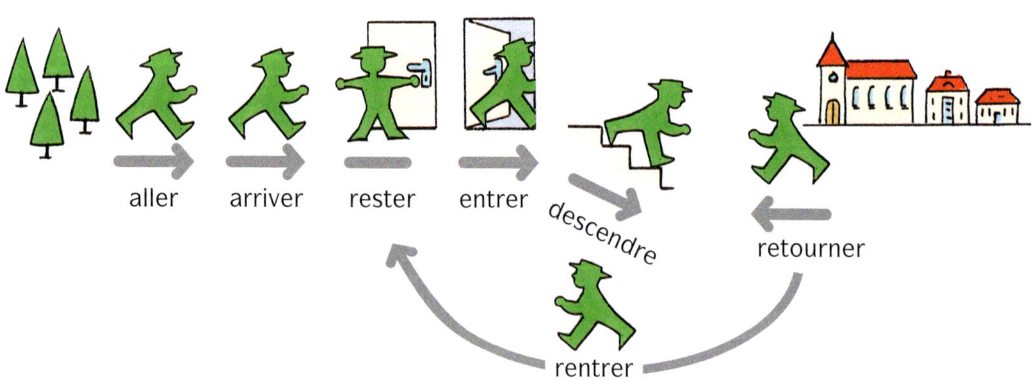

[1] Um zu vermeiden, dass das schöne ***ça*** und ***ça*** zu einem hässlichen ***caca*** wird, vergiss nicht die ç.

II, § 7, 8, 10, 11
II, § 34 Das *passé composé* mit *être* (Zusammenfassung)

§ 16 Die Monate

Les mois

janvier	*avril*	*juillet*	*octobre*
février	*mai*	*août*	*novembre*
mars	*juin*	*septembre*	*décembre*

1. Die Angabe des Datums erfolgt im Französischen mit dem Artikel *le* und den Grundzahlen, nicht mit den Ordnungszahlen wie im Deutschen. Im Unterschied zum Deutschen wird im Französischen das Verb ***être*** verwendet, nicht das Verb „haben"!

   *Exemple: Aujourd'hui, nous **sommes le quatorze** (14) juillet.*
   Heute **haben** wir den **vierzehnten** (14.) Juli.

   Ausnahme: *Le **premier** (1er) mai*

2. Wird zum Datum auch der Wochentag genannt, steht der bestimmte Artikel **vor** dem Wochentag.

   *Exemple: **le** mercredi, treize juin*
   am Mittwoch, dem dreizehnten Juni

3. Bei der Angabe einer Zeitspanne mit den Wendungen *jusqu'à* (= bis) oder *de ... à* (= von ... bis) verschmelzen die Präpositionen *de* und *à* mit dem Artikel.

   *Exemple: **du** 12 août jusqu'**au** 12 septembre*
   vom 12. August bis 12. September

4. Die Angaben zum Monat können mit *en* oder *au mois de* erfolgen.

   Exemple: en novembre — im November
   au mois de novembre — im Monat November

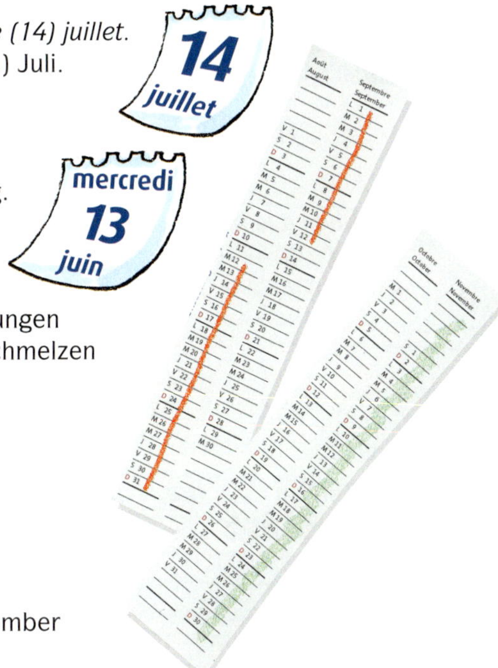

Unité 3

§ 17 Die Adjektive *bon, nul, gentil*

Les adjectifs «bon, nul, gentil»

un	*bon*	*copain*	*un*	*ami*	*gentil*	*un*	*élève*	*nul*
une	*bonne*	*copine*	*une*	*amie*	*gentille*	*une*	*élève*	*nulle*
deux	*bons*	*copains*	*deux*	*amis*	*gentils*	*deux*	*élèves*	*nuls*
deux	*bonnes*	*copines*	*deux*	*amies*	*gentilles*	*deux*	*élèves*	*nulles*

Bevor die feminine Form der Adjektive *bon, nul* und *gentil* durch Hinzufügen des *-e* gebildet wird, muss der jeweilige Endkonsonant verdoppelt werden. Der Plural wird durch Hinzufügen eines *-s* an die feminine oder maskuline Form gebildet.

Das Adjektiv *bon* gehört zu den wenigen Adjektiven, die **vor** dem Substantiv stehen.

Die meisten Adjektive existieren in Gegensatzpaaren, zum Beispiel *grand – petit*. Lerne sie am besten gleich zusammen.

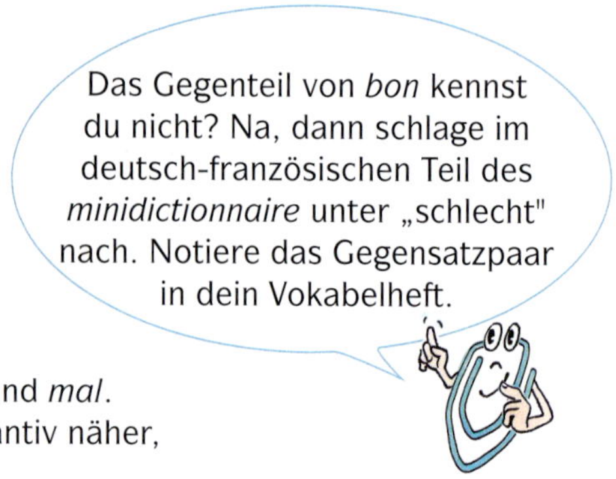

Unterscheide zwischen *bon* und *bien* sowie *mauvais* und *mal*. Die Adjektive *bon* und *mauvais* bestimmen ein Substantiv näher, die Adverbien *bien* und *mal* dagegen ein Verb.

un mauvais élève *un bon élève*

Exemple: C'est un bon élève. *C'est un mauvais élève.*

Les élèves travaillent bien. *Les élèves travaillent mal.*

Attention à la prononciation!
Beachte die unterschiedliche Aussprache des *-ll* in *nulle* [nyl] und *gentille* [ʒɑ̃tij].

I, § 52
II, § 5 Die Stellung der Adjektive
II, § 12 Die Stellung des Adverbs

§ 18 Die Verben *dire, lire, écrire*

Les verbes «dire, lire, écrire»

lire [lir]				*écrire* [ekrir]				*dire* [dir]			
je	*li*	*-s*	[li]	*j'*	*écri*	*-s*	[ekri]	*je*	*di*	*-s*	[di]
tu	*li*	*-s*		*tu*	*écri*	*-s*		*tu*	*di*	*-s*	
il / elle / on	*li*	*-t*		*il / elle / on*	*écri*	*-t*		*il / elle / on*	*di*	*-t*	
nous	*lis*	*-ons*	[lizõ]	*nous*	*écriv*	*-ons*	[nuzekrivõ]	*nous*	*dis*	*-ons*	[dizõ]
vous	*lis*	*-ez*	[lize]	*vous*	*écriv*	*-ez*	[vuzekrive]	*vous*	*dites*		[dit]
ils / elles	*lis*	*-ent*	[liz]	*ils / elles*	*écriv*	*-ent*	[ilz/ɛlzekriv]	*ils / elles*	*dis*	*-ent*	[diz]
p.c.:	*il / elle a lu* [ly]			*il / elle a écrit* [ekri]				*il / elle a dit* [di]			
Imperativ:	*Lis.*			*Écris.*				*Dis.*			
	Lisons.			*Écrivons.*				*Disons.*			
	Lisez.			*Écrivez.*				*Dites.*			

§19 Die Verneinung beim *passé composé*

La négation au passé composé

*Je **n'**ai **pas** fait attention*		*je **ne** suis **pas** tombé(e).*
*Tu **n'**as **pas** fait attention*		*tu **n'**es **pas** tombé(e).*
*Il / elle **n'**a **pas** fait attention*	MAIS	*il / elle **n'**est **pas** tombé(e).*
*Nous **n'**avons **pas** fait attention*		*nous **ne** sommes **pas** tombé(e)s.*
*Vous **n'**avez **pas** fait attention*		*vous **n'**êtes **pas** tombé(e)s.*
*Ils / elles **n'**ont **pas** fait attention*		*ils / elles **ne** sont **pas** tombé(e)s.*

Bei der Verneinung des *passé composé* werden die konjugierten Formen von *avoir* oder *être* von den Verneinungswörtern (z. B. *ne … pas*) umrahmt. Ansonsten bleibt die Satzstellung gleich, egal ob es sich um einen Haupt- oder Nebensatz handelt.

Exemple: Il est tombé parce qu'il n'a pas fait attention.

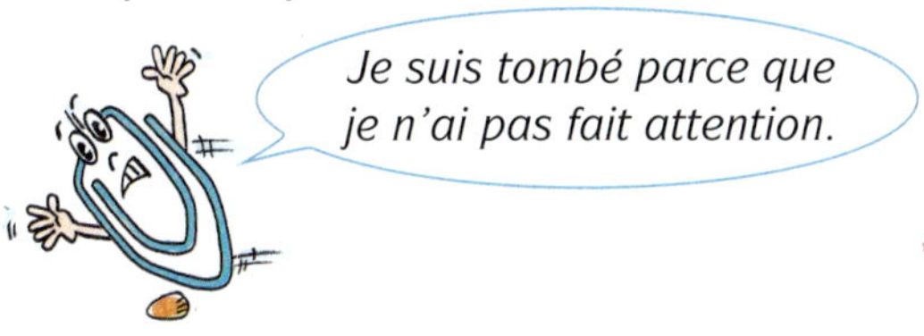

I, § 52
II, § 7, 8, 10, 11, 15

§20 Das Fragewort *quel*

Le déterminant interrogatif «quel»

Quel film?	*Quelle photo?*
Quels rôles?	*Quelles scènes?*

Das Fragewort *quel* verhält sich wie ein Adjektiv. Es richtet sich in Geschlecht und Zahl nach dem Substantiv, auf das es sich bezieht.

Attention à la prononciation!
Alle Formen von *quel* werden gleich ausgesprochen: [kɛl].
In den Pluralformen erfolgt vor Vokal oder stummem *h* die Liaison.

Exemple: quels amis *quelles histoires*

Im Deutschen bedeutet es „welcher, welche, welches“ und kann auch mit „Was für ein / eine …“ übersetzt werden.

Exemple: Quelle chance! Was für ein Glück!

Manche Fragen jedoch werden im Deutschen anders übersetzt.

Exemple: Tu as quel âge? Wie alt bist du?
Il est quelle heure? Wie viel Uhr ist es?

II, § 17 Die Adjektive *bon, nul, gentil*

§21 Die indirekten Objektpronomen

Les pronoms objets indirects

		Il	***me***	*téléphone.*
		Il	***te***	*téléphone.*
*Il téléphone **à Marie** ?*	*Oui,*	*il*	***lui***	*téléphone.*
*Il téléphone **à Marc** ?*	*Oui,*	*il*	***lui***	*téléphone aussi.*
		Il	***nous***	*téléphone.*
		Il	***vous***	*téléphone.*
*Il téléphone **à Marie et Marc** ?*	*Oui,*	*il*	***leur***	*téléphone.*
*Il téléphone **à Marie et Sophie** ?*	*Oui,*	*il*	***leur***	*téléphone.*

Die indirekten Objekt**pronomen** ersetzen die mit der Präposition *à* angeschlossenen indirekten Objekte. Sie ersetzen ausschließlich Objekte, die für Personen stehen. Wie die direkten Objektpronomen stehen sie vor dem konjugierten Verb.

Attention à la prononciation!

Die Pronomen *me* und *te* werden vor Vokal und stummem *h* zu *m'* bzw. *t'* verkürzt. Die Pronomen *nous* und *vous* werden mit nachfolgenden Verben, die mit Vokal oder stummem *h* beginnen, durch die Liaison stimmhaft [z] gebunden.

Exemple: Tu m'offres un coca? – Oui, je t'offre un coca.

Tu nous offres des sandwichs? – Oui, je vous offre des sandwichs.

In der 3. Person Singular gibt es nur **ein** indirektes Objektpronomen *(lui)* für das maskuline und feminine indirekte Objekt.

*Il **lui** téléphone.*
Er telefoniert mit **ihr**.

*Elle **lui** répond.*
Sie antwortet **ihm**.

Unterscheide zwischen den **direkten** Objektpronomen der 3. Person und den **indirekten** Objektpronomen der 3. Person:

	direkte Objektpronomen	indirekte Objektpronomen
3. Person Singular	*le (m)* *la (f)*	*lui (m/f)*
3. Person Plural	*les (m/f)*	*leur (m/f)*

Das Pronomen *leur* kann sowohl direktes Objektpronomen sein als auch Possessivbegleiter.

*Les souris écoutent **leur** CD.*
Die Mäuse hören **ihre** CD.

*Les souris **leur** donnent le CD.*
Die Mäuse geben **ihnen** die CD.

Andere Verben, die mit der Präposition *à* angeschlossen werden und deshalb mit dem indirekten Objektpronomen stehen können, sind:
demander à qn, répondre à qn, parler à qn, écrire à qn, donner qc à qn

*Exemple: – Tu écris un mél **à Léa** ?* → ***lui***	– Schreibst du eine E-Mail an Léa ?
*– Oui, je **lui** écris un mél.*	– Ja, ich schreibe ihr eine E-Mail.
*– Non, je **ne lui** écris **pas** de mél.*	– Nein, ich schreibe ihr keine E-Mail.

Die Verneinung *ne … pas* umschließt das Objektpronomen und das Verb. I, § 41

Unité 4

§ 22 Der Teilungsartikel

L'article partitif

	maskulin	feminin
Singular	*du coca* *de l'orangina*	*de la limonade* *de l'eau*
Plural	***des** épinards*	

Der Teilungsartikel steht vor unbestimmten Mengenangaben, das heißt vor Dingen, die man **nicht zählen** kann. Im Plural heißen Teilungsartikel **und** unbestimmter Artikel *des*, man kann sie nicht unterscheiden.

Die verneinte Form besteht nur aus *de*.

*Exemple: Je ne prends pas **de** coca.* Ich nehme **keine** Cola.

Im Deutschen ist der Teilungsartikel unbekannt, daher wird er nicht übersetzt.

Exemple: Pierre mange de la salade.
Peter isst Salat.

Du wirst es niemals schaffen, das ganze Fass Limonade auszutrinken.
Du wirst immer nur einen **Teil davon** trinken können.

*Exemple: Je prends **de la** limonade.*

- Wird das Verb *être* verneint, bleibt der jeweilige Artikel erhalten.

  *Exemple : C'est du coca? Non, ce n'est pas **du** coca.*

- Der Teilungsartikel wird auch bei abstrakten Begriffen (z. B. Glück) verwendet.

  *Exemple: Sophie a **de la** chance.*

- Nach *aimer, adorer* und *préférer* steht der bestimmte Artikel.

  *Exemple: J'aime **la** limonade.*

- Einen Unterschied gibt es bei der Verwendung des Teilungsartikels mit *avec* und *sans*.

  *Exemple: Léa prépare un menu **avec** de la salade, mais **sans** fromage.*

I, § 43

§23 Das Verb *boire*

Le verbe «boire»

	boire [bwar]			
je	*bois* [bwa]		*nous*	*buvons* [byvõ]
tu	*bois* [bwa]		*vous*	*buvez* [byve]
il / elle / on	*boit* [bwa]		*ils / elles*	*boivent* [bwav]
p.c.:	*il / elle a bu* [by]			
Imperativ:	*Bois.*			
	Buvons.			
	Buvez.			

Attention à la prononciation!

elle boit [bwa]   aber: *elles boivent* [bwav]

§24 Das Verb *voir*

Le verbe «voir»

	voir [vwar]			
je	*vois* [vwa]		*nous*	*voyons* [vwajõ]
tu	*vois* [vwa]		*vous*	*voyez* [vwaje]
il / elle / on	*voit* [vwa]		*ils / elles*	*voient* [vwa]
p.c.:	*il / elle a vu* [vy]			
Imperativ:	*Vois.*			
	Voyons.			
	Voyez.			

Attention à la prononciation!

Die Aussprache der 1. – 3. Person Singular und der 3. Person Plural ist gleich: [vwa].

§25 Die direkten Objektpronomen

Les pronoms objets directs

			Singular				Plural
Tu	*me*	*vois.*	1. Pers.	*Il*	*nous*	*voit.*	1. Pers.
Tu	*m'*	*adores.*	2. Pers.	*Il*	*nous*	*adore.*	
Je	*te*	*vois.*		*Il*	*vous*	*voit.*	2. Pers.
Je	*t'*	*adore.*		*Il*	*vous*	*adore.*	
Il	*le*	*voit.*	3. Pers. m	*Il*	*les*	*voit.*	3. Pers. m / f
Il	*l'*	*adore.*					
Il	*la*	*voit.*	3. Pers. f	*Il*	*les*	*adore.*	
Il	*l'*	*adore.*					

Die direkten Objekt**pronomen** *me, te, nous, vous* ersetzen wie die bereits bekannten Pronomen *le, la, l'* und *les* das direkte Objekt. Wie *le* und *la* werden auch *me* und *te* vor Vokal oder stummem *h* zu *m'* und *t'* verkürzt, *nous* und *vous* werden wie *les* durch Liaison mit dem Verb verbunden.

Anders als im Deutschen stehen sie direkt **vor** dem konjugierten Verb.
Die Verneinung umschließt das direkte Objektpronomen **und** das konjugierte Verb.

Exemple: Tu m' attends? – *Oui, je t' attends.*
– *Non, je* ***ne*** *t' attends* ***pas****.*

Vous kann genau wie das Personalpronomen der 2. Person Plural auch die Höflichkeitsform sein.

Exemple: Lars ***à Mme Lecoq:*** *Je* ***vous*** *écoute.* (= Ich höre **Ihnen** zu.)
Lars ***à Léa et à Clément:*** *Je* ***vous*** *invite.* (= Ich lade **euch** ein.)

I, § 41

II, § 21 Die indirekten Objektpronomen

§ 26 Die Verben *ouvrir* und *offrir*

Les verbes «ouvrir» et «offrir»

ouvr-ir			*offr-ir*		
j'	*ouvr- e*	[uvr]	*j'*	*offr- e*	[ɔfr]
tu	*ouvr- es*	[uvr]	*tu*	*offr- es*	[ɔfr]
il / elle / on	*ouvr- e*	[uvr]	*il / elle / on*	*offr- e*	[ɔfr]
nous	*ouvr- ons*	[nuzuvrɔ̃]	*nous*	*offr- ons*	[nuzɔfrɔ̃]
vous	*ouvr- ez*	[vuzuvre]	*vous*	*offr- ez*	[vuzɔfre]
ils / elles	*ouvr- ent*	[ilz/ɛlzuvr]	*ils / elles*	*offr- ent*	[ilz/ɛlzɔfr]
p.c.:	*il / elle a ouvert*	[uvɛr]		*il / elle a offert*	[ɔfɛr]
Imperativ:	*Ouvre.*			*Offre.*	
	Ouvrons.			*Offrons.*	
	Ouvrez.			*Offrez.*	

Obwohl die beiden Verben auf *-ir* enden, werden sie wie regelmäßige Verben auf *-er* konjugiert.

Unité 5

§ 27 Das Verb *pleuvoir*

Le verbe «pleuvoir»

Das Verb *pleuvoir* ist unpersönlich und kommt nur im Infinitiv und der 3. Person Singular vor.

§ 28 Der Begleiter *tout*

Le déterminant «tout»

	maskulin	feminin
Singular	*tout* [tu]	*toute* [tut]
Plural	*tous* [tu]	*toutes* [tut]

Der Begleiter *tout* verhält sich wie ein Adjektiv und richtet sich in Geschlecht und Zahl nach dem Bezugswort. Die Formen von *tout* stehen immer **vor** dem Substantiv und dessen Artikel. Im Singular haben sie die Bedeutung „ganz", im Plural die Bedeutung „alle".

Die Wortstellung ist im Französischen und Deutschen unterschiedlich. Im Plural steht im Deutschen gar kein Artikel.

Exemple: – *Nous travaillons **tout** le temps.*	– Wir arbeiten die **ganze** Zeit.
– *Vous jouez **toute** la journée.*	– Ihr spielt den **ganzen** Tag.
– ***Tous** les élèves aiment les vacances.*	– Alle Schüler mögen die Ferien.
– ***Toutes** les deux semaines, il y a des épinards à la cantine.*	– Alle zwei Wochen gibt es Spinat in der Kantine.

Die Formen von *tout* können auch in der Kombination mit Possessivpronomen und Substantiv auftreten.

*Exemple: **tout** notre travail*	unsere **ganze** Arbeit

§ 29 Die Verben auf *-ir*

Les verbes en -ir

part✂ir [partir]	*sort✂ir* [sɔrtir]	*dorm✂ir* [dɔrmir]
je s *tu* *par-* s > [par] *il / elle / on* t	*je* s *tu* *sor-* s > [sɔr] *il / elle / on* t	*je* s *tu* *dor-* s > [dɔr] *il / elle / on* t
nous *ons* [partõ] *vous* *part-* *ez* [parte] *ils / elles* *ent* [part]	*nous* *ons* [sɔrtõ] *vous* *sort-* *ez* [sɔrte] *ils / elles* *ent* [sɔrt]	*nous* *ons* [dɔrmõ] *vous* *dorm-* *ez* [dɔrme] *ils / elles* *ent* [dɔrm]
p.c.: *il est parti* *elle est partie* > [parti] Imperativ: *Pars.* *Partons.* *Partez.*	*il est sorti* *elle est sortie* > [sɔrti] *Sors.* *Sortons.* *Sortez.*	*il / elle a dormi* [dɔrmi] *Dors.* *Dormons.* *Dormez.*

Das *participe passé* der Verben auf *-ir* wird aus dem Stamm des Infinitivs und der Endung *-i* gebildet.

I, § 17, 31, 36

§ 30 Die Verneinung mit *ne … rien, ne … jamais, ne … plus*

La négation avec «ne … rien», «ne … jamais», «ne … plus»

	toujours ↓ *ne … jamais*	*tout* ↓ *ne … rien*	*encore* ↓ *ne … plus*
Zeit		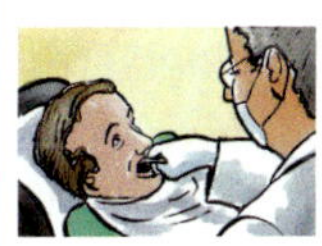	
passé composé	*Elle n'a rien préparé.*	*Il n'a jamais discuté.*	*Depuis, ils n'ont plus fait de ski.*
présent	*Elle ne prépare rien.*	*Il ne discute jamais.*	*Depuis, ils ne font plus de ski.*
futur composé	*Elle ne va rien préparer.*	*Il ne va jamais discuter.*	*Depuis, ils ne vont plus faire de ski.*

Ebenso wie die einfache Verneinung mit *ne … pas* umschließen die Verneinungsformen *ne … rien*, *ne … jamais* und *ne … plus* das konjugierte Verb. Vor einem Vokal oder dem stummen *h* wird *ne* apostrophiert.

Wie bei der Verneinung mit *ne … pas* folgt auf *ne … plus* nur ***de***.

I, § 23

[1] Ab jetzt esse ich **keine** Crêpes **mehr**.

II, § 48 Die Verneinung mit *ne … personne*

§31 Die Verneinung des Infinitivs

La négation de l'infinitif

Wird ein Infinitiv verneint, stehen die Verneinungswörter in der Regel davor.

*Exemple: Guillaume préfère **ne plus faire** de photos.*

ne pas	*faire*	*attention*
ne plus	*faire*	*attention*
ne jamais	*faire*	*attention*
ne rien	*faire*	

§32 Die Verben *venir* und *tenir*

Les verbes «venir» et «tenir»

venir [vənir]		tenir [tənir]	
je	*viens* [vjɛ̃]	*tiens* [tjɛ̃]	
tu	*viens* [vjɛ̃]	*tiens* [tjɛ̃]	
il / elle / on	*vient* [vjɛ̃]	*tient* [tjɛ̃]	
nous	*venons* [vənõ]	*tenons* [tənõ]	
vous	*venez* [vəne]	*tenez* [təne]	
ils / elles	*viennent* [vjɛn]	*tiennent* [tjɛn]	
p.c.:	*il est venu* / *elle est venue* [vəny]	*il / elle a tenu* [təny]	
Imperativ:	*Viens.*	*Tiens.*	
	Venons.	*Tenons.*	
	Venez.	*Tenez.*	

Attention à la prononciation!

je viens, tu viens, il / elle vient [vjɛ̃] *je tiens, tu tiens, il / elle tient* [tjɛ̃]

Die Formen der 1. – 3. Person Singular unterscheiden sich nicht in der Aussprache.

aber:

ils viennent / ils tiennent [vjɛn / tjɛn]

Der Doppelkonsonant *nn* verhindert die Aussprache des Nasalvokals!

§33 Die Stellung der Objektpronomen bei zusammengesetzten Verbformen mit *vouloir, pouvoir* oder *aller*

La place des pronoms objets avec «vouloir», «pouvoir» ou «aller» + infinitif

*Vous voulez apprendre **la leçon**?*	*Oui, nous voulons **l'**apprendre.*
*Tu peux **nous** aider?*	*Non, je ne peux pas **vous** aider.*
*Ils vont rater **le film**?*	*Oui, ils vont **le** rater.*

Das Objektpronomen steht in der Regel vor dem konjugierten Verb.
Folgt dem konjugierten Verb *(vouloir, pouvoir, aller)* aber ein Infinitiv, so steht das Objektpronomen direkt **vor dem Infinitiv**.

§ 34 Das *passé composé* mit *être* (Zusammenfassung)

Le passé composé avec «être»

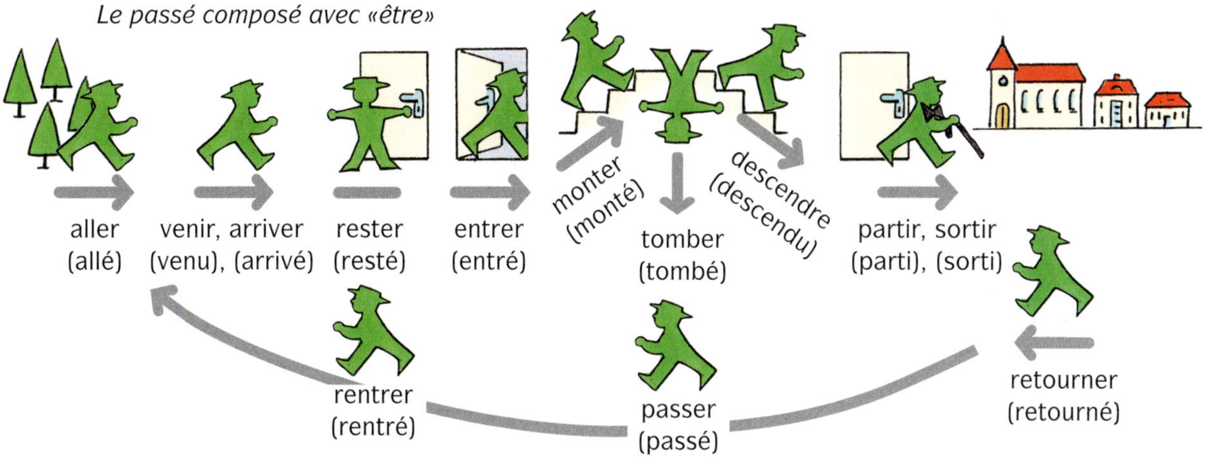

Eine kleine Gruppe von Verben bildet das *passé composé* mit *être*. Deshalb richtet sich das *participe passé* in Geschlecht und Zahl nach dem Subjekt. Einige dieser Verben geben eine Bewegungsrichtung an.

Exemple: Il est allé à la maison.
Elle est allée à la maison.
Ils sont allés à la maison.
Elles sont allées à la maison.

II, § 7, 8, 10, 11, 15

Unité 6

§ 35 Die Farbadjektive

Les adjectifs de couleurs

un pantalon		*une robe*		*des pantalons*		*des robes*	
gris	[gri]	*grise*	[griz]	*gris*	[gri]	*grises*	[griz]
vert	[vɛr]	*verte*	[vɛrt]	*verts*	[vɛr]	*vertes*	[vɛrt]
brun	[brɛ̃]	*brune*	[bryn]	*bruns*	[brɛ̃]	*brunes*	[bryn]
noir	[nwar]	*noire*	[nwar]	*noirs*	[nwar]	*noires*	[nwar]
jaune	[ʒon]	*jaune*	[ʒon]	*jaunes*	[ʒon]	*jaunes*	[ʒon]
rouge	[ruʒ]	*rouge*	[ruʒ]	*rouges*	[ruʒ]	*rouges*	[ruʒ]
violet	[vjɔlɛ]	*violette*	[vjɔlɛt]	*violets*	[vjɔlɛ]	*violettes*	[vjɔlɛt]
blanc	[blɑ̃]	*blanche*	[blɑ̃ʃ]	*blancs*	[blɑ̃]	*blanches*	[blɑ̃ʃ]

Die Farbadjektive richten sich in Geschlecht und Zahl nach dem Substantiv, auf das sie sich beziehen. Manche Farbadjektive haben unregelmäßige feminine Singular- und Pluralformen.

Im Unterschied zum Deutschen werden die Farbadjektive **nach**gestellt.

Exemple: un pantalon bleu eine blaue Hose

II, § 5 Die Stellung der Adjektive

§36 Die Verben *payer* und *envoyer*

Les verbes «payer» et «envoyer»

envoyer	[ɑ̃vwaje]		*payer*	[pɛje]	
j'	*envoie*		*je*	*paie*	
tu	*envoies*	[ɑ̃vwa]	*tu*	*paies*	[pɛ]
il / elle / on	*envoie*		*il / elle /on*	*paie*	
nous	*envoyons*	[nuzɑ̃vwajɔ̃]	*nous*	*payons*	[pɛjɔ̃]
vous	*envoyez*	[vuzɑ̃vwaje]	*vous*	*payez*	[pɛje]
ils / elles	*envoient*	[ilz / ɛlzɑ̃vwa]	*ils / elles*	*paient*	[pɛ]
p.c.:	*il / elle a envoyé*	[ɑ̃vwaje]	*il / elle a payé*	[pɛje]	
Imperativ:	*Envoie.*		*Paie.*		
	Envoyons.		*Payons.*		
	Envoyez.		*Payez.*		

§37 Der Imperativ mit Pronomen

L'impératif avec des pronoms

*Vincent, tu **me** regardes?*	*Vincent, regarde-**moi.***
*Vous **nous** aidez à l'école?*	*Aidez-**nous** à l'école.*

Gehört zu dem bejahten Imperativ ein Pronomen, so steht es nach dem Imperativ und wird mit ihm durch einen Bindestrich verbunden. In der 1. und 2. Person Singular stehen anstatt *me* und *te*: ***moi*** und ***toi.***

§38 Die Demonstrativbegleiter

Les déterminants démonstratifs

	Singular		Plural	
maskulin	*ce*	*copain*	*ces*	*copains*
	cet	*ami*	*ces*	*amis*
feminin	*cette*	*personne*	*ces*	*personnes*
	cette	*amie*	*ces*	*amies*

Beginnt das **maskuline** Substantiv mit einem Vokal oder einem stummen *h*, so wird an den Demonstrativbegleiter *ce* ein *t* angehängt. Für die femininen Substantive mit konsonantischem **und** vokalischem Anlaut heißt der Demonstrativbegleiter *cette*. Die maskuline **und** feminine Pluralform ist *ces*.

Soll der Hinweis auf eine bestimmte Sache noch verstärkt werden, so hängt man an das Substantiv zusätzlich ein *-là*.

Exemple: Je prends cette jupe-là et ce tee-shirt-là.

Es gibt keinen Unterschied in der Aussprache von *ces* und *ses*, aber in der Bedeutung.

Exemple: Il aime regarder ces photos.	*Il aime regarder ses photos.*
… diese Fotos.	… ihre / seine Fotos.

§ 39 Das Verb *plaire* (3. Person)

Le verbe «plaire» (3ᵉ personne)

plaire	
il / elle plaît [plɛ]	*ils / elles plaisent* [plɛz]
p.c.: il a plu [ply]	

§ 40 Die Verneinung beim Imperativ

La négation de l'impératif

Ne	*prends*	*pas*	*les baskets.*
Ne	*rigolons*	*plus.*	
Ne	*mettez*	*pas*	*ces vêtements.*

Wird der Imperativ verneint, so bleibt die Stellung der beiden Teile der Verneinung wie im Aussagesatz. Sie schließen den Imperativ ein.

§ 41 Das Verb *connaître*

Le verbe «connaître»

connaître					
je	*connais*	[kɔnɛ]	*nous*	*connaissons*	[kɔnɛsõ]
tu	*connais*	[kɔnɛ]	*vous*	*connaissez*	[kɔnɛse]
il / elle / on	*connaît*	[kɔnɛ]	*ils / elles*	*connaissent*	[kɔnɛs]
p.c.:	*il / elle a connu* [kɔny]				

Unité 7

§ 42 Die Ordnungszahlen

Les numéraux ordinaux

1er *le premier*	10e *le, la dix**ième***	21e *le, la vingt et unième*
1re *la première*	11e *le, la onz**ième***	30e *le, la trent**ième***
	12e *le, la douz**ième***	40e *le, la quarant**ième***
2e *le, la deux**ième***	13e *le, la treiz**ième***	50e *le, la cinquant**ième***
3e *le, la trois**ième***	14e *le, la quatorz**ième***	60e *le, la soixant**ième***
4e *le, la quatr**ième***	15e *le, la quinz**ième***	70e *le, la soixante-dix**ième***
5e *le, la cinqu**ième***	16e *le, la seiz**ième***	80e *le, la quatre-vingt**ième***
6e *le, la six**ième***	17e *le, la dix-sept**ième***	90e *le, la quatre-vingt-dix**ième***
7e *le, la sept**ième***	18e *le, la dix-huit**ième***	100e *le, la cent**ième***
8e *le, la huit**ième***	19e *le, la dix-neuv**ième***	
9e *le, la neuv**ième***	20e *le, la vingt**ième***	1000e *le, la mill**ième***

Ordnungszahlen werden aus der Grundzahl und der Endung *-ième* gebildet.
Die maskulinen und femininen Formen unterscheiden sich nur durch den Artikel.
Endet die Grundzahl auf *-e*, so entfällt es vor der Endung *-ième*.

- Nur die Zahl 1 bildet eine eigene maskuline und feminine Form.
- Achte auf die besondere Schreibweise der Ordnungszahlen *cinqu**ième*** und *neuv**ième***.
- Vor Ordnungszahlen, die mit Vokal oder stummem *h* beginnen, wird **nicht** apostrophiert:

  *Exemple: **le, la** huitième; **le, la** onzième*

Attention à la prononciation!
Die Ordnungszahl *premier* wird vor einem Vokal wie die feminine Form gesprochen.

premier [prəmje] *premier étage* [prəmjɛr]

Achte auf die stimmhafte Aussprache in

six	[sis]	*sixième*	[sizjɛm]
dix	[dis]	*dixième*	[dizjɛm]
neuf	[nœf]	*neuvième*	[nœvjɛm]

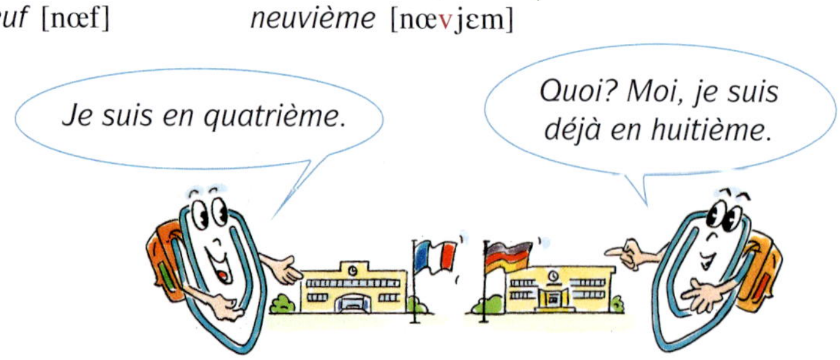

I, § 8, 12, 15, 40
II, § 9 Die Grundzahlen von 100 bis 1000

§ 43 Die Inversionsfrage

L'interrogation avec inversion

> *Avez-vous cours toute la journée?*
> *Où travaillez-vous?*
>
> *Comment **appelle-t-on** la 1re classe au collège?*

Subjekt + Verb = Satz

Verb + Subjekt = Fragesatz

Bei der Inversionsfrage tritt das Subjekt**pronomen** hinter das konjugierte Verb. Zwischen Verb und Pronomen steht ein Bindestrich.

Das Subjekt muss bei dieser Fragestellung ein Pronomen sein. Zwischen Verb und Pronomen wird *-t-* eingefügt, wenn zwei Vokale aufeinander treffen.

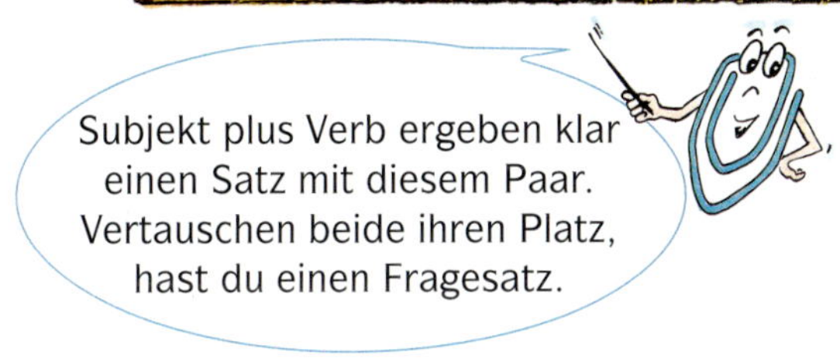

§ 44 Die Konstruktion *il faut* + Infinitiv

La construction «il faut» + infinitif

Il faut faire (qc)	man muss (etwas) tun
Il faut appeler le médecin.	Man muss den Arzt rufen.

Dieser unpersönliche Ausdruck ist **unveränderlich**. Wenn auf *il faut* ein Verb folgt, steht dieses **immer** im Infinitiv.

- Wird *il faut* verneint gebraucht, hat es meist die Bedeutung „Man darf nicht … / Es ist verboten …"

  Exemple: Il ne faut pas manger pendant le cours. — Man darf während des Unterrichts nicht essen.

- In vielen Fällen wird *il faut* nicht mit „man muss" übersetzt, sondern auf eine Person bezogen (ich muss, du musst, wir müssen, ihr müsst). Das hängt von der konkreten Situation ab.

  Exemple:

Adrien:	*J'ai mal à la tête et au genou.*	Adrien:	Ich habe Kopfschmerzen und mein Knie tut weh.
Ses parents:	*Il faut appeler le médecin.*	Seine Eltern:	**Wir** müssen den Arzt rufen.

§ 45 Konjunktionen / Präpositionen zur Begründung

Les conjonctions / prépositions de la cause

Es gibt verschiedene Möglichkeiten, einen Grund oder eine Ursache anzugeben:

- Die Konjunktion *parce que* (= weil), die einen Nebensatz einleitet, ist bereits bekannt.
- Die Konjunktionen *car* (= denn) und *c'est pourquoi* (= deshalb) leiten einen Hauptsatz ein.

Exemple: Il ne vient pas à l'école	***car***	*il est malade.*
Il est malade.	***C'est pourquoi***	*il va à l'hôpital.*

- Mit der Präposition *à cause de* (= wegen) schließt man ein Substantiv an.

Exemple: Ils travaillent beaucoup	***à cause du***	*brevet.*

§ 46 Die Adjektive *beau, nouveau, vieux*

Les adjectifs «beau, nouveau, vieux»

	maskulin		feminin	
Singular	*un beau*	*pantalon*	*une belle*	*chemise*
	un nouveau	*livre*	*une nouvelle*	*chance*
	un vieux	*sac*	*une vieille*	*photo*
	un bel	*appartement*	*une belle*	*exposition*
	un nouvel	*ordinateur*	*une nouvelle*	*équipe*
	un vieil	*ami*	*une vieille*	*amie*
Plural	*des beaux*	*pantalons*	*des belles*	*chemises*
		appartements		*expositions*
	des nouveaux	*livres*	*des nouvelles*	*chances*
		ordinateurs		*équipes*
	des vieux	*sacs*	*des vieilles*	*photos*
		amis		*amies*

Die maskulinen Adjektive *beau, nouveau, vieux* haben im Singular noch eine 2. Form. Wenn das folgende Substantiv mit Vokal oder stummem *h* beginnt, stehen *bel, nouvel* und *vieil*. In der Aussprache gleichen diese Formen den entsprechenden femininen Formen im Singular.

La souris a un bel appartement. *L'appartement de la souris est beau.*

Die maskuline Form *vieux* ist im Singular und Plural gleich.

Exemple: mon ***vieux*** *pantalon* *mes* ***vieux*** *pantalons*

II, § 5 Die Stellung der Adjektive

§ 47 Das Verb *devoir*

Le verbe «devoir»

	devoir [dəvwar]				
je	*dois*	[dwa]	*nous*	*devons*	[dəvõ]
tu	*dois*	[dwa]	*vous*	*devez*	[dəve]
il / elle / on	*doit*	[dwa]	*ils / elles*	*doivent*	[dwav]
p.c.:	*il / elle a dû* [dy]				

Im Unterschied zu *il faut* ist *devoir* ein persönliches Verb. Es können alle Personen gebildet werden, nur im Imperativ ist es ungebräuchlich.

§ 48 Die Verneinung mit *ne … personne*

La négation avec «ne … personne»

Je ne vois personne.  *Je n'ai vu personne.* 

Auch die Verneinung *ne … personne* schließt im Präsens das konjugierte Verb ein.

Im *passé composé* schließt die Verneinung *ne … personne* das konjugierte Verb **und** das *participe passé* ein.

II, § 30 Die Verneinung mit *ne … rien, ne … jamais, ne … plus*

Unité 8

§ 49 Zahlen über 1000

Les numéraux cardinaux à partir de 1000

1 000	*mille* [mil]	100 000	*cent mille*	en 2013	*en deux mille treize*
2 000	*deux mille*	1 000 000	*un million* [miljõ]	en 1789	*en mille sept cent quatre-vingt-neuf*
10 000	*dix mille*	2 000 000	*deux millions* [miljõ]		*en dix-sept cent quatre-vingt-neuf*

- Die Zahl *mille* ist auch im Plural unveränderlich.
- Folgt auf die Zahl *million* ein Substantiv, so wird es mit *de* angeschlossen.

  *Exemple: deux millions **de** personnes*
- Im Unterschied zu den Zahlen bis 100 werden die zusammengesetzten Zahlen **über 100 ohne Bindestrich** geschrieben. Der Anschluss von *un* und *une* an *cent* und *mille* erfolgt **ohne *et*.**

  Exemple: 31 = trente et une femmes   101 = cent un hommes   1001 = mille une personnes
- Die Jahreszahlen werden aus den Grundzahlen gebildet und mit der Präposition *en* verbunden.

  Exemple: en 1800 = en dix-huit cents oder *mille huit cent*

Unité 8 • grammaire supplémentaire

§50 Die reflexiven Verben
Les verbes pronominaux

je me demande	*nous nous demandons*
tu te demandes	*vous vous demandez*
il / elle / on se demande	*ils / elles se demandent*

Reflexive Verben werden aus einem Verb und einem Reflexivpronomen *(me, te, se, nous, vous, se)* gebildet.
Das Reflexivpronomen steht immer **vor** dem konjugierten Verb.
Vor Vokal und stummem *h* steht *m' / t' / s'*.

§51 Die Steigerung der Adjektive
Le comparatif et le superlatif

l'étape de Paris	*l'étape de Lyon*	*l'étape d'Alpe-d'Huez*

une étape difficile	*une étape plus difficile*	*l'étape la plus difficile*

bestimmter oder unbestimmter Artikel + Substantiv + Adjektiv	bestimmter oder unbestimmter Artikel + Substantiv + ***plus*** + Adjektiv	**bestimmter** Artikel + Substantiv + **bestimmter Artikel** + ***plus*** + Adjektiv
= Grundstufe	= 1. Steigerungsstufe (Komparativ)	= 2. Steigerungsstufe (Superlativ)

§52 Die Pronomen *y* und *en*
Les pronoms «y» et «en»

*Ils vont à **l'Alpe-d'Huez**.*
*Ils **y** vont.*

Sie fahren nach l'Alpe-d'Huez.
Sie fahren **dorthin**.

*Ils viennent **de** Grenoble.*
*Ils **en** viennent.*

Sie kommen aus Grenoble.
Sie kommen **daher / von dort**.

- Das Pronomen ***y*** steht für eine Ortsbestimmung, die mit der Präposition ***à, en, dans, derrière, chez, jusqu'a, sur*** oder ***sous*** angeschlossen wird.
- Das Pronomen ***en*** steht für eine Ortsbestimmung, die mit der Präposition ***de*** angeschlossen wird.
- Die Pronomen ***y*** und ***en*** stehen, wie die Objektpronomen, **vor** dem konjugierten Verb.

§ 53 Die unmittelbare Vergangenheit mit *venir de faire qc*

venir de faire qc

Nous ***venons d'****arriver.*
Wir sind **gerade** angekommen.

Mit *venir de* + Infinitiv des Verbs wird eine Handlung ausgedrückt, die gerade stattgefunden hat.

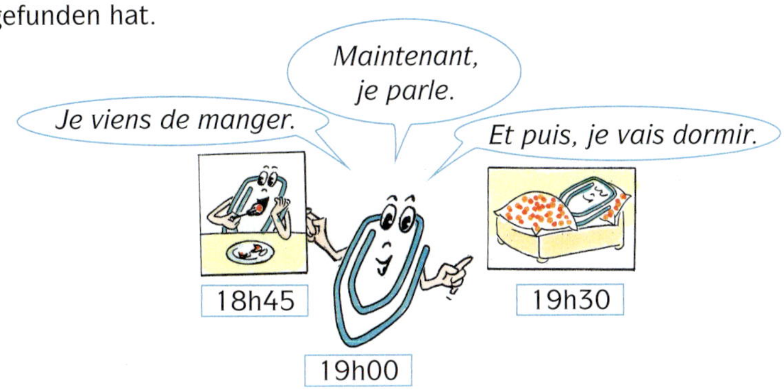

§ 54 Die Relativpronomen *qui, que* und *où*

Les pronoms relatifs «qui», «que» et «où»

Ce sont *des spectateurs*	***qui*** *viennent de la région.* *qui* + Prädikat + Ergänzung
Ce sont *les choses*	***que*** *la caravane lance aux spectateurs.* *que* + Subjekt + Prädikat + Ergänzung
C'est *une ville*	***où*** *on trouve deux vélo clubs.* *où* + Subjekt + Prädikat + Ergänzung

- Das Relativpronomen *qui* ist das **Subjekt des Relativsatzes** und bezieht sich auf ein vorangehendes maskulines oder feminines Substantiv im Singular oder Plural.
- Das Relativpronomen *que* ist das **direkte Objekt des Relativsatzes** und bezieht sich auf ein vorangehendes maskulines oder feminines Substantiv im Singular oder Plural.
- Das Relativpronomen *où* bezieht sich auf eine **vorangehende Ortsangabe.**

Das Relativpronomen *que* wird vor Vokal und stummem *h* zu *qu'*.

Exemple: C'est la ville ***qu'****il cherche sur le plan.*

§55 Das *imparfait (c'était ..., il y avait ..., il / elle pouvait ...)*

L'imparfait (c'était ..., il y avait ..., il / elle pouvait ...)

	1. Person Plural	*imparfait*	
avoir	*n~~ou~~s **av** -~~on~~s*	*il y*	*av -ait*
pouvoir	*n~~ou~~s **pouv**-~~on~~s*	*il / elle / on*	*pouv-ait*

Das *imparfait* ist eine Zeitform der Vergangenheit. Es wird abgeleitet vom Stamm der 1. Person Plural im Präsens. In der 3. Person Singular wird die Endung *-ait* angehängt.

Exemple: C'était en hiver.

§56 Die indirekte Rede und Frage (1)

Le discours indirect (1)

		Ils	*font*	*une promenade.*
*Elle **dit***	***qu'***	*ils*	*font*	*une promenade.*
		S	P	O
Est-ce que		*Guillaume*	*aime*	*Noémie?*
*Elle **demande***	***si***	*Guillaume*	*aime*	*Noémie.*

Wenn man wiedergeben will, was eine andere Person sagt oder fragt, wird die indirekte Rede oder Frage verwendet. Die indirekte Rede wird mit *que / qu'* (Aussage) oder *si / s'* (Frage) eingeleitet.

Abweichend vom Deutschen bleibt nach *que* und *si* die Satzgliedfolge (Subjekt – Prädikat – Objekt) erhalten.

In der indirekten Frage entfallen *est-ce que* und das Fragezeichen.
Das Einleitewort *si* wird vor *ils* und *il* zu *s'*.

Exemple: Est-ce qu'il m'aime?
*Elle demande **s'il** l'aime.*

Grammaire-annexe

Die Pronomen • *Les pronoms*

Die verbundenen Personalpronomen / Subjektpronomen

<table>
<tr><td></td><td colspan="3">Singular</td><td colspan="2">Plural</td></tr>
<tr><td></td><td colspan="2">maskulin</td><td>feminin</td><td>maskulin</td><td>feminin</td></tr>
<tr><td>1. P.</td><td colspan="3">je / j'</td><td colspan="2">nous</td></tr>
<tr><td>2. P.</td><td colspan="3">tu</td><td colspan="2">vous</td></tr>
<tr><td>3. P.</td><td>il</td><td>on</td><td>elle</td><td>ils</td><td>elles</td></tr>
</table>

Die unverbundenen Personalpronomen / Subjektpronomen

<table>
<tr><td></td><td colspan="2">Singular</td><td colspan="2">Plural</td></tr>
<tr><td></td><td>maskulin</td><td>feminin</td><td>maskulin</td><td>feminin</td></tr>
<tr><td>1. P.</td><td colspan="2">moi</td><td colspan="2">nous</td></tr>
<tr><td>2. P.</td><td colspan="2">toi</td><td colspan="2">vous</td></tr>
<tr><td>3. P.</td><td>lui</td><td>elle</td><td>eux</td><td>elles</td></tr>
</table>

Die direkten Objektpronomen

<table>
<tr><td></td><td colspan="3">Singular</td><td colspan="2">Plural</td></tr>
<tr><td></td><td colspan="2">maskulin</td><td>feminin</td><td>maskulin</td><td>feminin</td></tr>
<tr><td>1. P.</td><td colspan="3">me / m'</td><td colspan="2">nous</td></tr>
<tr><td>2. P.</td><td colspan="3">te / t'</td><td colspan="2">vous</td></tr>
<tr><td>3. P.</td><td>le</td><td>l'</td><td>la</td><td colspan="2">les</td></tr>
</table>

Die indirekten Objektpronomen

<table>
<tr><td></td><td colspan="2">Singular</td><td colspan="2">Plural</td></tr>
<tr><td></td><td>maskulin</td><td>feminin</td><td>maskulin</td><td>feminin</td></tr>
<tr><td>1. P.</td><td colspan="2">me / m'</td><td colspan="2">nous</td></tr>
<tr><td>2. P.</td><td colspan="2">te / t'</td><td colspan="2">vous</td></tr>
<tr><td>3. P.</td><td colspan="2">lui</td><td colspan="2">leur</td></tr>
</table>

Die Präpositionen • *Les prépositions*

		Ortsangabe	
Französisch	**Deutsch**	**Französisch**	**Deutsch**
à	in	*à côté de*	neben
à cause de	wegen	*à droite de*	rechts von
après	nach (zeitl.)	*à gauche de*	links von
avant	vor (zeitl.)	*dans*	in
avec	mit	*derrière*	hinter
chez	bei	*devant*	vor
contre	gegen	*en face de*	gegenüber von
de	von, aus	*entre*	zwischen
depuis	seit	*loin de*	weit entfernt von
en	in	*près de*	nahe bei
jusqu'à	bis	*sous*	unter
pour	für	*sur*	über
sans	ohne	*tout droit*	geradeaus
		vers	zu (Richtung)

Grammaire-annexe

Die Adjektive • *Les adjectifs*

1. Regelmäßige Adjektivformen

	maskulin	feminin	Du kennst schon:
Singular	Adjektiv	Adjektiv + e	*allemand, amusant, anglais, bleu, blond, brun, certain, chaud, court, espagnol, français, froid, génial, gourmand, grand, gris, important, intéressant, joli, jumelé, mauvais, noir, petit, seul, vert, vrai*
Plural	Adjektiv + s	Adjektiv + es	

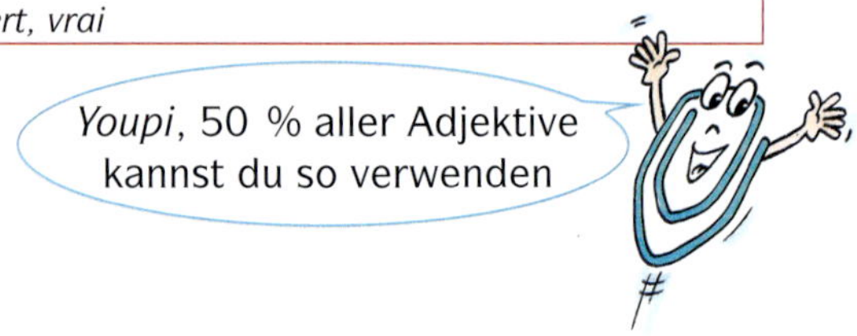

2. Regelmäßige Adjektive auf *-e*

	maskulin	feminin	Du kennst schon:
Singular	Adjektiv	Adjektiv	*arabe, belge, célèbre, classique, difficile, drôle, égoïste, facile, formidable, jaune, jeune, libre, magique, moche, moderne, pauvre, raciste, rouge, sympathique*
Plural	Adjektiv + s	Adjektiv + s	

3. Unregelmäßige Formen

maskuline Endung	feminine Endung	ebenso:
-n	*-nne*	*bon*
-l	*-lle*	*nul*
-f	*-ve*	*actif, sportif*
-eux	*-euse*	*amoureux, curieux, ennuyeux, furieux, joyeux, heureux*
-et	*-ette*	*violet*
-ain [ɛ̃]	*-aine* [ɛn]	*prochain*
-ier [je]	*-ière* [jɛr]	*dernier, premier*

4. Sonderfälle

maskulin	feminin
• *blanc*	– *blanche*
• *beau / bel*	– *belle*
• *cher*	– *chère*
• *gentil* [ʒɑ̃ti]	– *gentille* [ʒɑ̃tij]
• *long*	– *longue*
• *nouveau / nouvel*	– *nouvelle*
• *vieux / vieil*	– *vieille*

Grammaire-annexe

Die Verneinung • *La négation*

	bejaht	verneint	
		ne … pas	nicht
unbestimmterArtikel	*un / une / des* →	*ne … pas de*	kein, keine
schon	*déjà* →	*ne … pas enore*	noch nicht
immer	*toujours* →	*ne … jamais*	nie(mals)
manchmal	*quelquefois* →		
alles	*tout* →	*ne … rien*	nichts
etwas	*quelque chose* →		
noch	*encore* →	*ne … plus*	nicht mehr
		ne … plus de	keine … mehr
jemand	*quelqu'un* →	*ne … personne*	niemand, keiner

Die Fragebildung • *L'interrogation*

Die Entscheidungsfrage • *L'interrogation totale*

Intonationsfrage	Frage mit *est-ce que*	Inversionsfrage
Ça va?		
Tu aimes la danse?	*Est-ce que tu aimes la danse?*	*Aimes-tu la danse?*
	Est-ce qu' ils ont cours toute la journée?	*Ont-ils cours toute la journée?*

Die Teilfrage • *L'interrogation partielle*

Frage mit nachgestelltem Fragewort	Frage mit *est-ce que*	Inversionsfrage
C'est qui?		
Tu fais quoi?	*Qu'est-ce que tu fais?*	*Que fais-tu?*
Vous travaillez où?	*Où est-ce que vous travaillez?*	*Où travaillez-vous?*
Tu t'appelles comment?	*Comment est-ce que tu t'appelles?*	*Comment appelle-t-on la 1re classe au collège?*
	Pourquoi est-ce que tu travailles?	

Fragewörter • *Les pronoms interrogatifs*

combien?	wie viel?	*quand?*	wann?
comment?	wie?	*quel, quelle, quels, quelles?*	welche,r,s?
d'ou?	woher?	*qui?*	wer?
où?	wo?	*à, chez, de qui?*	mit, bei, von wem?
pourquoi?	warum?	*pour qui?*	für wen?
qu'est-ce que?	was?	*quoi?*	was?

Grammaire-annexe

Die unregelmäßigen Verben • *Les verbes irréguliers*

infinitif		présent		passé composé
aller *(gehen)*	→ §I/34	je **vais** tu **vas** il/elle **va**	nous allons vous allez ils/elles **vont**	je **suis** allé**(e)**
avoir *(haben)*	→ §I/27	j' **ai** tu **as** il/elle **a**	nous avons vous avez ils/elles **ont**	j'ai **eu**
boire *(trinken)*	→ §II/23	je bois tu bois il/elle boit	nous **buvons** vous **buvez** ils/elles boivent	j'ai **bu**
connaître *(kennen)*	→ §II/41	je connais tu connais il/elle connaît	nous connai**ss**ons vous connai**ss**ez ils/elles connai**ss**ent	j'ai **connu**
dire *(sagen)*	→ §II/18	je dis tu dis il/elle dit	nous **disons** vous **dites** ils/elles **disent**	j'ai **dit**
devoir *(müssen)*	→ §II/47	je **dois** tu **dois** il/elle **doit**	nous devons vous devez ils/elles **doivent**	j'ai **dû**
écrire *(schreiben)*	→ §II/18	j' écris tu écris il/elle écrit	nous écri**v**ons vous écri**v**ez ils/elles écri**v**ent	j'ai **écrit**
être *(sein)*	→ §I/9	je **suis** tu **es** il/elle **est**	nous **sommes** vous **êtes** ils/elles **sont**	j'ai **été**
faire *(machen)*	→ §I/24	je **fais** tu **fais** il/elle **fait**	nous **faisons** vous **faites** ils/elles **font**	j'ai **fait**
lire *(lesen)*	→ §II/18	je lis tu lis il/elle lit	nous li**s**ons vous li**s**ez ils/elles li**s**ent	j'ai **lu**
mettre *(setzen, stellen, legen)* ***ebenso:*** permettre *(erlauben)*	→ §I/47	je mets tu mets il/elle met	nous me**tt**ons vous me**tt**ez ils/elles me**tt**ent	j'ai **mis**

Grammaire-annexe

Die unregelmäßigen Verben • *Les verbes irréguliers*

infinitif		présent				passé composé
ouvrir *(öffnen)* ***ebenso:*** offrir *(anbieten, schenken)*	→ §II/26	j' tu il/elle	ouvr**e** ouvr**es** ouvr**e**	nous vous ils/elles	ouvrons ouvrez ouvrent	j'ai **ouvert**
plaire ***(3. Person)*** *(gefallen)*	→ §II/39	il/elle	plaît	nous	plai**s**ent	il / elle a **plu**
pleuvoir *(regnen)*	→ §II/27	il	**pleut**			il a **plu**
pouvoir *(können)*	→ §I/51	je tu il/elle	**peux** **peux** **peut**	nous vous ils/elles	pouvons pouvez **peuvent**	j'ai **pu**
prendre *(nehmen)* ***ebenso:*** apprendre *(lernen)*, comprendre *(verstehen)*	→ §I/37	je tu il/elle	prends prends prend	nous vous ils/elles	**prenons** **prenez** pre**nn**ent	j'ai **pris**
savoir *(wissen/ können)*	→ §II/6	je tu il/elle	**sais** **sais** **sait**	nous vous ils/elles	savons savez savent	j'ai **su**
venir *(kommen)* ***ebenso:*** tenir *(halten)*	→ §II/32	je tu il/elle	**viens** **viens** **vient**	nous vous ils/elles	venons venez **viennent**	je **suis venu(e)** j'ai **tenu**
voir *(sehen)*	→ §II/24	je tu il/elle	vois vois voit	nous vous ils/elles	**voyons** **voyez** voient	j'ai **vu**
vouloir *(wollen)*	→ §I/51	je tu il/elle	**veux** **veux** **veut**	nous vous ils/elles	voulons voulez **veulent**	j'ai **voulu**

Vocabulaire

Erklärung der verwendeten Symbole und Abkürzungen

*	Die mit einem Sternchen gekennzeichneten Wörter und Ausdrücke gehören zum rezeptiven Wortschatz.
⚡	bedeutet „Achtung! / Aufgepasst!“ und kennzeichnet Besonderheiten oder mögliche Fehlerquellen.
🇩🇪 🇬🇧	Die Fahnen stehen vor ähnlich lautenden Wörtern, die vermutlich aus dem Deutschen oder Englischen bekannt sind.
=	bezeichnet Wörter und Ausdrücke mit gleicher oder ähnlicher Bedeutung.
≠	bezeichnet Wörter und Ausdrücke mit anderer oder gegensätzlicher Bedeutung.
m	ist die Abkürzung für „maskulin“ und bezeichnet das männliche Geschlecht eines Substantivs. Als Eselsbrücke kannst du dir merken: **m** → Mann.
f	ist die Abkürzung für „feminin“ und bezeichnet das weibliche Geschlecht eines Substantivs. Als Eselsbrücke kannst du dir merken: **f** → Frau.
pl	ist die Abkürzung für *pluriel*. Es gibt französische Wörter, die nur eine Plural-, aber keine Singularform besitzen.
adj.	*adjectif* (Adjektiv)
adv.	*adverbe* (Adverb)
qc	*quelque chose*
qn	*quelqu'un*
fam.	*familier* (umgangssprachlicher Wortgebrauch)
jdn	jemanden
jdm	jemandem
ugs.	umgangssprachlich
P.	Person
Pl.	Plural
Sg.	Singular
Pron.	Pronomen
Abk.	Abkürzung
Engl.	Englisch
Frz.	Französisch

1 A

rigolo [rigɔlo]	lustig	La colo – c'est rigolo! ⚡ *im Plural ohne -s*
la bienvenue [bjɛ̃v(ə)ny]	das Willkommen	Bienvenue à la colonie.
le / la jeune [ʒœn]	der / die Jugendliche	Bonjour, les jeunes!
vous [vu]	*unverb. Personalpron. 2. P. Pl.*	Et **vous**, vous êtes d'où?
elle [ɛl]	*unverb. Personalpron. 3. P. Sg., f*	**Elle**, elle est de Lille.
lui [lɥi]	*unverb. Personalpron. 3. P. Sg., m*	Et **lui**, c'est qui?
le moniteur [mɔnitœr]	der Betreuer	C'est notre moniteur.
le bagage [bagaʒ]	das (Reise)Gepäck	Vous mettez vos bagages dans les chambres. 🇬🇧 ba**gg**age ⚡ *andere Schreibweise im Engl.*
le nom [nõ]	der Name	
le prénom [prenõ]	der Vorname	
ce soir [səswar]	heute Abend	Ce soir, on va au cinéma.
le jeu [ʒø]	das Spiel	
amusant [amyzɑ̃]	unterhaltsam	faire des jeux amusants
la plage [plaʒ]	der Strand	On va aller à la plage.
le volley [vɔlɛ]	der Volleyball	
la carte [kart(ə)]	die Karte, *hier:* Spielkarte	jouer aux cartes
le tournoi [turnwa]	das Turnier	un grand tournoi de volley
faire du cheval [fɛrdyʃ(ə)val]	reiten	
ce matin [s(ə)matɛ̃]	heute Morgen	
nous [nu]	*unverb. Personalpron. 1. P. Pl.*	**Nous**, nous jouons ensemble.
l'équipe *f* [ekip]	die Mannschaft	Nous jouons ensemble dans une équipe.
eux [ø]	*unverb. Personalpron. 3. P. Pl., m*	Et **eux**, ils jouent avec nous.
le hobby ['ɔbi], **les hobbies**	das Hobby	🇩🇪 Hobby, ⚡ Hobbys
attention [atɑ̃sjõ]	Achtung	Faites attention!
oublier qc / qn [ublijekɛlkəʃoz/kɛlkɛ̃]	etw. / jdn vergessen	

*la crème solaire [krɛmsɔlɛr]	die Sonnencreme	N'oubliez pas la crème solaire.
penser à qc / qn [pɑ̃se(r)akɛlkəʃoz/akɛlkɛ̃]	an etw. / jdn denken	Tu penses au volley.
important,e [ɛ̃pɔrtɑ̃, ɛ̃pɔrtɑ̃t]	wichtig	C'est un tournoi important. 🇬🇧 important
nager [naʒe]	schwimmen	Les jeunes peuvent nager.
parler de qc / qn [parled(ə)kɛlkəʃoz/d(ə)kɛlkɛ̃]	über etw. / jdn sprechen	Les jeunes parlent de leurs hobbies.
rêver de qc / qn [rɛve / reve]	von etw. / jdm träumen	Ils rêvent des vacances.
le sable [sabl(ə)]	der Sand	un château de sable
tout à coup [tutaku]	plötzlich	
pauvre [povr(ə)]	arm	Pauvre Lucien!
elles [ɛl(z)]	*unverb. Personalpron. 3. P. Pl., f*	Qui va jouer avec **elles**?

1B

le garçon [garsɔ̃]	*hier:* der Kellner	
savoir qc [savwar]	etw. wissen	Vous le savez déjà?
je sais [ʒəsɛ]		
tu sais [tysɛ]		
il / elle / on sait [il/ɛl/ɔ̃sɛ]		
nous savons [nusavɔ̃]		
vous savez [vusave]		
ils / elles savent [il/ɛlsav]		
l'orangina *m* [ɔrɑ̃ʒina]	*Getränk*	*Orangenlimonade*
le diabolo [djabɔlo]	*Getränk*	*Limonade mit Sirup*
la fraise [frɛz]	die Erdbeere	Je prends un diabolo fraise, s'il vous plaît!
les gens *m pl* [ʒɑ̃]	die Leute	Regardez les gens.
le bateau [bato]	das Schiff	
le garçon [garsɔ̃]	der Junge	un garçon très sympa
descendre de qc [desɑ̃dr(ə) / dɛsɑ̃dr(ə)]	herunterkommen / etw. hinabsteigen	Il descend du bateau.
Zut! *(fam.)* [zyt]	Mist! *(ugs.)*	
*Bof! *(fam.)* [bɔf]	Na ja! *(ugs.)*	
*la star [star]	der Star	
*la fondation [fɔ̃dasjɔ̃]	die Stiftung	la Fondation Maeght [magd]
la sculpture [skyltyr]	die Skulptur	des sculptures très drôles
le guide [gid]	der Reiseführer	C'est dans le guide de papa.
là-bas [laba]	dort(hin) / da hinten	Je vais là-bas.
le port [pɔr]	der Hafen	
rencontrer qn [rɑ̃kɔ̃tre]	jdn treffen	
célèbre [selɛbr(ə)]	berühmt	Je vais rencontrer des gens célèbres.
la mode [mɔd]	die Mode	
même [mɛm]	sogar	Elle travaille même pendant les vacances.
pendant [pɑ̃dɑ̃]	während	
hier [(i)jɛr]	gestern	
la carte postale [kart(ə)pɔstal]	die Postkarte	🇬🇧 postcard
le parc [park(ə)]	der Park	
imiter qn [imite]	jdn nachahmen	Ils ont imité les sculptures.
vraiment [vrɛmɑ̃]	wirklich	C'est vraiment un musée pour les jeunes.
le hamburger ['ɑ̃burgœr / 'ɑ̃bœrgœr]	der Hamburger	
Grosses bises. [grosbiz / grozbiz]	Viele Grüße / Küsse!	*In Briefen: Abschiedsgruß unter Freunden*

Vocabulaire

2A

septembre *m* [sɛptɑ̃bʀ(ə)]	September	au mois de septembre / en septembre
sonner [sɔne]	klingeln	Le portable sonne.
le sac [sak]	die Tasche	
heureux,se [øʀø / œʀø, øʀøz / œʀøz]	glücklich	Marie est heureuse.
la rentrée [ʀɑ̃tʀe]	der Schulanfang	
le texto [tɛksto]	die SMS	
seulement [sœlmɑ̃]	nur / erst	
le message [mesaʒ / mɛsaʒ]	die Nachricht	🇬🇧 message
curieux,se [kyʀjø, kyʀjøz]	neugierig	Tu es trop curieuse.
amoureux,se [amuʀø, amuʀøz]	verliebt	Tu es amoureuse?
*Tu parles. *(fam.)* [typaʀl(ə)]	Was du nicht sagst! *(ugs.)*	
tout [tu(t)]	alles	C'est tout.
*Coucou! *(fam.)* [kuku]	Huhu! *(ugs.)*	
la journée [ʒuʀne]	der Tag	⚡ *La journée* wird verwendet, wenn der Tag im Verlauf betrachtet wird.
cher, chère [ʃɛʀ]	teuer	
le ciné *(Abk.) (fam.)* [sine]	das Kino	Abk. für *cinéma*
la pyramide [piʀamid]	die Pyramide	
la personne [pɛʀsɔn]	die Person	🇬🇧 person ⚡ *andere Schreibweise im Engl.*
le film [film(ə)]	der Film	🇬🇧 film ≠ 🇺🇸 movie
durer [dyʀe]	dauern	Le film dure 120 minutes.
la fin [fɛ̃]	das Ende	à la fin
vrai,e [vʀɛ]	wahr	
*le marathon [maʀatɔ̃]	der Marathon	180 minutes de film, c'est un vrai marathon.
Quoi? *(fam.)* [kwa]	Was? *(ugs.)*	
la poche [pɔʃ]	die Tasche	dans la poche
le pop-corn [pɔpkɔʀn(ə)]	das Popcorn	🇬🇧 pop-corn ⚡ *im Plural ohne -s*
le gourmand [guʀmɑ̃]	der Schlemmer	Florian est un gourmand.
l'autre *m / f* [otʀ(ə)]	andere,r,s; *hier:* noch ein	Florian a mangé une autre glace.
commencer qc [kɔmɑ̃se]	etw. beginnen	Le film a commencé à 14 heures.
avant [avɑ̃]	vor / vorher	avant le film
*faire le numéro de qn [fɛʀlənymeʀod(ə)kɛlkɛ̃]	wählen	
la dame [dam]	die Dame / Frau	
furieux,se [fyʀjø, fyʀjøz]	wütend	Elle a été furieuse.
après [apʀɛ]	nach	après le film
voler qc [vɔle]	etw. stehlen	Quelqu'un a volé ton portable?
mille [mil]	tausend	⚡ *im Plural ohne -s*

2B

la police [pɔlis]	die Polizei	à la police 
le policier [pɔlisje]	der Polizist	
perdre qc / qn [pɛʀdʀ(ə)]	etw. / jdn verlieren	Vous avez perdu quelque chose?
depuis [dəpɥi]	seit	depuis hier
partout [paʀtu]	überall	Vous avez cherchez partout?
retourner [ʀətuʀne]	zurückgehen / -kehren	Je suis retourné dans la salle.
environ [ɑ̃viʀɔ̃]	ungefähr	jusqu'à 18 heures environ
alors [alɔʀ]	da / dann	

la déclaration [deklarasjõ]	die Anzeige	faire une déclaration
le formulaire [fɔrmylɛr]	das Formular	Voilà le formulaire.
le vol [vɔl]	der Diebstahl	un formulaire pour le vol
rater qc [rate]	etw. verpassen	On a raté le film.
Dommage! [dɔmaʒ]	Schade!	
trouver qc [truve]	etw. finden	Elle ne trouve pas son portable.
janvier *m* [ʒɑ̃vje]	Januar	
février *m* [fevrije]	Februar	
mars *m* [mars]	März	
avril *m* [avril]	April	
mai *m* [mɛ]	Mai	
juin *m* [ʒɥɛ̃]	Juni	
octobre *m* [ɔktɔbr(ə)]	Oktober	
novembre *m* [nɔvɑ̃br(ə)]	November	
décembre *m* [desɑ̃br(ə)]	Dezember	

3A

mauvais,e [mɔvɛ, mɔvɛz]	schlecht	C'est une mauvaise journée.
l'accident *m* [aksidɑ̃]	der Unfall	Il a eu un accident. accident
*Citroën [sitrɔɛn]	*frz. Automarke*	une Citroën
doubler qn / qc [duble]	jdn / etw. überholen	Une Citroën a doublé les garçons.
faire attention à qc / qn [fɛratɑ̃sjõa]	auf etw. / jdn aufpassen	Il n'a pas fait attention.
renverser qc / qn [rɑ̃vɛrse]	etw. / jdn umwerfen	La Citroën a renversé Adrien.
tomber [tõbe]	fallen	Adrien est tombé.
l'homme *m* [ɔm]	der Mann	
appeler qn [ap(ə)le]	jdn (an)rufen	Il a appelé un médecin.
j'appelle [ʒapɛl]	**nous appelons** [nuzap(ə)lõ]	
tu appelles [tyapɛl]	**vous appelez** [vuzap(ə)le]	
il / elle / on appelle [il/ɛlapɛl / õnapɛl]	**ils / elles appellent** [il/ɛlzapɛl]	
le SAMU [samy]	der Notarzt	*Abk. für* **S**ervice d'**A**ide **M**édicale d'**U**rgence
ensuite [ɑ̃sɥit]	dann / nachher	
vite [vit]	schnell	Tout est allé très vite. 
l'ambulance *f* [ɑ̃bylɑ̃s]	der Krankenwagen	ambulance
le médecin [metsɛ̃ / mɛdsɛ̃]	der Arzt	
le résultat [rezylta]	das Ergebnis	
avoir mal [avwarmal]	Schmerzen haben	J'ai mal.  
le genou [ʒ(ə)nu]	das Knie	
la tête [tɛt]	der Kopf	
la chance [ʃɑ̃s]	das Glück	Tu n'as pas de chance.
dire qc à qn [dir]	jdm etw. sagen	Qu'est-ce que tu dis?
je dis [ʒədi]	**nous disons** [nudizõ]	
tu dis [tydi]	**vous dites** [vudit]	
il / elle / on dit [il/ɛl/õdi]	**ils / elles disent** [il/ɛldiz]	
p.c.: **il / elle a dit** [il/ɛladi]		
lire qc [lir]	etw. lesen	Nous lisons un livre difficile.
je lis [ʒəli]	**nous lisons** [nulizõ]	
tu lis [tyli]	**vous lisez** [vulize]	
il / elle / on lit [il/ɛl/õli]	**ils / elles lisent** [il/ɛlliz]	
p.c.: **il / elle a lu** [il/ɛlaly]		
la voiture [vwatyr]	das Auto	
*demander des nouvelles de qn [d(ə)mɑ̃dedenuvɛldəkɛlkɛ̃]	sich nach jdm erkundigen	Il a demandé de mes nouvelles.

écrire qc à qn [ekrir]	jdm etw. schreiben	Tu ne vas pas écrire l'interro de maths.
j'écris [ʒekri]		
tu écris [tyekri]		
il / elle / on écrit [il/ɛlekri / ɔ̃nekri]		
nous écrivons [nuzekrivɔ̃]		
vous écrivez [vuzekrive]		
ils / elles écrivent [il/ɛlzekriv]		
p.c.: **il / elle a écrit** [il/ɛlaekri]		
bon,ne [bɔ̃, bɔn]	gut	Tu es un bon copain.
rattraper qc [ratrape]	etw. nachholen	Tu vas rattraper les cours.
la chose [ʃoz]	das Ding / die Sache	
difficile [difisil]	schwer	≠ facile
les devoirs *m pl* [dəvwar(ə)]	die Hausaufgaben	
nul,le [nyl]	miserabel, sehr schlecht	Je suis nulle en sciences.
le temps [tɑ̃]	die Zeit	Je n'ai pas le temps.
gentil,le [ʒɑ̃ti, ʒɑ̃tij]	nett	Elle n'est pas gentille.
égoïste [egɔist]	egoistisch	Tu es égoïste.

3 B

*la chance tourne [ʃɑ̃sturn(ə)]	das Blatt wendet sich	
la nouvelle [nuvɛl]	die Nachricht	
le projet [prɔʒɛ]	das Projekt	un projet génial
la comédie musicale [kɔmedimyzikal]	das Musical	
nous [nu]	*indirektes Objektpron. 1. P. Pl.*	La prof **nous** donne le texte.
le texte [tɛkst(ə)]	der Text	
le rôle [rol]	die Rolle	
quel, quelle, quels, quelles [kɛl(z)]	welche,r,s	Quelles scènes, quels costumes?
la scène [sɛn]	die Szene	
le costume [kɔstym]	das Kostüm	
te / t' [t(ə)]	*indirektes Objektpron. 2. P. Sg.*	Je **te** donne le DVD. Je **t'**apporte le DVD.
apporter qc à qn [apɔrte]	jdm etw. bringen	
le mél [mɛl] / **l'e-mail** [imɛl]	die E-Mail	*Offiziell empfohlene Schreibweise:* mél, *Abk. für* **m**essage **él**ectronique ⚡ *im Plural ohne -s. In Umgangssprache meist:* e-mail.
seul,e [sœl]	allein	Je suis seul avec Minou.
ennuyeux,se [ɑ̃nɥijø, ɑ̃nɥijøz]	langweilig	Quelle journée ennuyeuse!
me / m' [m(ə)]	*indirektes Objektpron. 1. P. Sg.*	Tu **me** donnes le DVD? Tu **m'**apportes le DVD?
lui [lɥi]	*indirektes Objektpron. 3. P. Sg., m / f*	Ils **lui** expliquent les rôles.
expliquer qc à qn [ɛksplike]	jdm etw. erklären	
*l'arabe *m* [arab]	der Araber	
raciste [rasist(ə)]	rassistisch	
la béquille [bekij]	die Krücke	
parfait,e [parfɛ, parfɛt]	perfekt	
vous [vu]	*indirektes Objektpron. 2. P. Pl.*	Je **vous** écris un mél.
leur [lœr]	*indirektes Objektpron. 3. P. Pl., m / f*	Je ne **leur** écris pas.

4 A

*Quelle ville! [kɛlvil]	Was für eine Stadt!	
gourmand,e [gurmɑ̃, gurmɑ̃d]	schlemmerisch	Lille gourmande
moderne [mɔdɛrn(ə)]	modern	une ville moderne
l'Europe *f* [ørɔp]	Europa	🇬🇧 Europe
jumelé,e [ʒym(ə)le]	Partner-	une ville jumelée

le car [kar]	der Reisebus	Le car arrive. 
*Cologne [kɔlɔɲ]	*frz. Name für* Köln	
*Liège [ljɛʒ]	*frz. Name für* Lüttich	Stadt in Belgien
inviter qn [ɛ̃vite]	jdn einladen	inviter des amis
belge [bɛlʒ(ə)]	belgisch	des jeunes belges
la compétition [kõpetisjõ]	der Wettkampf	
la rencontre [rɑ̃kõtr(ə)]	die Begegnung	
le lycée professionnel [liseprɔfesjɔnɛl / prɔfɛsjɔnɛl]	*frz. Berufsschule*	**savoir vivre** Nach Abschluss des *collège* besteht die Möglichkeit das *lycée* oder das *lycée professionnel* zu besuchen. Das *lycée professionnel* bereitet in 2 Jahren auf die Abschlüsse *CAP* oder *BEP* vor.
la région [reʒjõ]	die Region	
le marché [marʃe]	der Markt	aller au marché
l'excursion *f* [ɛkskyrsjõ]	die Exkursion / der Ausflug	faire une excursion
la Belgique [bɛlʒik]	Belgien	en Belgique
*voici [vwasi]	hier	
Comment vas-tu? [kɔmɑ̃vaty]	Wie geht es dir?	*Inversionsfrage*
la faim [fɛ̃]	der Hunger	Tu as faim?
la soif [swaf]	der Durst	Vous avez soif?
la gaufre [gofr(ə)]	die Waffel	manger des gaufres 
*le menuisier [mənɥizje]	der Tischler / Schreiner	
le travail [travaj]	die Arbeit	
la clé [kle]	der Schlüssel	Tu as les clés de la voiture?
boire qc [bwar]	etw. trinken	Je bois beaucoup de coca.
je bois [ʒəbwa]		
tu bois [tybwa]		
il / elle / on boit [il/ɛl/õbwa]		
nous buvons [nubyvõ]		
vous buvez [vubyve]		
ils / elles boivent [il/ɛlbwav]		
p.c.: **il / elle a bu** [il/ɛlaby]		
passer qc à qn [pase]	jdm etw. reichen	Tu me passes la bouteille, s'il te plaît.
le repas [r(ə)pa]	das Essen	le repas du soir
*la salade niçoise [saladniswaz]	Nizza-Salat	*frz. Salat-Spezialität mit Thunfisch*
la compote [kõpɔt]	das Kompott	
*C'est normal. [sɛ / senɔrmal]	Das ist normal.	
souvent [suvɑ̃(t)]	oft	Nous mangeons souvent de la charcuterie.
la charcuterie [ʃarkytri]	der Aufschnitt	
le dîner [dine]	das Abendessen	dinner; ⚡ *andere Schreibweise im Engl.*
le plat [pla]	*hier:* das Gericht	
chaud,e [ʃo, ʃod]	warm / heiß	J'aime le chocolat chaud.
les pâtes *f pl* [pat]	die Nudeln	
le légume [legym]	das Gemüse	On mange des légumes.
le gâteau [gato]	der Kuchen	
voir qc / qn [vwar]	etw. / jdn sehen	On va voir les Géants.
je vois [ʒəvwa]		
tu vois [tyvwa]		
il / elle / on voit [il/ɛl/õvwa]		
nous voyons [nuvwajõ]		
vous voyez [vuvwaje]		
ils / elles voient [il/ɛlvwa]		
p.c.: **il / elle a vu** [il/ɛlavy]		

la natation [natasjɔ̃]	das Schwimmen	
*les Géants *m pl* [ʒeɑ̃]	die Riesen	
montrer qc à qn [mɔ̃tre]	jdm etw. zeigen	Tu me montres une photo.
l'activité *f* [aktivite]	die Aktivität / Tätigkeit	
l'arrivée *f* [arive]	die Ankunft	
le centre [sɑ̃tr(ə)]	das Zentrum	*hier:* le centre-ville = *Stadtzentrum*
sportif, sportive [spɔrtif, spɔrtiv]	sportlich	le centre sportif
*l'atelier *m* [atəlje]	die Werkstatt	
*la sortie [sɔrti]	*hier:* das Herauskommen	
le départ [depar]	die Abfahrt	

4 A Activités

le milli (-litre, -gramme) [mililitr(ə), miligram]	der / das Milli (-liter, -gramm)	

4 B

en face (de) [ɑ̃fas d(ə)]	gegenüber (von)	en face de la piscine
*Ouf! *(fam.)* [uf]	Uff! *(ugs.)*	
gagner qc [gaɲe]	etw. gewinnen	J'ai gagné une compétition.
le timbre [tɛ̃br(ə)]	die Briefmarke	
la mairie [mɛri / meri]	das Rathaus / die Stadtverwaltung	
la pâtisserie [patisri]	die Konditorei	
loin (de) [lwɛ̃ d(ə)]	weit weg (von)	C'est loin d'ici?
tout droit [tudrwa]	geradeaus	aller tout droit
tourner [turne]	abbiegen	Là, tu tournes à gauche.
passer [pase]	vorbeigehen	Tu passes devant le théâtre.
traverser qc [travɛrse]	etw. über- / durchqueren	traverser une place
te / t' [t(ə)]	*direktes Objektpron. 2. P. Pl.*	Je **te** vois. Je **t'**attends.
l'ascenseur *m* [asɑ̃sœr]	der Fahrstuhl	
la construction [kɔ̃stryksjɔ̃]	das Bauwerk	une grande construction
monter [mɔ̃te]	aufsteigen	≠ descendre
la salle de machines [saldəmaʃin]	der Maschinenraum	
la promenade [prɔmnad]	der Spaziergang	*hier:* promenade en bateau = *Schiffsfahrt*
cher, chère [ʃɛr]	*hier:* lieber, liebe	*in der Anrede z.B. im Brief*
ça suffit [sasyfi]	das reicht	
ouvrir qc [uvrir]	etw. öffnen	ouvrir une bouteille
j'ouvre [ʒuvr]		
tu ouvres [tyuvr]		
il / elle ouvre [il/ɛluvr]		
nous ouvrons [nuzuvrɔ̃]		
vous ouvrez [vuzuvre]		
ils / elles ouvrent [il/ɛlzuvr]		
p.c.: **il / elle a ouvert** [il/ɛlauvɛr]		
la fenêtre [f(ə)nɛtr(ə)]	das Fenster	Ouvre la fenêtre, s'il te plaît. ⚡ *Aussprache:* **une** fen**ê**tre [ynfənɛtr(ə)]
*Ça y est! [saiɛ / sajɛ]	Geschafft!	
discuter [diskyte]	diskutieren	Ils discutent encore.
*200 mètres nage libre [døsɑ̃mɛtrənaʒlibr(ə)]	200 Meter Freistil	
bravo [bravo]	bravo	
*Hein? *(fam.)* ['ɛ̃]	Hä? *(ugs.)*	
si [si]	doch	

offrir qc à qn [ɔfrir]	jdm etw. anbieten	Je t'offre quelque chose?
j'offre [ʒɔfr]		
tu offres [tyɔfr]		
il / elle offre [il/ɛlɔfr]		
nous offrons [nuzɔfrõ]		
vous offrez [vuzɔfre]		
ils / elles offrent [il/ɛlzɔfr]		
p.c.: **il / elle a offert** [il/ɛlaɔfɛr]		
me / m' [m(ə)]	*direktes Objektpron. 1. P. Sg.*	Tu **me** vois? Tu **m'**attends au cinéma?
nous [nu]	*direktes Objektpron. 1. P. Pl.*	Vous **nous** invitez?
vous [vu]	*direktes Objektpron. 2. P. Pl.*	Oui, nous **vous** invitons.

5A

la nature [natyr]	die Natur	nature
l'hiver *m* [ivɛr]	der Winter	en hiver
*quatrième [katrijɛm / katriɛm]	vierte, *hier: Bezeichnung für Klassenstufe*	
*le Parc naturel régional [park(ə)natyrɛlreʒjɔnal]	das Naturschutzgebiet / der Regionalpark	
le séjour [seʒur]	der Aufenthalt	
*scolaire [skɔlɛr]	Schul-	*hier:* le séjour scolaire = *der Schulausflug*
l'animal *m* [animal], **les animaux** [animo]	das Tier	animal
la station météo [stasjõmeteo]	die Wetterstation	
partir [partir]	weg-, fortgehen / abfahren	Nous partons maintenant.
je pars [ʒəpar]		
tu pars [typar]		
il / elle / on part [il/ɛl/õpar]		
nous partons [nupartõ]		
vous partez [vuparte]		
ils / elles partent [il/ɛlpart]		
p.c.: **il est parti / elle est partie** [il/ɛlɛparti / il/ɛleparti]		
l'animateur *m* [animatœr]	der Betreuer / Leiter	
tout, toute, tous, toutes [tu(t), tut, tu / tus / tuz, tut / tutz]	alle	toutes vos questions
pleuvoir [pløvwar / plœvwar]	regnen	Il pleut.
le temps [tɑ̃]	das Wetter	Quel mauvais temps!
Quel temps fait-il? [kɛltɑ̃fɛtil]	Wie ist das Wetter?	
la température [tɑ̃peratyr]	die Temperatur	Quelle est la température là-bas?
le nuage [nɥaʒ]	die Wolke	
neiger [neʒe / nɛʒe]	schneien	
le degré [dəgre]	der Grad	
la météo [meteo]	die Wettervorhersage	
la neige [nɛʒ]	der Schnee	
la luge [lyʒ]	der Schlitten	
la bataille [bataj]	die Schlacht	
la boule de neige [buldənɛʒ]	der Schneeball	une bataille de boules de neige
moins [mwɛ̃(z)]	minus	-10° = moins dix degrés
le snowboard [snobɔrd]	das Snowboard	
le ski [ski]	der Schi / Ski	Je fais du ski.
le sport d'hiver [spɔrdivɛr]	der Wintersport	J'aime les sports d'hiver.
dormir [dɔrmir]	schlafen	
je dors [ʒədɔr]		
tu dors [tydɔr]		

il / elle / on dort [il/ɛl/õdɔr]		
nous dormons [nudɔrmõ]		
vous dormez [vudɔrme]		
ils / elles dorment [il/ɛldɔrm]		
p.c.: **il / elle a dormi** [il/ɛladɔrmi]		
tard [tar]	spät	Il est allé très tard au lit.
le lièvre [ljɛvr(ə)]	der Hase	
la saison [sɛzõ / sezõ]	die Jahreszeit	
le printemps [prɛ̃tɑ̃]	der Frühling	au printemps
l'été *m* [ete]	der Sommer	en été
l'automne *m* [otɔn]	der Herbst	en automne
l'année *f* [ane]	das Jahr	⚡ *L'année* wird verwendet, wenn das Jahr im Verlauf betrachtet wird.
la trace [tras]	die Spur	
l'éléphant *m* [elefɑ̃]	der Elefant	
l'idiot *m* [idjo]	der Blödmann	
le renard [r(ə)nar]	der Fuchs	
la leçon [l(ə)sõ]	die Lektion	
avoir raison [avwarrɛzõ]	Recht haben	Elle a raison.
*Pfut! *(fam.)* [pfyt]	Pah! *(ugs.)*	*Ausdruck der Verärgerung*
sortir [sɔrtir]	hinausgehen / herauskommen / ausgehen	Ils ne sortent pas souvent.
je sors [ʒəsɔr]		
tu sors [tysɔr]		
il / elle / on sort [il/ɛl/õsɔr]		
nous sortons [nusɔrtõ]		
vous sortez [vusɔrte]		
ils / elles sortent [il/ɛlsɔrt]		
p.c.: **il est sorti / elle est sortie** [il/ɛlɛsɔrti / il/ɛlesɔrti]		
*Hop! *(fam.)* ['ɔp]	Hop! *(ugs.)*	
*donner à manger à qn [dɔne(r)amɑ̃ʒeakɛlkɛ̃]	jdn füttern	
l'heure *f* [œr]	*hier:* die Uhrzeit	l'heure du repas
il fait beau [ilfɛbo]	Es / Das Wetter ist schön.	
le soleil [sɔlɛj]	die Sonne	
froid,e [frwa, frwad]	kalt	≠ chaud Il fait froid.

5B

observer qc / qn [ɔpsɛrve]	etw. / jdn beobachten	
libre [libr(ə)]	frei	*hier: temps libre* = Freizeit Ils ont du temps libre.
certain,s, certaine,s [sɛrtɛ̃, sɛrtɛ̃z, sɛrtɛn, sɛrtɛnz]	manche,r,s	
le bonhomme de neige [bɔnɔmdənɛʒ]	der Schneemann	
venir [v(ə)nir]	kommen	Je viens avec vous.
je viens [ʒəvjɛ̃]		
tu viens [tyvjɛ̃]		
il / elle / on vient [il/ɛl/õvjɛ̃]		
nous venons [nuvənõ]		
vous venez [vuvəne]		
ils / elles viennent [il/ɛlvjɛn]		
p.c.: **il est venu / elle est venue** [il/ɛlɛvəny / il/ɛlevəny]		
ne ... plus [n(ə)...ply]	nicht mehr	**Ne** parlez **plus**!
l'appareil photo *m* [aparɛjfɔto]	der Fotoapparat	Prenez vos appareils photo.

tenir qc [t(ə)nir]	etw. halten	Je tiens mon sac.
je tiens [ʒətjɛ̃]		
tu tiens [tytjɛ̃]		
il / elle / on tient [il/ɛl/õtjɛ̃]		
nous tenons [nutənõ]		
vous tenez [vutəne]		
ils / elles tiennent [il/ɛltjɛn]		
p.c.: **il / elle a tenu** [il/ɛlatəny]		
le / la spécialiste [spesjalist(ə)]	der / die Spezialist/in	
quand même [kãmɛm]	trotzdem	Je prends quand même une photo.
la dispute [dispyt]	der Streit	
ne … rien [n(ə)…rjɛ̃]	nichts	Vous **n'**avez **rien** apporté.
vers [vɛr]	*hier:* zu *(Richtung)*	Nous sommes retournés vers vous.
lancer qc [lãse]	etw. werfen	
casser qc [kase]	etw. zerbrechen	
ne … jamais [n(ə)…ʒamɛ]	nie	Il **ne** fait **jamais** attention.
*À l'attaque! [alatak]	Angriff!	

6A

le mannequin [mankɛ̃]	das Fotomodell	
*le studio [stydjo]	das Studio	
rouge [ruʒ]	rot	
blanc, blanche [blã, blãʃ]	weiß	une souris blanche
bleu,e [blø]	blau	
jeune [ʒœn]	jung	
le catalogue [katalɔg]	der Katalog	
*la réalisation [realizasjõ]	die Verwirklichung	
plus (de) [plys, plyzd(ə)]	mehr (als), *hier:* über	Vous avez plus de 14 ans.
l'adresse *f* [adrɛs]	die Adresse	address *andere Schreibweise im Engl.*
l'avenue *f* [av(ə)ny]	die Avenue	*frz. Straßenbezeichnung*
envoyer qc à qn [ãvwaje]	jdm etw. schicken	Envoyez-nous des photos.
j'envoie [ʒãvwa]		
tu envoies [tyãvwa]		
il / elle / on envoie [il/ɛlãvwa / õnãvwa]		
nous envoyons [nuzãvwajõ]		
vous envoyez [vuzãvwaje]		
ils / elles envoient [il/ɛlzãvwa]		
p.c.: **il / elle a envoyé** [il/ɛlaãvwaje]		
*la tenue [t(ə)ny]	die Kleidung	
classique [klasik]	klassisch	C'est une tenue classique.
la taille [taj]	die (Kleider)Größe	Tu fais quelle taille?
le vêtement [vɛtmã]	das Kleidungsstück	
mettre qc [mɛtr(ə)]	*hier:* anziehen	
la robe [rɔb]	das Kleid	
long, longue [lõ, lõg]	lang	une robe longue
court,e [kur, kurt]	kurz	
le pantalon [pãtalõ]	die Hose	
la veste [vɛst(ə)]	die Jacke	
le manteau [mãto]	der Mantel	
la chaussure [ʃosyr]	der Schuh	
la basket [baskɛt]	der Turnschuh	
la couleur [kulœr]	die Farbe	colour *andere Schreibweise im Engl.*
noir,e [nwar]	schwarz	

*la fringue *(fam.)* [frɛ̃g]	das Kleidungsstück	*meist Pl.: les fringues*
jaune [ʒon]	gelb	
violet, violette [vjɔlɛ, vjɔlɛt]	violett	
gris,e [gri, griz]	grau	
le pull [pyl]	der Pulli	
permettre qc à qn [pɛrmɛtr(ə)]	jdm etw. erlauben	Mes parents le permettent.
je permets [ʒəpɛrmɛ]		
tu permets [typɛrmɛ]		
il / elle / on permet [il/ɛl/õpɛrmɛ]		
nous permettons [nupɛrmɛtõ]		
vous permettez [vupɛrmɛte]		
ils / elles permettent [il/ɛlpɛrmɛt]		
p.c.: **il / elle a permis** [il/ɛlapɛrmi]		
assez [ase]	genug	Tu es assez jolie?
payer qc [pɛje / peje]	etw. (be)zahlen	Tes parents paient tes vêtements?
je paie [ʒəpɛ]		
tu paies [typɛ]		
il / elle / on paie [il/ɛl/õpɛ]		
nous payons [nupejõ]		
vous payez [vupeje]		
ils / elles paient [il/ɛlpɛ]		
p.c.: **il / elle a payé** [il/ɛlapeje]		
le tee-shirt [tiʃœrt(ə)]	das T-Shirt	
la jupe [ʒyp]	der Rock	
aider qn [ede / ɛde]	jdm helfen	Les amis aident Caroline.
blond,e [blõ, blõd]	blond	Elle a les cheveux blonds.
brun,e [brɛ̃, bryn]	braun	Il a les cheveux bruns.
le cheveu [ʃ(ə)vø], **les cheveux**	das (Kopf)Haar	Elle a des cheveux longs.
l'œil *m* [œj], **les yeux** [jø]	das Auge	Il a les yeux bleus.
vert,e [vɛr, vɛrt]	grün	
le jean [dʒin]	die Jeans	
la chemise [ʃ(ə)miz]	das Hemd	

6 B

tomber sur qc [tõbe]	*hier:* auf etw. treffen	
le répondeur [repõdœr]	der Anrufbeantworter	Elle est tombée sur le répondeur.
*Laissez votre message après le bip sonore. [lese/lɛsevɔtrəmesaʒ/mɛsaʒaprɛl(ə)bipsɔnɔr]	Hinterlassen Sie eine Nachricht nach dem Signalton.	
*rappeler [rap(ə)le]	zurückrufen	
*l'annonce *f* [anõs]	die Anzeige / Annonce	
connaître qc / qn [kɔnɛtr(ə)]	kennen	Tu connais ce pantalon violet.
je connais [ʒəkɔnɛ]		
tu connais [tykɔnɛ]		
il / elle / on connaît [il/ɛl/õkɔnɛ]		
nous connaissons [nukɔnɛsõ]		
vous connaissez [vukɔnɛse]		
ils / elles connaissent [il/ɛlkɔnɛs]		
p.c.: **il / elle a connu** [il/ɛlakɔny]		
ce, cette, ces [sə, sɛt, se(z)]	*Demonstrativbegleiter:* diese,r,s	J'ai apporté **ces** vêtements.
plaire à qn [plɛr]	jdm gefallen	Ce pantalon te plaît?
il / elle / on plaît [il/ɛl/õplɛ]		
ils / elles plaisent [il/ɛlplɛz]		
p.c.: **il / elle a plu** [il/ɛlaply]		
moche *(fam.)* [mɔʃ]	hässlich	≠ joli Cette veste est moche.
la discothèque [diskɔtɛk]	die Diskothek	*Abk.*: la disco

le type [tip]	der Typ	Quel est ton type?
le test [tɛst(ə)]	der Test	
coûter / coûter cher [kute, kuteʃɛr]	kosten / teuer sein	Ces vêtements coûtent cher.
bon marché [bɔ̃marʃe]	preiswert	Les baskets, c'est bon marché. ⚡ *im Plural ohne -s*

7A

actif, active [aktif, aktiv]	aktiv	un collège actif
la journée porte-ouverte [ʒurnepɔrtuvɛrt(ə)]	der Tag der offenen Tür	
c'est pourquoi [sɛ/sepurkwa]	deshalb	C'est pourquoi les classes travaillent beaucoup.
l'invitation *f* [ɛ̃vitasjɔ̃]	die Einladung	Vous écrivez une invitation. 🇬🇧 invitation
le questionnaire [kɛstjɔnɛr]	der Fragebogen	
le visiteur [vizitœr]	der Besucher	🇬🇧 visitor
premier,ère [prəmje, prəmjɛr]	erste,r,s	
le CDI [sedei]	das Dokumentations- und Informationszentrum	*Abk. für* **C**entre de **D**ocumentation et d'**I**nformation
le principal [prɛ̃sipal]	der Schuldirektor *für das collège*	
car [kar]	denn	La porte est moche car elle est jaune.
pour cent [pursɑ̃]	Prozent	100 % = cent pour cent
la langue [lɑ̃g]	die Sprache	Les élèves apprennent une langue.
l'espagnol *m* [ɛspaɲɔl]	Spanisch	
le latin [latɛ̃]	Latein	
le grec [grɛk]	Griechisch	
(l'école) primaire *f* [(ekɔl) primɛr]	die Grundschule	
prochain,e [prɔʃɛ̃, prɔʃɛn]	nächste,r,s	l'année prochaine
appeler qc / qn [ap(ə)le]	etw. / jdn nennen	On l'appelle Mister Mac.
*Comment appelle-t-on ...? [kɔmɑ̃apɛltɔ̃]	Wie nennt man ...?	*Inversionsfrage*
le brevet [brəvɛ]	das Diplom	*hier: Schulabschlusszeugnis am* collège
dernier,ère [dɛrnje, dɛrnjɛr]	letzte,r,s	l'année dernière
à cause de [akozdə]	aufgrund, wegen	Ils ont beaucoup de travail à cause du brevet.
l'examen *m* [ɛgzamɛ̃]	die Prüfung	
le bac *(fam.)* [bak]	≈ das Abitur, Abschlussprüfung des *lycée*	*Abk. für* baccalauréat
*Pouh! *(fam.)* [pu]	Puh! *(ugs.)*	
(école) maternelle *f* [(ekɔl) matɛrnɛl]	der Kindergarten	
le rallye [rali]	die Rallye	
le dessin [desɛ̃ / dɛsɛ̃]	die Zeichnung	
le ping-pong [piŋpɔ̃g]	das Tischtennis	
le spectacle [spɛktakl(ə)]	die Vorstellung	
le théâtre [teatr(ə)]	das Theater	
l'exposition *f* [ɛkspozisjɔ̃]	die Ausstellung	une exposition de dessins

7B

beau, bel, belle [bo, bɛl]	schön	une belle danse
la soirée [sware]	der Abend	⚡ *La soirée* wird verwendet, wenn der Abend im Verlauf betrachtet wird.
vieux, vieil, vieille [vjø, vjɛj]	alt	une vielle danse

nouveau, nouvel, nouvelle [nuvo, nuvɛl]	neu	un nouveau prof
participer à qc [partisipe]	an etw. teilnehmen	Beaucoup de visiteurs ont participé au rallye.
tout de suite [tutsɥit]	sofort	Allons voir ça tout de suite.
ne … personne [n(ə)…pɛrsɔn]	niemand	Il **n'**y a **personne** devant les dessins.
tout le monde [tul(ə)mɔ̃d]	jeder(mann), alle	Tout le monde regarde le spectacle.
ne … pas … non plus [n(ə)…pa…nɔ̃ply]	auch nicht	Je **n'**ai **pas** mangé **non plus**.
devoir faire qc [dəvwar]	etw. tun müssen / sollen	Ludovic doit travailler plus.
je dois [ʒədwa]		
tu dois [tydwa]		
il / elle / on doit [il/ɛl/ɔ̃dwa]		
nous devons [nudəvɔ̃]		
vous devez [vudəve]		
ils / elles doivent [il/ɛldwav]		
p.c.: **il / elle / on a dû** [il/ɛlady / ɔ̃nady]		
compter qc [kɔ̃te]	etw. zählen	Il faut compter les points.
le point [pwɛ̃]	der Punkt	point
sur [syr]	*hier:* von	20 sur 20
la note [nɔt]	die Note	avoir une bonne note
la moyenne [mwajɛn]	der Durchschnitt	Je n'ai pas la moyenne.
le bulletin [byltɛ̃]	das Zeugnis	
*la langue vivante [lɑ̃gvivɑ̃t]	die lebende Sprache	**savoir vivre** *Lebende Sprachen sind z.B.* allemand, anglais, espagnol, français.
*l'éducation musicale *f* [edykasjɔ̃myzikal]	Musik *(Schulfach)*	
le trimestre [trimɛstr(ə)]	das Vierteljahr	le deuxième trimestre
les mathématiques *f pl* [matematik]	die Mathematik	*Abk.:* les maths *(fam.)*
*l'éducation civique *f* [edykasjɔ̃sivik]	die Gemeinschaftskunde *(Schulfach)*	
la chanson [ʃɑ̃sɔ̃]	das Lied	
le bâtiment [batimɑ̃]	das Gebäude	

8 A

presque [prɛsk(ə)]	fast	Ils sont presque des champions.
le champion [ʃɑ̃pjɔ̃]	der Meister	champion
le club [klœb]	der Klub / der Verein	un vélo club
le train [trɛ̃]	der Zug	
le retard [r(ə)tar]	die Verspätung	Le train a du retard.
la gare [gar]	der Bahnhof	
l'étape *f* [etap]	die Etappe	une étape du Tour de France
le Tour de France [turdəfrɑ̃s]	*frz. Radrennen*	
*Chut! [ʃyt]	Pst!	
la SNCF [ɛsɛnseɛf]	*frz. Eisenbahngesellschaft*	*Abk. für* **S**ociété **n**ationale des **c**hemins de **f**er français
le TGV [teʒeve]	*frz. Schnellzug*	*Abk. für* **t**rain à **g**rande **v**itesse
*se demander [səd(ə)mɑ̃de]	sich fragen	Je me demande pourquoi.
*s'amuser [samyze]	sich amüsieren	On s'amuse un peu?
*y [i]	*Pronomen (Ortsbestimmung mit à)*	On **y** va.
être en retard [ɛtrɑ̃r(ə)tar]	Verspätung haben	Pardon, je suis en retard.
*s'appeler [sap(ə)le]	heißen	Tu t'appelles comment?
le voyage [vwajaʒ]	die Reise	
*en [ɑ̃]	*Pronomen (Ortsbestimmung mit de)*	Vous **en** venez.

*se reposer [sər(ə)poze]	sich ausruhen	Nous nous reposons dans le car.
le kilomètre [kilɔmɛtr(ə)]	der Kilometer	
la carte [kart(ə)]	*hier:* die Landkarte	
le mètre [mɛtr(ə)]	der Meter	
contre [kõtr(ə)]	gegen	le vélo club de Grenoble contre les coureurs de Lyon
le coureur [kurœr]	der Rennfahrer	
meilleur,e [mɛjœr / mejœr]	beste,r,s	la meilleure équipe
l'information *f* [ɛ̃fɔrmasjõ]	die Information	
les informations *f pl* [ɛ̃fɔrmasjõ]	die Nachrichten	⚡ *andere Bedeutung im Plural*
quelques [kɛlk(ə)]	einige	Voici quelques informations.
le feu [fø]	das Feuer	
le sud [syd]	der Süden	Les feux continuent dans le sud.
*l'hectare *m* [ɛktar]	der / das Hektar	
la forêt [fɔrɛ]	der Wald	forest ⚡ *andere Schreibweise im Engl.*
*partir en fumée [partirɑ̃fyme]	brennen	
*mettre le feu [mɛtrəl(ə)fø]	Feuer legen	

8B

tout à l'heure [tutalœr]	gleich	
le spectateur [spɛktatœr]	der Zuschauer	
*qui [ki]	*Relativpron. (Subjekt)*	Les spectateurs, **qui** sont venus de loin, attendent déjà.
ramasser qc [ramase]	etw. aufheben	Il a ramassé un livre.
*que [k(ə)]	*Relativpron. (Objekt)*	Ils ramassent des choses **que** la caravane lance.
la caravane [karavan]	die Karawane	la caravane du Tour
le drapeau [drapo], **les drapeaux**	die Fahne	des petits drapeaux
bonbon [bõbõ]	der / das Bonbon	
le déchet [deʃɛ]	der Abfall	
*venir de faire qc [v(ə)nirdəfɛr]	*Zeitform: unmittelbare Vergangenheit*	
le prospectus [prɔspɛktys]	der Prospekt	
la page [paʒ]	die Seite	
la route [rut]	die Straße	
*une équipe à neuf coureurs [ynekipanœfkurœr]	eine Mannschaft mit neun Fahrern	
par [par]	pro	
le maillot [majo]	das Trikot	le maillot jaune
*le cannibale [kanibal]	der Kannibale	
fêter qc [fete / fɛte]	etw. feiern	Le Tour a fêté ses 100 ans.
la course [kurs]	das Rennen	
*la Guerre mondiale [gɛrmõdjal]	der Weltkrieg	
l'avion *m* [avjõ]	das Flugzeug	
le / la journaliste [ʒurnalist(ə)]	der / die Journalist/in	
*la lanterne rouge [lɑ̃tɛrnəruʒ]	das Schlusslicht	
mentir [mɑ̃tir]	lügen	Il n'a pas menti.
plusieurs [plyzjœr]	mehrere	On y va en plusieurs étapes.
entendre qc / qn [ɑ̃tɑ̃dr(ə)]	etw. / jdn hören	
*où [u]	*Relativpron.* wo	la ville **où** tu habites
le chômage [ʃomaʒ]	die Arbeitslosigkeit	Mon père est au chômage.
l'argent (de poche) *m* [arʒɑ̃ d(ə)pɔʃ]	das (Taschen)Geld	
la sortie [sɔrti]	der Ausgang, *hier:* der Ausflug	

A

à [a] in I/3B
être à … mètres de qc [ɛtra…mɛtrəd(ə)kɛlkəʃoz] Meter entfernt von etw. sein I/9B
à côté de [akoted(ə)] neben I/7B
à droite de [adrwatdə] rechts von I/7B
à gauche de [agoʃdə] links von I/7B
À bientôt. [abjɛ̃to] Bis bald! I/1B
à cause de [akozdə] aufgrund, wegen II/7A
*À l'attaque! [alatak] Angriff! II/5B
accident *m* [aksidɑ̃] Unfall II/3A
acheter [aʃte] kaufen I/8B
actif, active [aktif, aktiv] aktiv II/7A
activité *f* [aktivite] Aktivität / Tätigkeit II/4A
adorer [adɔre] sehr mögen / für etwas schwärmen I/4A
adresse *f* [adrɛs] Adresse II/6A
âge *m* [aʒ] Alter I/5A
… quel âge? [kɛlaʒ] Wie alt …? I/5A
aider qn [ede / ɛde] jdm helfen II/6A
aimer [eme / ɛme] lieben / mögen I/3B
j'aime [ʒɛm] ich mag I/E
Allemagne *f* [almaɲ] Deutschland I/2A
allemand [almɑ̃] deutsch I/3A
aller [ale] gehen I/6B
allô [alo] *Begrüßung am Telefon* I/4B
alors [alɔr] also / ja dann *(ugs.)* I/1B; da / dann II/2B
ambulance *f* [ɑ̃bylɑ̃s] Krankenwagen II/3A
ami *m* [ami] Freund I/3A
amie *f* [ami] Freundin I/3B
amoureux,se [amurø, amurøz] verliebt II/2A
amusant [amyzɑ̃] unterhaltsam II/1A
*s'amuser [samyze] sich amüsieren II/8A
an *m* [ɑ̃] Jahr I/5A
ananas *m* [anana(s)] Ananas I/E
anglais [ɑ̃glɛ] englisch I/3A
animal *m* [animal] Tier II/5A
animateur *m* [animatœr] Betreuer / Leiter II/5A
année *f* [ane] Jahr II/5A
anniversaire *m* [anivɛrsɛr] Geburtstag I/8A
Bon / Joyeux anniversaire! [bɔnanivɛrsɛr / ʒwajøzanivɛrsɛr] Herzlichen Glückwunsch zum Geburtstag! I/8C
*annonce *f* [anɔ̃s] Anzeige / Annonce II/6B
août *m* [ut / u] August I/9A
apéritif *m* [aperitif] Aperitif I/3A
appareil photo *m* [aparɛjfɔto] Fotoapparat II/5B
appartement *m* [apartəmɑ̃] Wohnung I/1A
appeler qn [ap(ə)le] jdn (an)rufen II/3A; jdn nennen II/7A
**s'appeler* [sap(ə)le] heißen II/8A
je m'appelle [ʒ(ə)mapɛl] ich heiße I/1A
Tu t'appelles …? [tytapɛl] Heißt du …? I/1B
apporter qc à qn [apɔrte] jdm etw. bringen II/3B
apprendre [aprɑ̃dr(ə)] lernen I/7A
après [aprɛ(z)] dann / danach / nachher I/6A; nach II/2A
après-midi *m* [aprɛmidi] Nachmittag I/6B
*arabe *m* [arab] Araber II/3B
arabe [arab] arabisch I/3A
argent (de poche) *m* [arʒɑ̃ d(ə)pɔʃ] (Taschen)Geld II/8B
armoire *f* [armwar] Schrank I/5B
arrêter [arete / arɛte] aufhören I/7A
arrivée *f* [arive] Ankunft II/4A
arriver [arive] (an)kommen I/3B
article *m* [artikl(ə)] Artikel I/4B
artiste *m* [artist(ə)] Künstler I/7B
arts plastiques *m pl* [arplastik] Kunst *(Schulfach)* I/6A
ascenseur *m* [asɑ̃sœr] Fahrstuhl II/4B
assez [ase] genug II/6A
*atelier *m* [atəlje] Werkstatt II/4A
attendre [atɑ̃dr(ə)] warten I/6C
attention [atɑ̃sjɔ̃] Achtung II/1A
faire attention à qc / qn [fɛratɑ̃sjɔ̃a] auf etw. / jdn aufpassen II/3A
Au revoir. [or(ə)vwar / ɔr(ə)vwar] Auf Wiedersehen. I/1A
aujourd'hui [oʒurdɥi] heute I/6C
aussi [osi] auch I/3A
automne *m* [otɔn] Herbst II/5A
autoroute *f* [ɔtorut / otorut] Autobahn I/E
autre *m / f* [otr(ə)] andere,r,s; noch ein II/2A
avant [avɑ̃] vor / vorher II/2A
avec [avɛk] mit I/2A
avenue *f* [av(ə)ny] Avenue II/6A
avion *m* [avjɔ̃] Flugzeug II/8B
avoir [avwar] haben I/5A
avoir mal [avwarmal] Schmerzen haben II/3A
avoir raison [avwarrɛzɔ̃] Recht haben II/5A
il y a [ilja] es gibt I/3A
avril *m* [avril] April II/2B

B

B.D. = bande dessinée *f* [bede (bɑ̃ddesine)] Comic I/7C
bac *(fam.) m* [bak] ≈ Abitur, Abschlussprüfung des *lycée* II/7A
bagage *m* [bagaʒ] (Reise)Gepäck II/1A
baguette *f* [bagɛt] Baguette I/E
ballerine *f* [bal(ə)rin] Ballerinaschuh I/4A
basket *m* [baskɛt] Basketball I/4A
basket *f* [baskɛt] Turnschuh II/6A
bataille *f* [bataj] Schlacht II/5A
bateau *m* [bato] Schiff II/1B
bâtiment *m* [batimɑ̃] Gebäude II/7B
batterie *f* [batri] Schlagzeug I/5A
beau, bel, belle [bo, bɛl] schön II/7B
beaucoup [boku(p)] viel I/8A
belge [bɛlʒ(ə)] belgisch II/4A
Belgique *f* [bɛlʒik] Belgien II/4A
béquille *f* [bekij] Krücke II/3B
beurre *m* [bœr] Butter I/8A
bien *(adv.)* [bjɛ̃(n)] gut I/1A
bien sûr [bjɛ̃syr] natürlich I/2A
bienvenue *f* [bjɛ̃v(ə)ny] Willkommen II/1A
bistro *m* [bistro] Bistro I/6C
blanc, blanche [blɑ̃, blɑ̃ʃ] weiß II/6A
bleu,e [blø] blau II/6A
blond,e [blɔ̃, blɔ̃d] blond II/6A
*Bof! *(fam.)* [bɔf] Na ja! *(ugs.)* II/1B
boire qc [bwar] etw. trinken II/4A
boisson *f* [bwasɔ̃] Getränk I/8A
bon,ne [bɔ̃, bɔn] gut II/3A, I/1B
bon marché [bɔ̃marʃe] preiswert II/6B
bonbon *m* [bɔ̃bɔ̃] Bonbon II/8B
bonhomme de neige *m* [bɔnɔmdənɛʒ] Schneemann II/5B

Bonjour. [bõʒur] Guten Tag. I/1A
boucherie *f* [buʃri] Fleischerei I/8B
boulangerie *f* [bulɑ̃ʒri] Bäckerei I/8B
boule de neige *f* [buldənɛʒ] Schneeball II/5A
bouteille *f* [butɛj] Flasche I/8A
bravo [bravo] bravo II/4B
brevet *m* [brəvɛ] Diplom II/7A
brun,e [brɛ̃, bryn] braun II/6A
bulletin *m* [byltɛ̃] Zeugnis II/7B
bus *m* [bys] Bus I/7B

C

ça [sa] das I/1A
ça fait [safɛ] das macht / ergibt I/3A
ça suffit [sasyfi] das reicht II/4B
Ça va? [sava] Wie geht's? / Geht's dir gut? I/1A
Ça va (bien). [sava(bjɛ̃)] Es geht (gut). I/1A
**Ça y est!* [saiɛ / sajɛ] Geschafft! II/4B
cadeau *m* [kado] Geschenk I/7C
café *m* [kafe] Kaffee, Café I/7B
cahier *m* [kaje] Heft I/2B
camembert *m* [kamɑ̃bɛr] Camembert I/E
camping *m* [kɑ̃piŋ] Camping I/E
*cannibale *m* [kanibal] Kannibale II/8B
canoë *m* [kanɔe / kanoe] Kajak I/9A
cantine *f* [kɑ̃tin] Kantine I/6B
car *m* [kar] Reisebus II/4A
car [kar] denn II/7A
caravane *f* [karavan] Karawane II/8B
carotte *f* [karɔt] Karotte I/8B
carte *f* [kart(ə)] Karte, Spielkarte II/1A; Landkarte II/8A
carte postale *f* [kart(ə)pɔstal] Postkarte II/1B
casser qc [kase] etw. zerbrechen II/5B
catalogue *m* [katalɔg] Katalog II/6A
CD *m* [sede] CD I/3B
CDI *m* [sedei] Dokumentations- und Informationszentrum II/7A
ce [s(ə)] das I/2B
ce sont [səsõ(t)] das sind I/2B
c'est [sɛ(t) / se(t)] das ist I/E
C'est l'horreur. (fam.) [sɛlɔrœr / selɔrœr] Das ist ja schrecklich. I/6B
**C'est normal.* [sɛ / senɔrmal] Das ist normal. II/4A
c'est pourquoi [sɛ/sepurkwa] deshalb II/7A
C'est tout. [sɛtu / setu] Das ist alles. I/8B
ce, cette, ces [sə, sɛt, se(z)] *Demonstrativbegleiter:* diese,r,s II/6B
célèbre [selɛbr(ə)] berühmt II/1B
cent [sɑ̃(t)] hundert I/8A
centre *m* [sɑ̃tr(ə)] Zentrum II/4A
certain,s, certaine,s [sɛrtɛ̃, sɛrtɛ̃z, sɛrtɛn, sɛrtɛnz] manche,r,s II/5B
chaîne hi-fi *f* [ʃɛn'ifi] Stereoanlage I/5B
chaise *f* [ʃɛz] Stuhl I/5B
chambre *f* [ʃɑ̃br(ə)] Zimmer I/3A
champion *m* [ʃɑ̃pjõ] Meister II/8A
la chance *f* [ʃɑ̃s] Glück II/3A
**chance tourne* *f* [ʃɑ̃sturn(ə)] das Blatt wendet sich II/3B
changer de [ʃɑ̃ʒed(ə)] umsteigen I/7B
chanson *f* [ʃɑ̃sõ] Lied II/7B
chanter [ʃɑ̃te] singen I/4B
charcuterie *f* [ʃarkytri] Metzgerei I/8B; Aufschnitt II/4A
chat *m* [ʃa] Katze I/9A
château *m* [ʃato] Schloss I/7B
chaud,e [ʃo, ʃod] warm / heiß II/4A
chaussure *f* [ʃosyr] Schuh II/6A
chemise *f* [ʃ(ə)miz] Hemd II/6A
cher, chère [ʃɛr] teuer II/2A; lieber, liebe II/4B, I/8A
chercher [ʃɛrʃe] suchen I/5A
cheval *m* [ʃ(ə)val] Pferd I/9A
faire du cheval [fɛrdyʃ(ə)val] reiten II/1A
cheveu *m* [ʃ(ə)vø] (Kopf)Haar II/6A
chez [ʃe(z)] bei *(im Zusammenhang mit Personen)* I/3A
chien *m* [ʃjɛ̃] Hund I/1A
chocolat *m* [ʃɔkɔla] Schokolade I/8A
chômage *m* [ʃomaʒ] Arbeitslosigkeit II/8B
chose *f* [ʃoz] Ding / Sache II/3A
*Chut! [ʃyt] Pst! II/8A
cinéma *m* [sinema] Kino I/E
ciné (Abk.) (fam.) m [sine] Kino II/2A
cinq [sɛ̃(k)] fünf I/2A
cinquante [sɛ̃kɑ̃t] fünfzig I/5B
*Citroën [sitrɔɛn] *frz. Automarke* II/3A
classe *f* [klas] Klasse I/2A
classeur *m* [klasœr] Ordner / Schnellhefter I/2B
classique [klasik] klassisch II/6A
clé *f* [kle] Schlüssel II/4A
club *m* [klœb] Klub / Verein II/8A
coca *m* [kɔka] Cola I/E
collège *m* [kɔlɛʒ] *Französische Ganztagsschule der Sekundarstufe I mit vier Klassenstufen* I/2A
*Cologne [kɔlɔɲ] *frz. Name für* Köln II/4A
colonie de vacances *f* [kɔlɔnid(ə)vakɑ̃s] Ferienlager I/9A
colo (fam.) f [kɔlo] Ferienlager I/9C
combien [kõbjɛ̃] wie viel I/8A
C'est combien? [sɛkõbjɛ̃ / sekõbjɛ̃] Wie viel kostet ...? I/8B
Ça fait combien? [safɛkõbjɛ̃] Wie viel macht das? I/8B
comédie musicale *f* [kɔmedimyzikal] Musical II/3B
comme [kɔm] wie I/2B; als I/4A
commencer qc [kɔmɑ̃se] etw. beginnen II/2A
comment [kɔmɑ̃(t)] wie I/1B
**Comment appelle-t-on ...?* [kɔmɑ̃apɛltõ] Wie nennt man ...? II/7A
Comment vas-tu? [kɔmɑ̃vaty] Wie geht es dir? II/4A
compétition *f* [kõpetisjõ] Wettkampf II/4A
compote *f* [kõpɔt] Kompott II/4A
comprendre [kõprɑ̃dr(ə)] verstehen I/7A
compter qc [kõte] etw. zählen II/7B
concert *m* [kõsɛr] Konzert I/5A
concombre *m* [kõkõbr(ə)] Gurke I/8B
*confiance *f* [kõfjɑ̃s] Vertrauen
connaître qc / qn [kɔnɛtr(ə)] kennen II/6B
construction *f* [kõstryksjõ] Bauwerk II/4B
continuer [kõtinɥe] fort- / weiterführen I/7A
contre [kõtr(ə)] gegen II/8A
copain *m* [kɔpɛ̃] Freund I/1B
copine *f* [kɔpin] Freundin I/1B
costume *m* [kɔstym] Kostüm II/3B
*Coucou! *(fam.)* [kuku] Huhu! *(ugs.)* II/2A

couleur *f* [kulœr] Farbe II/6A
couloir *m* [kulwar] Flur / Diele I/5B
cour *f* [kur] Hof, Schulhof I/4B
coureur *m* [kurœr] Rennfahrer II/8A
cours *m* [kur] Unterricht(-sstunde) I/6A
course *f* [kurs] Rennen II/8B
court,e [kur, kurt] kurz II/6A
cousin *m* [kuzɛ̃] Cousin I/6A
coûter / coûter cher [kute, kuteʃɛr] kosten / teuer sein II/6B
*crème solaire *f* [krɛmsɔlɛr] Sonnencreme II/1A
crêpe *f* [krɛp] Pfannkuchen I/4B
croissant *m* [krwasɑ̃] Croissant I/2A
crudités *f pl* [krydite] Rohkost I/6C
cuisine *f* [kɥizin] Küche I/5B
curieux,se [kyrjø, kyrjøz] neugierig II/2A

D

d'abord [dabɔr] zunächst / zuerst I/6C
d'accord [dakɔr] einverstanden I/4B
dame *f* [dam] Dame / Frau II/2A
dans [dɑ̃(z)] in I/2A
danse *f* [dɑ̃s] Tanz I/4A
de [d(ə)] von I/1B; aus I/2A
de … à … [də…a] von … bis … I/6B
d'où [du] woher I/2A
décembre *m* [desɑ̃br(ə)] Dezember II/2B
déchet *m* [deʃɛ] Abfall II/8B
déclaration *f* [deklarasjɔ̃] Anzeige II/2B
degré *m* [dəgre] Grad II/5A
déjà [deʒa] schon I/2A
demain [d(ə)mɛ̃] morgen I/4A
À demain. [ad(ə)mɛ̃] Bis morgen. I/6A
demander à qn [d(ə)mɑ̃deakɛlkɛ̃] jdn fragen I/9A
**se demander* [səd(ə)mɑ̃de] sich fragen II/8A
**demander des nouvelles de qn* [d(ə)mɑ̃dedenuvɛldəkɛlkɛ̃] sich nach jdm erkundigen II/3A
demi,e [d(ə)mi] halb,e I/6B
départ *m* [depar] Abfahrt II/4A
depuis [dəpɥi] seit II/2B
dernier,ère [dɛrnje, dɛrnjɛr] letzte,r,s II/7A
derrière [dɛrjɛr] hinter I/5B
des [de(z)] *unbestimmter Artikel Plural, maskulin und feminin* I/2B
descendre de qc [desɑ̃dr(ə) / dɛsɑ̃dr(ə)] herunterkommen / etw. hinabsteigen II/1B
dessert *m* [desɛr / dɛsɛr] Dessert I/8A
dessin *m* [desɛ̃ / dɛsɛ̃] Zeichnung II/7A
deux [dø(z)] zwei I/2A
devant [d(ə)vɑ̃(t)] vor *(in Bezug auf einen Ort, nicht zeitlich)* I/3A
devoir faire qc [dəvwar] etw. tun müssen / sollen II/7B
devoirs *m pl* [dəvwar(ə)] Hausaufgaben II/3A
diabolo *m* [djabɔlo] *Getränk* II/1B
difficile [difisil] schwer II/3A
le **dimanche** [dimɑ̃ʃ] sonntags I/4A
dimanche *m* [dimɑ̃ʃ] (am) Sonntag I/4A
dîner *m* [dine] Abendessen II/4A
dire qc à qn [dir] jdm etw. sagen II/3A
direction *f* [dirɛksjɔ̃] Richtung I/7B
discothèque *f* [diskɔtɛk] Diskothek II/6B
discuter [diskyte] diskutieren II/4B
dispute *f* [dispyt] Streit II/5B
dix [di(s) / diz] zehn I/2A
dix-huit [dizɥi(t)] achtzehn I/3A
dix-neuf [diznœf / diznœv] neunzehn I/3A
dix-sept [dis(s)ɛt] siebzehn I/3A
Dommage! [dɔmaʒ] Schade! II/2B
donner qc à qn [dɔne] jdm etw. geben I/9C
**donner à manger à qn* [dɔne(r)amɑ̃ʒe] jdn füttern II/5A
dormir [dɔrmir] schlafen II/5A
doubler qn / qc [duble] jdn / etw. überholen II/3A
douche *f* [duʃ] Dusche I/5B
douze [duz] zwölf I/2A
drapeau *m* [drapo] Fahne II/8B
drôle [drol] lustig I/7A
durer [dyre] dauern II/2A
DVD *m* [devede] DVD I/3A

E

E.P.S. = éducation physique et sportive *f* [əpeɛs (edykasjɔ̃fizikespɔrtiv)] Sport *(Schulfach)* I/6B
eau minérale *f* [omineral] Mineralwasser I/8A
école *f* [ekɔl] Schule I/4B
écouter qc / qn [ekute] etw. / jmd (zu)hören I/3B
Écoutez. [ekute] Hört zu! I/2B
écrire qc à qn [ekrir] jdm etw. schreiben II/3A
*éducation civique *f* [edykasjɔ̃sivik] Gemeinschaftskunde *(Schulfach)* II/7B
*éducation musicale *f* [edykasjɔ̃myzikal] Musik *(Schulfach)* II/7B
église *f* [egliz] Kirche I/7A
égoïste [egɔist] egoistisch II/3A
éléphant *m* [elefɑ̃] Elefant II/5A
élève *m / f* [elɛv] Schüler/in I/6B
elle [ɛl] sie *(Personalpron., 3. P. Sg.)* I/2A; *unverb. Personalpron. 3. P. Sg., f* II/1A
elles [ɛl(z)] sie *(Personalpron., 3. P. Pl.)* I/2A; *unverb. Personalpron. 3. P. Pl., f* II/1A
emploi du temps *m* [ɑ̃plwadytɑ̃] Stundenplan I/6B
en [ɑ̃(n)] in I/2A; *Pronomen* II/8A
en face (de) [ɑ̃fas d(ə)] gegenüber (von) II/4B
encore [ɑ̃kɔr] noch I/6B
endroit *m* [ɑ̃drwa] Ort II/7B Ac
enfant *m* [ɑ̃fɑ̃] Kind I/3A
enfin [ɑ̃fɛ̃] schließlich / endlich I/6B
ennuyeux,se [ɑ̃nɥijø, ɑ̃nɥijøz] langweilig II/3B
ensemble [ɑ̃sɑ̃bl(ə)] zusammen / gemeinsam I/4B
ensuite [ɑ̃sɥit] dann / nachher II/3A
entendre qc / qn [ɑ̃tɑ̃dr(ə)] etw. / jdn hören II/8B
entre [ɑ̃tr(ə)] zwischen I/6B
entrer [ɑ̃tre] eintreten I/8A
environ [ɑ̃virɔ̃] ungefähr II/2B
envoyer qc à qn [ɑ̃vwaje] jdm etw. schicken II/6A
épinards *m pl* [epinar] Spinat I/6C
équipe *f* [ekip] Mannschaft II/1A
**équipe à neuf coureurs* [ynekipanœfkurœr] Mannschaft mit neun Fahrern II/8B
espagnol *m* [ɛspaɲɔl] Spanisch II/7A

est-ce que [ɛsk(ə)] *Bestandteil der Entscheidungsfrage, der nicht übersetzt wird.* I/4A
et [e] und I/1A
Et avec ça? [eavɛksa] Sonst noch etwas? I/8B
étage *m* [etaʒ] Etage I/1A
étagère *f* [etaʒɛr] Regal I/5B
étape *f* [etap] Etappe II/8A
été *m* [ete] Sommer II/5A
être [ɛtr(ə)] sein I/2A
étudiant *m* [etydjɑ̃] Student I/3A
euro *m* [øro] Euro I/8B
Europe *f* [ørɔp] Europa II/4A
eux [ø] *unverb. Personalpron. 3. P. Pl., m* II/1A
examen *m* [ɛgzamɛ̃] Prüfung II/7A
excursion *f* [ɛkskyrsjõ] Exkursion / Ausflug II/4A
expliquer qc à qn [ɛksplike] jdm etw. erklären II/3B
exposition *f* [ɛkspozisjõ] Ausstellung II/7A

F

facile [fasil] leicht I/E
faim *f* [fɛ̃] Hunger II/4A
faire [fɛr] machen / tun I/4A, I/4B
faire attention à qc / qn [fɛratɑ̃sjõa] auf etw. / jdn aufpassen II/3A
faire du cheval [fɛrdyʃ(ə)val] reiten II/1A
**faire le numéro de qn* [fɛrlənymerod(ə)kɛlkɛ̃] wählen II/2A
faire les courses [fɛrlekurs] einkaufen I/8B
faire les magasins [fɛrlemagazɛ̃] bummeln I/7B
ça fait [safɛ] das macht / ergibt I/3A
famille *f* [famij] Familie I/1A
farine *f* [farin] Mehl I/8A
fenêtre *f* [f(ə)nɛtr(ə)] Fenster II/4B
fermer [fɛrme] schließen I/3B
Fermez ... [fɛrme(z)] Schließt ...! I/2B
fête *f* [fɛt] Fete / Party I/2B
fêter qc [fete / fɛte] etw. feiern II/8B
feu *m* [fø] Feuer II/8A
février *m* [fevrije] Februar II/2B
fille *f* [fij] Tochter I/3B; Mädchen I/5B
film *m* [film(ə)] Film II/2A
fils *m* [fis] Sohn I/3B
fin *f* [fɛ̃] Ende II/2A
fois *f* [fwa] Mal I/7B
*fondation *f* [fõdasjõ] Stiftung II/1B
fontaine *f* [fõtɛn] Brunnen I/7B
foot *m* [fut] Fußball I/4A
forêt *f* [fɔrɛ] Wald II/8A
formidable [fɔrmidabl(ə)] großartig I/9B
formulaire *m* [fɔrmylɛr] Formular II/2B
fraise *f* [frɛz] Erdbeere II/1B
français [frɑ̃sɛ] französisch I/E
France *f* [frɑ̃s] Frankreich I/2A
frère *m* [frɛr] Bruder I/3B
frères et sœurs *m pl* [frɛresœr] Geschwister I/3B
*fringue *(fam.) f* [frɛ̃g] Kleidungsstück II/6A
frites *m pl* [frit] Pommes frites I/6C
froid,e [frwa, frwad] kalt II/5A
fromage *m* [frɔmaʒ] Käse I/8A
furieux,se [fyrjø, fyrjøz] wütend II/2A

G

gagner qc [gaɲe] etw. gewinnen II/4B
garçon *m* [garsõ] Junge II/1B; Kellner II/1B
gare *f* [gar] Bahnhof II/8A
gâteau *m* [gato] Kuchen II/4A
gaufre *f* [gofr(ə)] Waffel II/4A
*Géants *m pl* [ʒeɑ̃] Riesen II/4A
génial [ʒenjal] genial I/7A
genou *m* [ʒ(ə)nu] Knie II/3A
gens *m pl* [ʒɑ̃] Leute II/1B
gentil,le [ʒɑ̃ti, ʒɑ̃tij] nett II/3A
glace *f* [glas] Eis I/6C
gourmand *m* [gurmɑ̃] Schlemmer II/2A
gourmand,e [gurmɑ̃, gurmɑ̃d] schlemmerisch II/4A
grammaire *f* [gram(m)ɛr] Grammatik I/4B
gramme *m* [gram] Gramm I/8A
grand,e [grɑ̃(t), grɑ̃d] groß I/9B
grand-mère *f* [grɑ̃mɛr] Oma I/3B
grand-père *m* [grɑ̃pɛr] Opa I/3B
grands-parents *m pl* [grɑ̃parɑ̃] Großeltern I/3B
grec *m* [grɛk] Griechisch II/7A
gris,e [gri, griz] grau II/6A
Grosses bises. [grosbiz / grozbiz] Viele Grüße / Küsse! II/1B
groupe de musique *m* [grupdəmyzik] Musikgruppe / Band I/4B
*Guerre mondiale *f* [gɛrmõdjal] Weltkrieg II/8B
guide *m* [gid] Reiseführer II/1B
guitare *f* [gitar] Gitarre I/5A
guitariste *m* [gitarist(ə)] Gitarrist / Gitarrenspieler I/5A
gym *(Abk.) f* [ʒim] Sport *(Schulfach)* I/6A
gymnase *m* [ʒimnaz] Sport- / Turnhalle I/2A

H

habiter [abite] wohnen I/3B
Hambourg ['ɑ̃bur] *französischer Name für* Hamburg I/1A
hamburger *m* ['ɑ̃burgœr / 'ɑ̃bœrgœr] Hamburger II/1B
*hectare *m* [ɛktar] Hektar II/8A
*Hein? *(fam.)* ['ɛ̃] Hä? *(ugs.)* II/4B
heure *f* [œr] Stunde, *bei Zeitangaben:* ... Uhr I/6A; Uhrzeit II/5A
à quelle heure [akɛlœr] wann / um wie viel Uhr I/6A
Quelle heure est-il? [kɛlœrɛtil / kɛlœretil] Wie spät ist es? I/6B
heureux,se [ørø / œrø, ørøz / œrøz] glücklich II/2A
hier [(i)jɛr] gestern II/1B
hip-hop *m* ['ipɔp] Hiphop I/6A
histoire-géo *f* [istwarʒeo] Geschichte-Geografie *(Schulfach)* I/6A
hiver *m* [ivɛr] Winter II/5A
hobby *m* ['ɔbi] Hobby II/1A
homme *m* [ɔm] Mann II/3A
*Hop! *(fam.)* ['ɔp] Hop! *(ugs.)* II/5A
hôpital *m* [opital / ɔpital] Krankenhaus I/3A
*horaires *m pl* [ɔrɛr] Öffnungszeiten
hôtel *m* [otɛl / ɔtɛl] Hotel I/9B
hôtel de ville *m* [otɛldəvil / ɔtɛldəvil] Rathaus I/7B
huit [ɥi(t)] acht I/2A

I

ici [isi] hier I/2A
idée *f* [ide] Idee I/5A
idiot *m* [idjo] Blödmann II/5A
il [il] er *(Personalpron., 3. P. Sg.)* I/2A
il fait beau [ilfɛbo] Es / Das Wetter ist schön. II/5A
il faut [ilfo(t)] man braucht I/8A
il y a [ilja] es gibt I/3A
ils [il(z)] sie *(Personalpron., 3. P. Pl.)* I/2A
imiter qn [imite] jdn nachahmen II/1B

important,e [ɛ̃pɔrtɑ̃, ɛ̃pɔrtɑ̃t] wichtig II/1A
infirmière *f* [ɛ̃firmjɛr] Krankenschwester I/3A
information *f* [ɛ̃fɔrmasjɔ̃] Information II/8A
informations f pl [ɛ̃fɔrmasjɔ̃] Nachrichten II/8A
intéressant,e [ɛ̃teresɑ̃(t), ɛ̃teresɑ̃t] interessant I/9B
interrogation *f* [ɛ̃terɔgasjɔ̃ / ɛ̃tɛrɔgasjɔ̃] Test / Leistungsüberprüfung I/4B
*interruption *f* [ɛ̃terypsjɔ̃] Unterbrechung
invitation *f* [ɛ̃vitasjɔ̃] Einladung II/7A
inviter qn [ɛ̃vite] jdn einladen II/4A

J

jambon *m* [ʒɑ̃bɔ̃] Schinken I/8A
janvier *m* [ʒɑ̃vje] Januar II/2B
jaune [ʒon] gelb II/6A
je [ʒ(ə)] ich *(Personalpron., 1. P. Sg.)* I/1A
je voudrais [ʒ(ə)vudrɛ] ich möchte / ich hätte gerne I/8B
jean *m* [dʒin] Jeans II/6A
jeu *m* [ʒø] Spiel II/1A
jeudi *m* [ʒødi] (am) Donnerstag I/4B
jeune *m / f* [ʒœn] Jugendliche/r II/1A
jeune [ʒœn] jung II/6A
joli,e [ʒɔli] hübsch I/9B
jouer [ʒwe] spielen I/4A
jour *m* [ʒur] Tag I/4A
journal *m* [ʒurnal] (Schüler)Zeitung I/4A
journaliste *m / f* [ʒurnalist(ə)] Journalist/in II/8B
journée *f* [ʒurne] Tag II/2A
journée porte-ouverte f [ʒurnepɔrtuvɛrt(ə)] Tag der offenen Tür II/7A
juillet *m* [ʒɥijɛ] Juli I/9A
juin *m* [ʒɥɛ̃] Juni II/2B
jumelé,e [ʒym(ə)le] Partner- II/4A
jupe *f* [ʒyp] Rock II/6A
jus de pomme *m* [ʒyd(ə)pɔm] Apfelsaft I/8A
jusqu'à [ʒyska] bis I/6B

K

kilo *m* [kilo] Kilo I/8B
kilomètre *m* [kilɔmɛtr(ə)] Kilometer II/8A

L

là [la] da / dort I/2A
là-bas [laba] dort(hin) / da hinten II/1B
lait *m* [lɛ] Milch I/8A
lancer qc [lɑ̃se] etw. werfen II/5B
langue *f* [lɑ̃g] Sprache II/7A
**langue vivante f* [lɑ̃gvivɑ̃t] lebende Sprache II/7B
*lanterne rouge *f* [lɑ̃tɛrnəruʒ] Schlusslicht II/8B
latin *m* [latɛ̃] Latein II/7A
le [l(ə)], **la** [la], **l'** [l]; *pl* **les** [le(z)] *(bestimmte Artikel)* der, die, das; *Pl.* die I/E, I/2B
le [l(ə)], **la** [la], **l'** [l]; *pl* **les** [le(z)] *(direkte Objektpronomen)* I/7C
leçon *f* [l(ə)sɔ̃] Lektion II/5A
légume *m* [legym] Gemüse II/4A
lettre *f* [lɛtr(ə)] Brief I/9A
leur [lœr], **leurs** [lœr(z)] *Possessivbegleiter, 3. P. Pl.* I/5A
leur [lœr] *indirektes Objektpron. 3. P. Pl., m / f* II/3B
librairie *f* [librɛri / libreri] Buchhandlung I/7B
libre [libr(ə)] frei II/5B
*Liège [ljɛʒ] *frz. Name für* Lüttich II/4A
lièvre *m* [ljɛvr(ə)] Hase II/5A
ligne *f* [liɲ] Linie I/2A
limonade *f* [limɔnad] Limonade I/E
lire qc [lir] etw. lesen II/3A
lit *m* [li] Bett I/5B
litre *m* [litr(ə)] Liter I/8A
livre *m* [livr(ə)] Buch I/2B
loin (de) [lwɛ̃ d(ə)] weit weg (von) II/4B
loisirs *m pl* [lwazir] Freizeitbeschäftigungen I/4A
long, longue [lɔ̃, lɔ̃g] lang II/6A
luge *f* [lyʒ] Schlitten II/5A
lui [lɥi] *unverb. Personalpron. 3. P. Sg., m* II/1A; *indirektes Objektpron. 3. P. Sg., m / f* II/3B
lundi *m* [lɛ̃di] (am) Montag I/4B
lycée *m* [lise] Gymnasium I/6A
lycée professionnel m [liseprɔfesjɔnɛl / prɔfɛsjɔnɛl] *frz. Berufsschule* II/4A

M

madame *f* [madam] Frau *(in der Anrede)* I/1A
magasin *m* [magazɛ̃] Geschäft I/7B
magique [maʒik] magisch I/1A
mai *m* [mɛ] Mai II/2B
maillot *m* [majo] Trikot II/8B
maintenant [mɛ̃t(ə)nɑ̃] jetzt I/3B
mairie *f* [mɛri / meri] Rathaus / Stadtverwaltung II/4B
mais [mɛ(z) / me(z)] aber I/1B
maison *f* [mezɔ̃ / mɛzɔ̃] Haus I/1A
mal [mal] schlecht I/9C
malade [malad] krank I/5A
maman *f* [mamɑ̃] Mutter (Mutti / Mama) I/1A
manger [mɑ̃ʒe] essen I/8A
mannequin *m* [mankɛ̃] Fotomodell II/6A
manteau *m* [mɑ̃to] Mantel II/6A
*marathon *m* [maratɔ̃] Marathon II/2A
marché *m* [marʃe] Markt II/4A
mardi *m* [mardi] (am) Dienstag I/4B
mars *m* [mars] März II/2B
(école) maternelle *f* [(ekɔl) matɛrnɛl] Kindergarten II/7A
mathématiques *f pl* [matematik] Mathematik II/7B
maths (Abk.) m pl f pl [mat] Mathe *(Abk.)* I/6A
matin *m* [matɛ̃] Morgen I/4B
ce matin [s(ə)matɛ̃] heute Morgen II/1A
mauvais,e [mɔvɛ, mɔvɛz] schlecht II/3A
me / m' [m(ə)] *indirektes Objektpron. 1. P. Sg.* II/3B; *direktes Objektpron. 1. P. Sg.* II/4B
médecin *m* [metsɛ̃ / mɛdsɛ̃] Arzt II/3A
meilleur,e [mɛjœr / mejœr] beste,r,s II/8A
mél *m* [mɛl] E-Mail II/3B
même [mɛm] sogar II/1B
mentir [mɑ̃tir] lügen II/8B
*menuisier *m* [mənɥizje] Tischler / Schreiner II/4A
mer *f* [mɛr] Meer I/9A
merci [mɛrsi] danke I/1A
mercredi *m* [mɛrkrədi] (am) Mittwoch I/4B
mère *f* [mɛr] Mutter I/3B
message *m* [mesaʒ / mɛsaʒ] Nachricht II/2A
**Laissez votre message après le bip sonore.* [lese/lɛsevɔtrəmesaʒ/mɛsaʒaprɛl(ə)bipsɔnɔr] Hinterlassen Sie eine Nachricht nach dem Signalton. II/6B

météo *f* [meteo] Wettervorhersage II/5A
mètre *m* [mɛtr(ə)] Meter II/8A
**200 mètres nage libre* [døsɑ̃mɛtrənaʒlibr(ə)] Meter Freistil II/4B
métro *m* [metro] *Pariser U-Bahn* I/2A
mettre [mɛtr(ə)] setzen / stellen / legen I/8C; anziehen II/6A
**mettre le feu* [mɛtrəl(ə)fø] Feuer legen II/8A
midi *m* [midi] Mittag I/6B
mieux [mjø] besser II/7B Ac
mille [mil] tausend II/2A
milli (-litre, -gramme) *m* [mililitr(ə), miligram] Milli (-liter, -gramm) II/4A Ac
minute *f* [minyt] Minute I/6B
moche *(fam.)* [mɔʃ] hässlich II/6B
mode *f* [mɔd] Mode II/1B
moderne [mɔdɛrn(ə)] modern II/4A
moi [mwa] ich *(betonte Form von je)* I/1A
moins [mwɛ̃(z)] weniger I/6C; minus II/5A
mois *m* [mwa] Monat I/9A
mon [mɔ̃(n)], **ma** [ma]; *pl* **mes** [me(z)] *(Possessivbegleiter, 1. P. Sg.)* mein,e; *Pl.* meine I/3B
moniteur *m* [mɔnitœr] Betreuer II/1A
monsieur *m* [møsjø / məsjø] Herr *(in der Anrede)* I/1A
montagne *f* [mɔ̃taɲ] Berg / Gebirge I/9A
monter [mɔ̃te] aufsteigen II/4B
montrer [mɔ̃tre] zeigen II/4A
moyenne *f* [mwajɛn] Durchschnitt II/7B
musée *m* [myze] Museum I/7B
musique *f* [myzik] Musik I/4B
musique pop f [myzikpɔp] Popmusik I/4B

N

nager [naʒe] schwimmen II/1A
natation *f* [natasjɔ̃] Schwimmen II/4A
nature *f* [natyr] Natur II/5A
ne … jamais [n(ə)…ʒamɛ] nie II/5B
ne … pas [n(ə)…pa] nicht I/4A
ne … pas … non plus [n(ə)…pa…nɔ̃ply] auch nicht II/7B
ne … pas de [n(ə)…pad(ə)] kein I/8A
ne … personne [n(ə)…pɛrsɔn] niemand II/7B
ne … plus [n(ə)…ply] nicht mehr II/5B
ne … rien [n(ə)…rjɛ̃] nichts II/5B
neige *f* [nɛʒ] Schnee II/5A
neiger [neʒe / nɛʒe] schneien II/5A
neuf [nœf / nœv] neun I/2A
noir,e [nwar] schwarz II/6A
nom *m* [nɔ̃] Name II/1A
non [nɔ̃] nein / nicht I/1A
note *f* [nɔt] Note II/7B
notre [nɔtr(ə)], **nos** [no(z)] *(Possessivbegleiter, 1. P. Pl.)* unser,e; *Pl.* unsere I/5A
nourriture *f* [nurityr] Essen / Nahrung II/7B Ac
nous [nu(z)] wir *(Personalpron., 1. P. Pl.)* I/1A; *unverb. Personalpron. 1. P. Pl.* II/1A; *indirektes Objektpron. 1. P. Pl.* II/3B; *direktes Objektpron. 1. P. Pl.* II/4B
nouveau, nouvel, nouvelle [nuvo, nuvɛl] neu II/7B
nouvelle *f* [nuvɛl] Nachricht II/3B
novembre *m* [nɔvɑ̃br(ə)] November II/2B
nuage *m* [nɥaʒ] Wolke II/5A
nuit *f* [nɥi] Nacht I/4A
nul,le [nyl] miserabel, sehr schlecht II/3A
Il est nul! [ilɛnyl /ilenyl] Er ist eine Niete! I/2A
numéro *m* [nymero] Nummer I/5A
**faire le numéro de qn* [fɛrlənymerod(ə)kɛlkɛ̃] wählen II/2A

O

observer qc / qn [ɔpsɛrve] etw. / jdn beobachten II/5B
octobre *m* [ɔktɔbr(ə)] Oktober II/2B
œil *m* [œj] Auge II/6A
œuf *m* [œf] Ei I/6C
offrir qc à qn [ɔfrir] jdm etw. anbieten II/4B
okay [ɔke / ɔkɛ] okay II/7B Ac
on [ɔ̃(n)] man *(Personalpron., 3. P. Sg.) auch:* wir I/3A
oncle *m* [ɔ̃kl(ə)] Onkel I/9A
onze [ɔ̃z] elf I/2A
orangina *m* [ɔrɑ̃ʒına] *Getränk* II/1B
ordinateur *m* [ɔrdinatœr] Computer I/2B
organiser [ɔrganize] organisieren I/4A
ou [u] oder I/7B
où [u] wo I/2A; *Relativpron.* wo II/8B
d'où [du] woher I/2A
oublier qc / qn [ublijekɛlkəʃoz/kɛlkɛ̃] etw. / jdn vergessen II/1A
***Ouf!** *(fam.)* [uf] Uff! *(ugs.)* II/4B
oui [wi] ja I/1A
ouvrir qc [uvrir] etw. öffnen II/4B
Ouvrez … [uvre(z)] Öffnet …! I/2B

P

page *f* [paʒ] Seite II/8B
pain *m* [pɛ̃] Brot I/8A
pantalon *m* [pɑ̃talɔ̃] Hose II/6A
papa *m* [papa] Vater (Vati / Papa) I/1A
paquet *m* [pakɛ] Paket I/1B
par [par] pro II/8B
par exemple [parɛgzɑ̃pl(ə) / paregzɑ̃pl(ə)] zum Beispiel I/7B
parc *m* [park(ə)] Park II/1B
**Parc naturel régional m* [park(ə)natyrɛlreʒjɔnal] Naturschutzgebiet / Regionalpark II/5A
parce que [pars(ə)k(ə)] weil I/7A
Pardon. [pardɔ̃] Entschuldigung. I/6B
parents *m pl* [parɑ̃] Eltern I/3A
parfait,e [parfɛ, parfɛt] perfekt II/3B
parfum *m* [parfɛ̃] Parfum I/E
parler [parle] sprechen I/3A
parler à qn [parle] mit jdm sprechen I/9B
parler de qc / qn [parle] über etw. / jdn sprechen II/1A
**Tu parles. (fam.)* [typarl(ə)] Was du nicht sagst! *(ugs.)* II/2A
participer à qc [partisipe] an etw. teilnehmen II/7B
partir [partir] weg-, fortgehen / abfahren II/5A
**partir en fumée* [partirɑ̃fyme] brennen II/8A
partout [partu] überall II/2B
passer [pase] verbringen I/9A; vorbeigehen II/4B
passer qc à qn [pase] jdm etw. reichen II/4A
pâtes *f pl* [pat] Nudeln II/4A

pâtisserie *f* [patisri] Konditorei II/4B
pauvre [povr(ə)] arm II/1A
payer qc [pεje / peje] etw. (be)zahlen II/6A
pêche *f* [pεʃ] Angeln I/9A
pendant [pɑ̃dɑ̃] während II/1B
penser à qc / qn [pɑ̃se] an etw. / jdn denken II/1A
perdre qc / qn [pεrdr(ə)] etw. / jdn verlieren II/2B
père *m* [pεr] Vater I/3B
permettre qc à qn [pεrmεtr(ə)] jdm etw. erlauben II/6A
perruche *f* [pεryʃ / peryʃ] Wellensittich I/9B
personne *f* [pεrsɔn] Person II/2A
petit,e [p(ə)ti(t), p(ə)tit] klein I/9B
peu [pø] wenig I/8A
un peu de [ɛ̃pød(ə)] ein bisschen I/8A
peut-être [pøtεtr(ə)] vielleicht I/5A
*Pfut! *(fam.)* [pfyt] Pah! *(ugs.)* II/5A
photo *f* [fɔto] Foto I/7A
physique-chimie *f* [fizikʃimi] Physik-Chemie *(Schulfach)* I/6A
ping-pong *m* [piŋpɔ̃g] Tischtennis II/7A
piscine *f* [pisin] Schwimmbad I/9A
place *f* [plas] Platz I/7A
plage *f* [plaʒ] Strand II/1A
plaire à qn [plεr] jdm gefallen II/6B
plan *m* [plɑ̃] Plan I/7B
planche à voile *f* [plɑ̃ʃavwal] Surfbrett I/9A
plat *m* [pla] Gericht II/4A
pleuvoir [pløvwar / plœvwar] regnen II/5A
plus (de) [plys, plyzd(ə)] mehr (als), über II/6A
plusieurs [plyzjœr] mehrere II/8B
poche *f* [pɔʃ] Tasche II/2A
point *m* [pwɛ̃] Punkt II/7B
police *f* [pɔlis] Polizei II/2B
policier *m* [pɔlisje] Polizist II/2B
pomme *f* [pɔm] Apfel I/8A
pont *m* [pɔ̃] Brücke I/7A
pop-corn *m* [pɔpkɔrn(ə)] Popcorn II/2A
port *m* [pɔr] Hafen II/1B
portable *m* [pɔrtabl(ə)] Handy I/5A
porte *f* [pɔrt] Tür I/3B
porter [pɔrte] tragen I/8A
poster *m* [pɔstεr] Poster I/2B
*Pouh! *(fam.)* [pu] Puh! *(ugs.)* II/7A
pour [pur] für I/1B
pour cent [pursɑ̃] Prozent II/7A
pourquoi [purkwa] warum I/5A
c'est pourquoi [sε/sepurkwa] deshalb II/7A
pourquoi pas [purkwapa] warum nicht I/4B
pouvoir [puvwar] können I/9B
préférer [prefere] bevorzugen I/6A
premier,ère [prəmje, prəmjεr] erste,r,s II/7A
prendre [prɑ̃dr(ə)] nehmen I/7A, I/7B
prénom *m* [prenɔ̃] Vorname II/1A
préparer [prepare] vorbereiten I/3A
près de [prεd(ə)] nahe bei I/7B
presque [prεsk(ə)] fast II/8A
(l'école) primaire *f* [(ekɔl) primεr] Grundschule II/7A
principal *m* [prɛ̃sipal] Schuldirektor *für das collège* II/7A
printemps *m* [prɛ̃tɑ̃] Frühling II/5A
problème *m* [prɔblεm] Problem I/5A
prochain,e [prɔʃɛ̃, prɔʃεn] nächste,r,s II/7A
professeur *m / f* [prɔfesœr / prɔfεsœr] Lehrer/in I/2B
prof m / f (fam.) (Abk.) [prɔf] I/6A
programme *m* [prɔgram] Programm I/9A
projet *m* [prɔʒε] Projekt II/3B
promenade *f* [prɔmnad] Spaziergang II/4B
prospectus *m* [prɔspεktys] Prospekt II/8B
puis [pɥi(z)] dann I/7B
pull *m* [pyl] Pulli II/6A
pyramide *f* [piramid] Pyramide II/2A

Q

qu'est-ce que [kεsk(ə)] was *(Bestandteil einer Teilfrage)* I/3B
Qu'est-ce que c'est? [kεskəsε] Was ist das? I/2B
quand [kɑ̃(t)] wann I/6A; wenn I/9C
quand même [kɑ̃mεm] trotzdem II/5B
quarante [karɑ̃t] vierzig I/5B
quart *m* [kar] Viertel *(hier im Zusammenhang mit Uhrzeit)* I/6C
quartier *m* [kartje] Stadtviertel I/7B
quatorze [katɔrz] vierzehn I/3A
quatre [katr(ə)] vier I/2A
quatre-vingt-dix [katrəvɛ̃dis/diz/di] neunzig I/8B
quatre-vingts [katrəvɛ̃(z)] achtzig I/8B
*quatrième [katrijεm / katriεm] vierte, *hier: Bezeichnung für Klassenstufe* II/5A
*que [k(ə)] *Relativpron. (Objekt)* II/8B
quel, quelle, quels, quelles [kεl(z)] welche,r,s II/3B
**Quelle ville!* [kεlvil] Was für eine Stadt! II/4A
quelqu'un [kεlkɛ̃] jemand I/9C
quelque chose [kεlkəʃoz] etwas I/7C
quelques [kεlk(ə)] einige II/8A
question *f* [kεstjɔ̃] Frage I/6C
questionnaire *m* [kεstjɔnεr] Fragebogen II/7A
qui [ki] wer I/1A; *Relativpron. (Subjekt)* II/8B
à qui [aki] mit wem I/9C
chez qui [ʃeki] bei wem I/4B
de qui [d(ə)ki] von wem I/4A
pour qui [purki] für wen I/9C
quinze [kɛ̃z] fünfzehn I/3A
quinze jours [kɛ̃zʒur] zwei Wochen I/9A
Quoi? *(fam.)* [kwa] Was? *(ugs.)* II/2A

R

raciste [rasist(ə)] rassistisch II/3B
raconter [rakɔ̃te] erzählen I/9C
rallye *m* [rali] Rallye II/7A
ramasser qc [ramase] aufheben II/8B
randonnée *f* [rɑ̃dɔne] Wanderung I/9A
ranger [rɑ̃ʒe] (auf)räumen I/8A
rap *m* [rap] Rap I/4B
*rappeler [rap(ə)le] zurückrufen II/6B
rater qc [rate] etw. verpassen II/2B
rattraper qc [ratrape] etw. nachholen II/3A
*réalisation *f* [realizasjɔ̃] Verwirklichung II/6A

récréation *f* [rekreasjõ] Pause I/6B
regarder [r(ə)garde] ansehen I/3A
Regardez. [rəgarde] Schaut mal! I/2B
région *f* [reʒjõ] Region II/4A
renard *m* [r(ə)nar] Fuchs II/5A
rencontre *f* [rɑ̃kõtr(ə)] Begegnung II/4A
rencontrer qn [rɑ̃kõtre] jdn treffen II/1B
rendez-vous *m* [rɑ̃devu] Verabredung I/6A
rentrée *f* [rɑ̃tre] Schulanfang II/2A
rentrer [rɑ̃tre] nach Hause kommen I/5B
renverser qc / qn [rɑ̃vɛrse] etw. / jdn umwerfen II/3A
réparer [repare] reparieren I/4B
repas *m* [r(ə)pa] Essen II/4A
répéter [repete] wiederholen I/6B
Répétez. [repete] Wiederholt! I/2B
répondeur *m* [repõdœr] Anrufbeantworter II/6B
répondre [repõdr(ə)] antworten *(Konjugation wie attendre)* I/6C
*se reposer [sər(ə)poze] sich ausruhen II/8A
répugnant [repyɲɑ̃] widerlich II/7B Ac
restaurant *m* [rɛstɔrɑ̃ / rɛstorɑ̃] Restaurant I/E
rester [rɛste] bleiben I/3A
résultat *m* [rezylta] Ergebnis II/3A
retard *m* [r(ə)tar] Verspätung II/8A
être en retard [ɛtrɑ̃r(ə)tar] Verspätung haben II/8A
retourner [rəturne] zurückgehen / -kehren II/2B
rêver de qc / qn [rɛve / reve] von etw. / jdm träumen II/1A
rigoler [rigɔle] scherzen I/3A
rigolo [rigɔlo] lustig II/1A
robe *f* [rɔb] Kleid II/6A
rôle *m* [rol] Rolle II/3B
rouge [ruʒ] rot II/6A
route *f* [rut] Straße II/8B
rue *f* [ry] Straße I/1A
rugby *m* [rygbi] Rugby I/4B

S

s'il te / vous plaît [siltə / vuplɛ] bitte I/2B
S.V.T. = sciences de la vie et de la terre *f pl* [ɛzvete (sjɑ̃sdəlavied(ə)latɛr)] Biologie *(Schulfach)* I/6B
sable *m* [sabl(ə)] Sand II/1A
sac *m* [sak] Tasche II/2A
saison *f* [sɛzõ / sezõ] Jahreszeit II/5A
salade *f* [salad] Salat I/E
**salade niçoise* *f* [saladniswaz] Nizza-Salat II/4A
salle de bains *f* [saldəbɛ̃] Badezimmer I/5B
salle de classe *f* [saldəklas] Klassenzimmer I/2A
salle de machines *f* [saldəmaʃin] Maschinenraum II/4B
salle de séjour *f* [saldəseʒur] Wohnzimmer I/5B
Salut. [saly] Hallo. / Grüß dich. / Tschüss. I/1A
samedi *m* [samdi] (am) Samstag I/4B
SAMU *m* [samy] Notarzt II/3A
sandwich *m* [sɑ̃dwi(t)ʃ] *belegtes Brot, oft Baguette* I/6C
sans [sɑ̃(z)] ohne I/9A
savoir qc [savwar] etw. wissen II/1B
Je ne sais pas. [ʒən(ə)sɛpa] Ich weiß nicht. I/4B
scène *f* [sɛn] Szene II/3B
*scolaire [skɔlɛr] Schul- II/5A
sculpture *f* [skyltyr] Skulptur II/1B
secret *m* [s(ə)krɛ] Geheimnis I/4B
seize [sɛz] sechzehn I/3A
séjour *m* [seʒur] Aufenthalt II/5A
sel *m* [sɛl] Salz I/8A
semaine *f* [s(ə)mɛn] Woche I/4B
sept [sɛt] sieben I/2A
septembre *m* [sɛptɑ̃br(ə)] September II/2A
serveur *m* [sɛrvœr] Kellner II/7B Ac
seul,e [sœl] allein II/3B
seulement [sœlmɑ̃] nur / erst II/2A
si [si] doch II/4B
site *m* [sit] Internetseite I/7A
six [si(s) / siz] sechs I/2A
skateboard *m* [skɛtbɔrd] Skateboard I/E
ski *m* [ski] Schi / Ski II/5A
SNCF *f* [ɛsɛnseɛf] *frz. Eisenbahngesellschaft* II/8A

snowboard *m* [snobɔrd] Snowboard II/5A
sœur *f* [sœr] Schwester I/3B
soif *f* [swaf] Durst II/4A
soir *m* [swar] Abend I/4B
ce soir [səswar] heute Abend II/1A
soirée *f* [sware] Abend II/7B
soixante [swasɑ̃t] sechzig I/5B
soixante-dix [swasɑ̃tdis/diz/di] siebzig I/8B
soleil *m* [sɔlɛj] Sonne II/5A
son [sõ(n)], **sa** [sa]; *pl* **ses** [se(z)] *(Possessivbegleiter, 3. P. Sg.)* sein,e; *Pl.* seine / ihr,e; *Pl.* ihre I/3B
sondage *m* [sõdaʒ] Umfrage I/4A
sonner [sɔne] klingeln II/2A
sortie *f* [sɔrti] Ausgang, Ausflug II/8B
sortir [sɔrtir] hinausgehen / herauskommen / ausgehen II/5A
soupe *f* [sup] Suppe I/6C
souris *f* [suri] Maus I/1A
sous [su(z)] unter I/5B
souvent [suvɑ̃(t)] oft II/4A
spécialiste *m / f* [spesjalist(ə)] Spezialist/in II/5B
spectacle *m* [spɛktakl(ə)] Vorstellung II/7A
spectateur *m* [spɛktatœr] Zuschauer II/8B
sport *m* [spɔr] Sport I/4A
sport d'hiver m [spɔrdivɛr] Wintersport II/5A
sportif, sportive [spɔrtif, spɔrtiv] sportlich II/4A
*star *f* [star] Star II/1B
station *f* [stasjõ] Haltestelle / Bahnhof I/2A
station de métro f [stasjõd(ə)metro] *Pariser U-Bahn-Haltestelle* I/2A
station météo f [stasjõmeteo] Wetterstation II/5A
steak *m* [stɛk] Steak I/6C
*studio *m* [stydjo] Studio II/6A
stylo *m* [stilo] Stift I/2B
sucre *m* [sykr(ə)] Zucker I/8A
sud *m* [syd] Süden II/8A
super [sypɛr] super / toll I/1B
supermarché *m* [sypɛrmarʃe] Supermarkt I/8B
sur [syr] über I/4A; auf I/5A; von II/7B
surfer sur l'internet [sœrfesyrlɛ̃tɛrnɛt] im Internet surfen I/4A

surprise *f* [syrpriz] Überraschung I/8A
sympathique [sɛ̃patik] sympathisch I/9B
sympa (Abk.) [sɛ̃pa] sympathisch I/6A
synthé *(Abk.) m* [sɛ̃te] Keyboard I/5A

T

table *f* [tabl(ə)] Tisch I/3A
tableau *m* [tablo] Tafel I/2B
taille *f* [taj] (Kleider)Größe II/6A
tante *f* [tɑ̃t] Tante I/9A
tard [tar] spät II/5A
te / t' [t(ə)] *indirektes Objektpron. 2. P. Sg.* II/3B; *direktes Objektpron. 2. P. Pl.* II/4B
technologie *f* [tɛknɔlɔʒi] Informatik *(Schulfach)* I/6A
tee-shirt *m* [tiʃœrt(ə)] T-Shirt II/6A
téléphone *m* [telefɔn] Telefon I/5A
téléphoner à qn [telefɔne] jdn anrufen I/9A
télévision *f* [televizjõ] Fernseher I/5B
température *f* [tɑ̃peratyr] Temperatur II/5A
temps *m* [tɑ̃] Zeit II/3A; Wetter II/5A
Quel temps fait-il? [kɛltɑ̃fɛtil] Wie ist das Wetter? II/5A
tenir qc [t(ə)nir] etw. halten II/5B
*tenue *f* [t(ə)ny] Kleidung II/6A
test *m* [tɛst(ə)] Test II/6B
tête *f* [tɛt] Kopf II/3A
texte *m* [tɛkst(ə)] Text II/3B
texto *m* [tɛksto] SMS II/2A
TGV *m* [teʒeve] *frz. Schnellzug* II/8A
théâtre *m* [teatr(ə)] Theater II/7A
ticket *m* [tikɛ] Fahrkarte I/2A
timbre *m* [tɛ̃br(ə)] Briefmarke II/4B
toi [twa] du *(betonte Form von tu)* I/1A
toilettes *f pl* [twalɛt] Toilette I/6C
tomate *f* [tɔmat] Tomate I/6C
tomber [tõbe] fallen II/3A
ton [tõ(n)], **ta** [ta]; *pl* **tes** [te(z)] *(Possessivbegleiter, 2. P. Sg.)* dein,e; *Pl.* deine I/3B
toujours [tuʒur] immer I/6B
tour *f* [tur] Turm I/7A
Tour de France *m* [turdəfrɑ̃s] II/8A
touriste *m* [turist(ə)] Tourist I/7A
tourner [turne] abbiegen II/4B
tournoi *m* [turnwa] Turnier II/1A
tout, toute, tous, toutes [tu(t), tut, tu / tus / tuz, tut / tutz] alles II/2A; alle II/5A
tout à coup [tutaku] plötzlich II/1A
tout à l'heure [tutalœr] gleich II/8B
tout de suite [tutsɥit] sofort II/7B
tout droit [tudrwa] geradeaus II/4B
tout le monde [tul(ə)mõd] jeder(mann), alle II/7B
trace *f* [tras] Spur II/5A
train *m* [trɛ̃] Zug II/8A
travail *m* [travaj] Arbeit II/4A
travailler [travaje] arbeiten I/3A
traverser qc [travɛrse] etw. über- / durchqueren II/4B
treize [trɛz] dreizehn I/3A
trente [trɑ̃t] dreißig I/5B
très [trɛ(z)] sehr I/5A
trimestre *m* [trimɛstr(ə)] Vierteljahr II/7B
trois [trwa(z)] drei I/2A
trop [tro(p)] zu (viel) I/8C
trouver qc [truve] etw. finden II/2B
tu [ty] du *(Personalpron., 2. P. Sg.)* I/1A
type *m* [tip] Typ II/6B

U

un [ɛ̃(n)] *unbestimmter Artikel Singular, maskulin* I/1A
un [ɛ̃] eins I/2A
une [yn] *unbestimmter Artikel Singular, feminin* I/1A

V

vacances *f pl* [vakɑ̃s] Ferien I/9A
vélo *m* [velo] Fahrrad I/9A
vendeur / la vendeuse *m / f* [vɑ̃dœr / vɑ̃døz] Verkäufer / Verkäuferin I/8B
vendredi *m* [vɑ̃drədi] (am) Freitag I/4B
venir [v(ə)nir] kommen II/5B
**venir de faire qc* [v(ə)nirdəfɛr] *Zeitform: unmittelbare Vergangenheit* II/8B
vers [vɛr] zu *(Richtung)* II/5B
vert,e [vɛr, vɛrt] grün II/6A
veste *f* [vɛst(ə)] Jacke II/6A
vêtement *m* [vɛtmɑ̃] Kleidungsstück II/6A
vétérinaire *m* [veterinɛr] Tierarzt I/3A
vieux, vieil, vieille [vjø, vjɛj] alt II/7B
ville *f* [vil] Stadt I/9A
vingt [vɛ̃(t)] zwanzig I/3A
violet, violette [vjɔlɛ, vjɔlɛt] violett II/6A
visage *m* [visaʒ] Gesicht II/7B Ac
visite *f* [vizit] Besichtigung I/7A
visiter [vizite] besichtigen I/7A
visiteur *m* [vizitœr] Besucher II/7A
vite [vit] schnell II/3A
*voici [vwasi] hier II/4A
voilà [vwala] das ist I/E; da / dort / das ist / sind I/1A
voir qc / qn [vwar] etw. / jdn sehen II/4A
voisin *m* [vwazɛ̃] Nachbar I/5A
voisine *f* [vwazin] Nachbarin I/1B
voiture *f* [vwatyr] Auto II/3A
vol *m* [vɔl] Diebstahl II/2B
voler qc [vɔle] etw. stehlen II/2A
volley *m* [vɔlɛ] Volleyball II/1A
votre [vɔtr(ə)], **vos** [vo(z)] *(Possessivbegleiter, 2. P. Pl.)* euer, eure; Ihre *(Höflichkeitsform)*; *Pl.* eure; Ihre *(Höflichkeitsform)* I/5A
vouloir [vulwar] wollen I/9B
je voudrais [ʒ(ə)vudrɛ] ich möchte / ich hätte gerne I/8B
vous [vu(z)] ihr *(Personalpron., 2. P. Pl.)* / Sie *(Höflichkeitsform in der Anrede)* I/1A; *unverb. Personalpron. 2. P. Pl.* II/1A; *indirektes Objektpron. 2. P. Pl.* II/3B; *direktes Objektpron. 2. P. Pl.* II/4B
voyage *m* [vwajaʒ] Reise II/8A
vrai,e [vrɛ] wahr II/2A
vraiment [vrɛmɑ̃] wirklich II/1B
VTT *m* [vetete] Mountainbike I/9A
vulgaire [vylgɛr] vulgär / gewöhnlich II/7B Ac

Y

*y [i] *Pronomen* II/8A
yaourt *m* ['jaur(t)] Jogurt I/6C

Z

zéro [zero] null I/2A
Zut! *(fam.)* [zyt] Mist! *(ugs.)* II/1B

Les vêtements

Les vêtements

1 la chemise
2 le costume
3 le pull
4 le pantalon
5 la jupe longue
6 la jupe courte
7 le tee-shirt
8 le manteau
9 la veste
10 le jean
11 la robe
12 les baskets *f*
13 les chaussures *f*

Les couleurs

blanc, blanche
bleu,e
gris,e
jaune
noir,e
rouge
vert,e
violet,te

A

abbiegen tourner II/4B
Abend soir *m* I/4B, soirée *f* II/7B
heute Abend ce soir II/1A
Abendessen dîner *m* II/4A
aber mais I/1B
abfahren partir II/5A
Abfahrt départ *m* II/4A
Abfall déchet *m* II/8B
Abitur, Abschlussprüfung des *lycée* bac *(fam.) m* II/7A
acht huit I/2A
Achtung attention II/1A
achtzehn dix-huit I/3A
achtzig quatre-vingts I/8B
Adresse adresse *f* II/6A
aktiv actif, active II/7A
Aktivität activité *f* II/4A
alle tout, toute, tous, toutes II/5A, tout le monde II/7B
allein seul,e II/3B
alles tout II/2A
Das ist alles. C'est tout. I/8B
als comme I/4A
also *(ugs.)* alors I/1B
alt vieux, vieil, vieille II/7B
Alter âge *m* I/5A
Wie alt ...? ... quel âge? I/5A
Ananas ananas *m* I/E
jdm etw. **anbieten** offrir qc à qn II/4B
andere,r,s autre *m* / *f* II/2A
Angeln pêche *f* I/9A
Ankunft arrivée *f* II/4A
Anrufbeantworter répondeur *m* II/6B
jdn **anrufen** téléphoner à qn I/9A
ansehen regarder I/3A
antworten répondre I/6C
Anzeige déclaration *f* II/2B
anziehen *(Kleidung)* mettre qc II/6A
Aperitif apéritif *m* I/3A
Apfel pomme *f* I/8A
Apfelsaft jus de pomme *m* I/8A
April avril *m* II/2B
arabisch arabe I/3A
Arbeit travail *m* II/4A
arbeiten travailler I/3A
Arbeitslosigkeit chômage *m* II/8B
arm pauvre II/1A
Artikel *(Zeitung)* article *m* I/4B
Arzt médecin *m* II/3A
auch aussi I/3A
auch nicht ne ... pas ... non plus II/7B
auf sur I/5A
Auf Wiedersehen. Au revoir. I/1A
Aufenthalt séjour *m* II/5A
aufgrund à cause de II/7A
etw. **aufheben** ramasser qc II/8B
aufhören arrêter I/7A
auf etw. / jdn **aufpassen** faire attention à qc / qn II/3A
(Wurst)**Aufschnitt** charcuterie *f* II/4A
aufsteigen monter II/4B
Auge œil *m* II/6A
August août *m* I/9A
aus de I/2A
Ausflug excursion *f* II/4A, sortie *f* II/8B
Ausgang sortie *f* II/8B
ausgehen sortir II/5A
Ausstellung exposition *f* II/7A
Auto voiture *f* II/3A
Autobahn autoroute *f* I/E
Avenue avenue *f* II/6A

B

Bäckerei boulangerie *f* I/8B
Badezimmer salle de bains *f* I/5B
Baguette baguette *f* I/E
Bahnhof station *f* I/2A, gare *f* II/8A
Ballerinaschuh ballerine *f* I/4A
Band *(Musikgruppe)* groupe de musique *m* I/4B
Basketball basket *m* I/4A
Bauwerk construction *f* II/4B
Begegnung rencontre *f* II/4A
etw. **beginnen** commencer qc II/2A
bei *(im Zusammenhang mit Personen)* chez I/3A
zum **Beispiel** par exemple I/7B
Belgien Belgique *f* II/4A
belgisch belge II/4A
etw. / jdn **beobachten** observer qc / qn II/5B
Berg montagne *f* I/9A
berühmt célèbre II/1B
besichtigen visiter I/7A
Besichtigung visite *f* I/7A
beste,r,s meilleur,e II/8A
Besucher visiteur *m* II/7A
Betreuer moniteur *m* II/1A, animateur *m* II/5A
Bett lit *m* I/5B
bevorzugen préférer I/6A
Biologie *(Schulfach)* S.V.T. = sciences de la vie et de la terre *f pl* I/6B
bis jusqu'à I/6B
Bis bald! À bientôt. I/1B
Bis morgen. À demain. I/6A
ein **bisschen** un peu de I/8A
Bistro bistro *m* I/6C
bitte s'il vous plaît I/2B
blau bleu,e II/6A
bleiben rester I/3A
Blödmann idiot *m* II/5A
blond blond,e II/6A
Bonbon bonbon *m* II/8B
man **braucht** il faut I/8A
braun brun,e II/6A
bravo bravo II/4B
Brief lettre *f* I/9A
Briefmarke timbre *m* II/4B
jdm etw. **bringen** apporter qc à qn II/3B
Brot pain *m* I/8A
belegtes Brot sandwich *m* I/6C
Brücke pont *m* I/7A
Bruder frère *m* I/3B
Brunnen fontaine *f* I/7B
Buch livre *m* I/2B
Buchhandlung librairie *f* I/7B
bummeln faire les magasins I/7B
Bus bus *m* I/7B
Butter beurre *m* I/8A

C

Café café *m* I/7B
Camembert camembert *m* I/E
Camping camping *m* I/E
CD CD *m* I/3B
Cola coca *m* I/E
Comic B.D. = bande dessinée *f* I/7C
Computer ordinateur *m* I/2B
Cousin cousin *m* I/6A
Croissant croissant *m* I/2A

D

da alors II/2B
da / dort là I/2A
da hinten là-bas II/1B
da ist / sind voilà I/1A
Dame dame *f* II/2A
danach après I/6A
danke merci I/1A
dann après I/6A, puis I/7B, alors II/2B, ensuite II/3A
das ce I/2B
das ist c'est I/E, voilà I/E
das sind voilà I/1A, ce sont I/2B
das ça I/1A
das macht / ergibt ça fait I/3A
dauern durer II/2A

dein,e; *Pl.* **deine** *(Possessivbegleiter, 2. P. Sg.)* ton I/3B, ta I/3B; *pl* tes I/3B
an etw. / jdn **denken** penser à qc / qn II/1A
denn car II/7A
der, die, das; *Pl.* **die** *(bestimmte Artikel)* le, la, l'; *pl* les I/E, I/2B
deshalb c'est pourquoi II/7A
Dessert dessert *m* I/8A
deutsch allemand I/3A
Deutschland Allemagne *f* I/2A
Dezember décembre *m* II/2B
Diebstahl vol *m* II/2B
Diele couloir *m* I/5B
(am) **Dienstag** mardi *m* I/4B
diese,r,s *(Demonstrativbegleiter)* ce, cette, ces II/6B
Ding chose *f* II/3A
Diplom brevet *m* II/7A
Diskothek discothèque *f* II/6B
diskutieren discuter II/4B
doch si II/4B
Dokumentations- und Informationszentrum CDI *m* II/7A
(am) **Donnerstag** jeudi *m* I/4B
dort là I/2A
dort ist / sind voilà I/1A
dort(hin) là-bas II/1B
drei trois I/2A
dreißig trente I/5B
dreizehn treize I/3A
du tu *(Personalpron., 2. P. Sg.)* I/1A, toi *(betonte Form von tu)* I/1A
etw. **durchqueren** traverser qc II/4B
Durchschnitt moyenne *f* II/7B
Durst soif *f* II/4A
Dusche douche *f* I/5B
DVD DVD *m* I/3A

E

E-Mail mél *m* II/3B
egoistisch égoïste II/3A
Ei œuf *m* I/6C
ein, eine *(unbestimmte Artikel)* un, une I/1A
einige quelques II/8A
einkaufen faire les courses I/8B
jdn **einladen** inviter qn II/4A
Einladung invitation *f* II/7A
eins un I/2A
eintreten entrer I/8A
einverstanden d'accord I/4B
Eis glace *f* I/6C
Elefant éléphant *m* II/5A
elf onze I/2A
Eltern parents *m pl* I/3A
Ende fin *f* II/2A
endlich enfin I/6B
englisch anglais I/3A
... Meter **entfernt von etw. sein** être à ... mètres de qc I/9B
Entschuldigung. Pardon. I/6B
er *(Personalpron., 3. P. Sg.)* il I/2A
Erdbeere fraise *f* II/1B
Ergebnis résultat *m* II/3A
jdm etw. **erklären** expliquer qc à qn II/3B
jdm etw. **erlauben** permettre qc à qn II/6A
erst seulement II/2A
erste,r,s premier,ère II/7A
erzählen raconter I/9C
Es ist schön. il fait beau II/5A
Essen repas *m* II/4A
essen manger I/8A
Etage étage *m* I/1A
Etappe étape *f* II/8A
etwas quelque chose I/7C
euer, eure; *Pl.* **eure** *(Possessivbegleiter, 2. P. Pl.)* votre; *pl* vos I/5A
Euro euro *m* I/8B
Europa Europe *f* II/4A
Exkursion excursion *f* II/4A

F

Fahne drapeau *m* II/8B
Fahrkarte ticket *m* I/2A
Fahrrad vélo *m* I/9A
Fahrstuhl ascenseur *m* II/4B
fallen tomber II/3A
Familie famille *f* I/1A
Farbe couleur *f* II/6A
fast presque II/8A
Februar février *m* II/2B
etw. **feiern** fêter qc II/8B
Fenster fenêtre *f* II/4B
Ferien vacances *f pl* I/9A
Ferienlager colonie de vacances *f* I/9A, colo *(fam.) f* I/9C
Fernseher télévision *f* I/5B
Fete fête *f* I/2B
Feuer feu *m* II/8A
Film film *m* II/2A
etw. **finden** trouver qc II/2B
Flasche bouteille *f* I/8A
Fleischerei boucherie *f* I/8B
Flugzeug avion *m* II/8B
Flur couloir *m* I/5B
Formular formulaire *m* II/2B
fortführen continuer I/7A
fortgehen partir II/5A
Foto photo *f* I/7A
Fotoapparat appareil photo *m* II/5B
Fotomodell mannequin *m* II/6A
Frage question *f* I/6C
Fragebogen questionnaire *m* II/7A
jdn **fragen** demander à qn I/9A
Frankreich France *f* I/2A
französisch français I/E
Frau madame *(Anrede) f* I/1A, dame *f* II/2A
frei libre II/5B
(am) **Freitag** vendredi *m* I/4B
Freizeitbeschäftigungen loisirs *m pl* I/4A
Freund copain *m* I/1B, ami *m* I/3A
Freundin copine *f* I/1B, amie *f* I/3B
Frühling printemps *m* II/5A
Fuchs renard *m* II/5A
fünf cinq I/2A
fünfzehn quinze I/3A
fünfzig cinquante I/5B
für pour I/1B
Fußball foot *m* I/4A

G

Gebäude bâtiment *m* II/7B
jdm etw. **geben** donner qc à qn I/9C
Gebirge montagne *f* I/9A
Geburtstag anniversaire *m* I/8A
Herzlichen Glückwunsch zum Geburtstag! Bon / Joyeux anniversaire! I/8C
jdm **gefallen** plaire à qn II/6B
gegen contre II/8A
gegenüber (von) en face (de) II/4B
Geheimnis secret *m* I/4B
gehen aller I/6B
Es geht (gut). Ça va (bien). I/1A
Geht's dir gut? Ça va? I/1A
Wie geht's? Ça va? I/1A
gelb jaune II/6A
(Taschen)**Geld** argent (de poche) *m* II/8B
gemeinsam ensemble I/4B
Gemüse légume *m* II/4A
genial génial I/7A
genug assez II/6A
(Reise)**Gepäck** bagage *m* II/1A
geradeaus tout droit II/4B
Gericht *(Essen)* plat *m* II/4A
Geschäft magasin *m* I/7B
Geschenk cadeau *m* I/7C

Geschichte-Geografie *(Schulfach)* histoire-géo *f* I/6A
Geschwister frères et sœurs *m pl* I/3B
gestern hier II/1B
Getränk boisson *f* I/8A
etw. **gewinnen** gagner qc II/4B
es **gibt** il y a I/3A
Gitarre guitare *f* I/5A
Gitarrist / Gitarrenspieler guitariste *m* I/5A
gleich tout à l'heure II/8B
Glück la chance *f* II/3A
glücklich heureux,se II/2A
Grad degré *m* II/5A
Gramm gramme *m* I/8A
Grammatik grammaire *f* I/4B
grau gris,e II/6A
Griechisch grec *m* II/7A
groß grand,e I/9B
großartig formidable I/9B
(Kleider)**Größe** taille *f* II/6A
Großeltern grands-parents *m pl* I/3B
grün vert,e II/6A
Grundschule (l'école) primaire *f* II/7A
Grüß dich. Salut. I/1A
Viele **Grüße!** Grosses bises. II/1B
Gurke concombre *m* I/8B
gut bon,ne *(adj.)* I/1B, II/3A, bien *(adv.)* I/1A
Guten Tag. Bonjour. I/1A
Gymnasium lycée *m* I/6A

H

(Kopf)**Haar** cheveu *m* II/6A
haben avoir I/5A
ich hätte gerne je voudrais I/8B
Hafen port *m* II/1B
halb,e demi,e I/6B
Hallo. Salut. I/1A
etw. **halten** tenir qc II/5B
Haltestelle station *f* I/2A
Hamburger hamburger *m* II/1B
Handy portable *m* I/5A
Hase lièvre *m* II/5A
hässlich moche *(fam.)* II/6B
Haus maison *f* I/1A
Hausaufgaben devoirs *m pl* II/3A
nach **Hause kommen** rentrer I/5B
Heft cahier *m* I/2B
heiß chaud II/4A
ich **heiße** je m'appelle I/1A
Heißt du ...? Tu t'appelles ...? I/1B
jdm **helfen** aider qn II/6A
Hemd chemise *f* II/6A
herauskommen sortir II/5A
Herbst automne *m* II/5A
Herr *(in der Anrede)* monsieur *m* I/1A
herunterkommen descendre de qc II/1B
heute aujourd'hui I/6C
heute Abend ce soir II/1A
heute Morgen ce matin II/1A
hier ici I/2A
etw. **hinabsteigen** descendre de qc II/1B
hinausgehen sortir II/5A
hinter derrière I/5B
Hiphop hip-hop *m* I/6A
Hobby hobby *m* II/1A
Hof cour *f* I/4B
etw. / jdm **(zu)hören** écouter qc / qn I/3B
etw. / jdn **hören** entendre qc / qn II/8B
Hört zu! Écoutez. I/2B
Hose pantalon *m* II/6A
Hotel hôtel *m* I/9B
hübsch joli,e I/9B
Hund chien *m* I/1A
hundert cent I/8A
Hunger faim *f* II/4A

I

ich je *(Personalpron., 1. P. Sg.)* I/1A, moi *(betonte Form von je)* I/1A
Idee idée *f* I/5A
ihn *(direktes Objektpron.)* le I/7C
ihr,e; Pl. ihre *(Possessivbegleiter, 3. P. Sg., feminin)* son, sa; *pl* ses I/3B
Ihr,e; Pl. Ihre *(Possessivbegleiter, Höflichkeitsform)* votre; *pl* vos I/5A
ihr,e; Pl. ihre *(Possessivbegleiter, 3. P. Pl.)* leur; *pl* leurs I/5A
ihr *(Personalpron., 2. P. Pl.)* vous I/1A
immer toujours I/6B
in dans I/2A, en I/2A, à I/3B
Informatik *(Schulfach)* technologie *f* I/6A
Information information *f* II/8A
interessant intéressant,e I/9B
im **Internet surfen** surfer sur l'internet I/4A
Internetseite site *m* I/7A

J

ja oui I/1A
ja dann *(ugs.)* alors I/1B
Jacke veste *f* II/6A
Jahr an *m* I/5A, année *(Verlauf) f* II/5A
Jahreszeit saison *f* II/5A
Januar janvier *m* II/2B
Jeans jean *m* II/6A
jeder(mann) tout le monde II/7B
jemand quelqu'un I/9C
jetzt maintenant I/3B
Jogurt yaourt *m* I/6C
Journalist/in journaliste *m / f* II/8B
Jugendliche/r jeune *m / f* II/1A
Juli juillet *m* I/9A
jung jeune II/6A
Junge garçon *m* II/1B
Juni juin *m* II/2B

K

Kaffee café *m* I/7B
Kajak canoë *m* I/9A
kalt froid,e II/5A
Kantine cantine *f* I/6B
Karawane caravane *f* II/8B
Karotte carotte *f* I/8B
Karte carte *f* II/1A
Käse fromage *m* I/8A
Katalog catalogue *m* II/6A
Katze chat *m* I/9A
kaufen acheter I/8B
kein ne ... pas de I/8A
Kellner garçon *m* II/1B
kennen connaître qc / qn II/6B
Keyboard synthé *m* I/5A
Kilo kilo *m* I/8B
Kilometer kilomètre *m* II/8A
Kind enfant *m* I/3A
Kindergarten (école) maternelle *f* II/7A
Kino cinéma *m* I/E
Kino ciné *(Abk.) (fam.) m* II/2A
Kirche église *f* I/7A
Klasse classe *f* I/2A
Klassenzimmer salle de classe *f* I/2A
klassisch classique II/6A
Kleid robe *f* II/6A
Kleidungsstück vêtement *m* II/6A
klein petit,e I/9B
klingeln sonner II/2A
Klub club *m* II/8A
Knie genou *m* II/3A
kommen venir II/5B
(an)kommen arriver I/3B
nach Hause kommen rentrer I/5B
Kompott compote *f* II/4A

Konditorei pâtisserie *f* II/4B
können pouvoir I/9B
Konzert concert *m* I/5A
Kopf tête *f* II/3A
kosten coûter / coûter cher II/6B
Kostüm costume *m* II/3B
krank malade I/5A
Krankenhaus hôpital *m* I/3A
Krankenschwester infirmière *f* I/3A
Krankenwagen ambulance *f* II/3A
Krücke béquille *f* II/3B
Kuchen gâteau *m* II/4A
Küche cuisine *f* I/5B
Kunst *(Schulfach)* arts plastiques *m pl* I/6A
Künstler artiste *m* I/7B
kurz court,e II/6A
Viele **Küsse!** Grosses bises. II/1B

L

Landkarte carte *f* II/8A
lang long, longue II/6A
langweilig ennuyeux,se II/3B
Latein latin *m* II/7A
legen mettre I/8C
Lehrer/in professeur *m / f* I/2B, prof *(Abk.) m / f* I/6A
leicht facile I/E
Leistungsüberprüfung interrogation *f*, interro *(Abk.) f* I/4B
Leiter animateur *m* II/5A
Lektion leçon *f* II/5A
lernen apprendre I/7A
etw. **lesen** lire qc II/3A
letzte,r,s dernier,ère II/7A
Leute gens *m pl* II/1B
lieben aimer I/3B
lieber, liebe cher, chère II/4B
Lied chanson *f* II/7B
Limonade limonade *f* I/E
Linie ligne *f* I/2A
links von à gauche de I/7B
Liter litre *m* I/8A
lügen mentir II/8B
lustig drôle I/7A, rigolo II/1A

M

machen faire I/4A, I/4B
Mädchen fille *f* I/5B
magisch magique I/1A
Mai mai *m* II/2B
Mal fois *f* I/7B
Mama maman *f* I/1A
man *(Personalpron., 3. P. Sg.)* on I/3A
manche,r,s certain,s, certaine,s II/5B
Mann homme *m* II/3A
Mannschaft équipe *f* II/1A
Mantel manteau *m* II/6A
Markt marché *m* II/4A
März mars *m* II/2B
Maschinenraum salle de machines *f* II/4B
Mathematik mathématiques *f pl* II/7B, maths *(Abk.) f pl* I/6A
Maus souris *f* I/1A
Meer mer *f* I/9A
Mehl farine *f* I/8A
mehr (als) plus (de) II/6A
mehrere plusieurs II/8B
mein,e; Pl. meine *(Possessivbegleiter, 1. P. Sg.)* mon I/3B, ma I/3B; *pl* mes I/3B
Meister champion *m* II/8A
Meter mètre *m* II/8A
Metzgerei charcuterie *f* I/8B
Milch lait *m* I/8A
Milli (-liter, -gramm) milli (-litre, -gramme) *m* II/4A Ac
Mineralwasser eau minérale *f* I/8A
minus moins II/5A
Minute minute *f* I/6B
miserabel nul,le II/3A
Mist! *(ugs.)* Zut! *(fam.)* II/1B
mit avec I/2A
Mittag midi *m* I/6B
(am) **Mittwoch** mercredi *m* I/4B
Mode mode *f* II/1B
modern moderne II/4A
mögen aimer I/3B
sehr mögen adorer I/4A
ich mag j'aime I/E
ich möchte je voudrais I/8B
Monat mois *m* I/9A
(am) **Montag** lundi *m* I/4B
Morgen matin *m* I/4B
heute Morgen ce matin II/1A
morgen demain I/4A
Mountainbike VTT *m* I/9A
Museum musée *m* I/7B
Musical comédie musicale *f* II/3B
Musik musique *f* I/4B
Musikgruppe groupe de musique *m* I/4B
etw. tun **müssen** devoir faire qc II/7B
Mutter mère *f* I/3B, maman *f* I/1A

N

nach après II/2A
jdn **nachahmen** imiter qn II/1B
Nachbar voisin *m* I/5A
Nachbarin voisine *f* I/1B
nachher après I/6A, ensuite II/3A
etw. **nachholen** rattraper qc II/3A
Nachmittag après-midi *m* I/6B
Nachricht message *m* II/2A, nouvelle *f* II/3B
Nachrichten informations *f pl* II/8A
nächste,r,s prochain,e II/7A
Nacht nuit *f* I/4A
nahe bei près de I/7B
Name nom *m* II/1A
Natur nature *f* II/5A
natürlich bien sûr I/2A
neben à côté de I/7B
nehmen prendre I/7A, I/7B
nein non I/1A
etw. / jdn **nennen** appeler qc / qn II/7A
nett gentil,le II/3A
neu nouveau, nouvel, nouvelle II/7B
neugierig curieux,se II/2A
neun neuf I/2A
neunzehn dix-neuf I/3A
neunzig quatre-vingt-dix I/8B
nicht non I/1A, ne ... pas I/4A
auch nicht ne ... pas ... non plus II/7B
nicht mehr ne ... plus II/5B
nichts ne ... rien II/5B
nie ne ... jamais II/5B
niemand ne ... personne II/7B
Er ist eine **Niete!** Il est nul! I/2A
noch encore I/6B
noch ein autre *m / f* II/2A
Note note *f* II/7B
Notarzt SAMU *m* II/3A
November novembre *m* II/2B
Nudeln pâtes *f pl* II/4A
null zéro I/2A
Nummer numéro *m* I/5A
nur seulement II/2A

O

oder ou I/7B
etw. **öffnen** ouvrir qc II/4B
Öffnet ...! Ouvrez ... I/2B
oft souvent II/4A
ohne sans I/9A
Oktober octobre *m* II/2B
Oma grand-mère *f* I/3B
Onkel oncle *m* I/9A
Opa grand-père *m* I/3B
Ordner classeur *m* I/2B
organisieren organiser I/4A

P

Paket paquet *m* I/1B
Papa papa *m* I/1A
Parfum parfum *m* I/E
Park parc *m* II/1B
Partner- jumelé,e II/4A
Party fête *f* I/2B
Pause récréation *f*, récré *(Abk.) f* I/6B
perfekt parfait,e II/3B
Person personne *f* II/2A
Pfannkuchen crêpe *f* I/4B
Pferd cheval *m* I/9A
Physik-Chemie *(Schulfach)* physique-chimie *f* I/6A
Plan plan *m* I/7B
Platz place *f* I/7A
plötzlich tout à coup II/1A
Polizei police *f* II/2B
Polizist policier *m* II/2B
Pommes frites frites *m pl* I/6C
Popcorn pop-corn *m* II/2A
Popmusik musique pop *f* I/4B
Poster poster *m* I/2B
Postkarte carte postale *f* II/1B
preiswert bon marché II/6B
pro par II/8B
Problem problème *m* I/5A
Programm programme *m* I/9A
Projekt projet *m* II/3B
Prospekt prospectus *m* II/8B
Prozent pour cent II/7A
Prüfung examen *m* II/7A
Pulli pull *m* II/6A
Punkt point *m* II/7B
Pyramide pyramide *f* II/2A

R

Rallye rallye *m* II/7A
Rap rap *m* I/4B
rassistisch raciste II/3B
Rathaus hôtel de ville *m* I/7B, mairie *f* II/4B
(auf)**räumen** ranger I/8A
Recht haben avoir raison II/5A
rechts von à droite de I/7B
Regal étagère *f* I/5B
Region région *f* II/4A
regnen pleuvoir II/5A
jdm etw. **reichen** passer qc à qn II/4A
das **reicht** ça suffit II/4B
Reise voyage *m* II/8A
Reisebus car *m* II/4A
Reiseführer guide *m* II/1B
reiten faire du cheval II/1A
Rennen course *f* II/8B
Rennfahrer coureur *m* II/8A
reparieren réparer I/4B
Restaurant restaurant *m* I/E
Richtung direction *f* I/7B
Rock jupe *f* II/6A
Rohkost crudités *f pl* I/6C
Rolle rôle *m* II/3B
rot rouge II/6A
jdn (an)**rufen** appeler qn II/3A
Rugby rugby *m* I/4B

S

Sache chose *f* II/3A
jdm etw. **sagen** dire qc à qn II/3A
Salat salade *f* I/E
Salz sel *m* I/8A
(am) **Samstag** samedi *m* I/4B
Sand sable *m* II/1A
Schade! Dommage! II/2B
Schaut mal! Regardez. I/2B
scherzen rigoler I/3A
Schi ski *m* II/5A
jdm etw. **schicken** envoyer qc à qn II/6A
Schiff bateau *m* II/1B
Schinken jambon *m* I/8A
Schlacht bataille *f* II/5A
schlafen dormir II/5A
Schlagzeug batterie *f* I/5A
sehr **schlecht** nul,le II/3A
schlecht mauvais,e *(adj.)* II/3A, mal *(adv.)* I/9C
Schlemmer gourmand *m* II/2A
schlemmerisch gourmand,e II/4A
schließen fermer I/3B
Schließt ...! Fermez ... I/2B
schließlich enfin I/6B
Schlitten luge *f* II/5A
Schloss château *m* I/7B
Schlüssel clé *f* II/4A
Schmerzen haben avoir mal II/3A
Schnee neige *f* II/5A
Schneeball boule de neige *f* II/5A
Schneemann bonhomme de neige *m* II/5B
schneien neiger II/5A
schnell vite II/3A
Schnellhefter classeur *m* I/2B
Schokolade chocolat *m* I/8A
schon déjà I/2A
schön beau, bel, belle II/7B
Es / Das Wetter ist schön. il fait beau II/5A
Schrank armoire *f* I/5B
Das ist ja **schrecklich.** C'est l'horreur. *(fam.)* I/6B
jdm etw. **schreiben** écrire qc à qn II/3A
Schuh chaussure *f* II/6A
Schulanfang rentrée *f* II/2A
Schuldirektor *für das collège* principal *m* II/7A
Schule école *f* I/4B
Schüler/in élève *m / f* I/6B
Schülerzeitung journal *m* I/4A
Schulhof cour *f* I/4B
für etw **schwärmen** adorer I/4A
schwarz noir,e II/6A
schwer difficile II/3A
Schwester sœur *f* I/3B
Schwimmbad piscine *f* I/9A
schwimmen nager II/1A
Schwimmen natation *f* II/4A
sechs six I/2A
sechzehn seize I/3A
sechzig soixante I/5B
etw. / jdn **sehen** voir qc / qn II/4A
sehr très I/5A
sein être I/2A
sein,e; *Pl.* seine *(Possessivbegleiter, 3. P. Sg., maskulin)* son I/3B, sa I/3B; *pl* ses I/3B
seit depuis II/2B
Seite page *f* II/8B
September septembre *m* II/2A
setzen mettre I/8C
sie elle *(Personalpron., 3. P. Sg.)* I/2A, ils *(Personalpron., 3. P. Pl.)* I/2A, elles *(Personalpron., 3. P. Pl.)* I/2A, la *(direktes Objektpron. Singular)* I/7C, les *(direktes Objektpron. Plural)* I/7C
Sie *(Höflichkeitsform in der Anrede)* vous I/1A
sieben sept I/2A
siebzehn dix-sept I/3A
siebzig soixante-dix I/8B
singen chanter I/4B
Skateboard skateboard *m* I/E
Ski ski *m* II/5A
Skulptur sculpture *f* II/1B
SMS texto *m* II/2A
Snowboard snowboard *m* II/5A
sofort tout de suite II/7B
sogar même II/1B
Sohn fils *m* I/3B
etw. tun **sollen** devoir faire qc II/7B
Sommer été *m* II/5A
Sonne soleil *m* II/5A
(am) **Sonntag** dimanche *m* I/4A
sonntags le dimanche I/4A
Sonst noch etwas? Et avec ça? I/8B
Spanisch espagnol *m* II/7A

spät tard II/5A
Wie spät ist es? Quelle heure est-il? I/6B
Spaziergang promenade *f* II/4B
Spezialist/in spécialiste *m / f* II/5B
Spiel jeu *m* II/1A
spielen jouer I/4A
Spielkarte carte *f* II/1A
Spinat épinards *m pl* I/6C
Sport sport *m* I/4A, *(Schulfach)* gym *(Abk.) f* I/6A, E.P.S. = éducation physique et sportive *f* I/6B
Sporthalle gymnase *m* I/2A
sportlich sportif, sportive II/4A
Sprache langue *f* II/7A
sprechen parler I/3A
mit jdm sprechen parler à qn I/9B
über etw. / jdn sprechen parler de qc / qn II/1A
Spur trace *f* II/5A
Stadt ville *f* I/9A
Stadtverwaltung mairie *f* II/4B
Stadtviertel quartier *m* I/7B
Steak steak *m* I/6C
etw. **stehlen** voler qc II/2A
stellen mettre I/8C
Stereoanlage chaîne hi-fi *f* I/5B
Stift stylo *m* I/2B
Strand plage *f* II/1A
Straße rue *f* I/1A, route *f* II/8B
Streit dispute *f* II/5B
Student étudiant *m* I/3A
Stuhl chaise *f* I/5B
Stunde heure *f* I/6A
Stundenplan emploi du temps *m* I/6B
suchen chercher I/5A
Süden sud *m* II/8A
super super I/1B
Supermarkt supermarché *m* I/8B
Suppe soupe *f* I/6C
Surfbrett planche à voile *f* I/9A
sympathisch sympathique I/9B, sympa *(Abk.)* I/6A
Szene scène *f* II/3B

T

T-Shirt tee-shirt *m* II/6A
Tafel tableau *m* I/2B
Tag jour *m* I/4A, journée *(Verlauf) f* II/2A
Tag der offenen Tür journée porte-ouverte *f* II/7A
Tante tante *f* I/9A
Tanz danse *f* I/4A
Tasche sac *m* II/2A, poche *(Kleidung) f* II/2A
Tätigkeit activité *f* II/7B
tausend mille II/2A
an etw. **teilnehmen** participer à qc II/7B
Telefon téléphone *m* I/5A
Begrüßung am Telefon allô I/4B
Temperatur température *f* II/5A
Test interrogation *f*, interro *(Abk.) f* I/4B, test *m* II/6B
teuer cher, chère I/8A, II/2A
teuer sein coûter / coûter cher II/6B
Text texte *m* II/3B
Theater théâtre *m* II/7A
Tier animal *m* II/5A
Tierarzt vétérinaire *m* I/3A
Tisch table *f* I/3A
Tischtennis ping-pong *m* II/7A
Tochter fille *f* I/3B
Toilette toilettes *f pl* I/6C
toll super I/1B
Tomate tomate *f* I/6C
Tourist touriste *m* I/7A
tragen porter I/8A
von etw. / jdm **träumen** rêver de qc / qn II/1A
jdn **treffen** rencontrer qn II/1B
Trikot maillot *m* II/8B
etw. **trinken** boire qc II/4A
trotzdem quand même II/5B
Tschüss. Salut. I/1A
tun faire I/4A, I/4B
etw. tun müssen / sollen devoir faire qc II/7B
Tür porte *f* I/3B
Turm tour *f* I/7A
Turnhalle gymnase *m* I/2A
Turnier tournoi *m* II/1A
Turnschuh basket *f* II/6A
Typ type *m* II/6B

U

U-Bahn *(z.B. in Paris)* métro *m* I/2A
über sur I/4A, plus (de) II/6A
überall partout II/2B
jdn / etw. **überholen** doubler qn / qc II/3A
etw. **überqueren** traverser qc II/4B
Überraschung surprise *f* I/8A
Uhr(zeit) heure *f* I/6A, II/5A
um wie viel Uhr à quelle heure I/6A
Umfrage sondage *m* I/4A
umsteigen changer de I/7B
etw. / jdn **umwerfen** renverser qc / qn II/3A
und et I/1A
Unfall accident *m* II/3A
ungefähr environ II/2B
unser,e; *Pl.* **unsere** *(Possessivbegleiter, 1. P. Pl.)* notre; *pl* nos I/5A
unter sous I/5B
unterhaltsam amusant II/1A
Unterricht(-sstunde) cours *m* I/6A

V

Vater père *m* I/3B, papa *m* I/1A
Verabredung rendez-vous *m* I/6A
verbringen passer I/9A
Verein club *m* II/8A
etw. / jdn **vergessen** oublier qc / qn II/1A
Verkäufer vendeur *m* I/8B
Verkäuferin vendeuse *f* I/8B
verliebt amoureux,se II/2A
etw. / jdn **verlieren** perdre qc / qn II/2B
etw. **verpassen** rater qc II/2B
Verspätung retard *m* II/8A
Verspätung haben être en retard II/8A
verstehen comprendre I/7A
viel beaucoup I/8A
Viele Grüße / Küsse! Grosses bises. II/1B
vielleicht peut-être I/5A
vier quatre I/2A
Viertel *(Uhrzeit)* quart *m* I/6C
Vierteljahr trimestre *m* II/7B
vierzehn quatorze I/3A
vierzig quarante I/5B
violett violet, violette II/6A
Volleyball volley *m* II/1A
von de I/1B, sur II/7B
von … bis … de … à … I/6B
vor / vorher avant II/2A
vor *(örtlich)* devant I/3A
vorbeigehen passer II/4B
vorbereiten préparer I/3A
Vorname prénom *m* II/1A
Vorstellung spectacle *m* II/7A

W

Waffel gaufre *f* II/4A
wahr vrai,e II/2A
während pendant II/1B
Wald forêt *f* II/8A
Wanderung randonnée *f* I/9A

wann à quelle heure I/6A, quand I/6A
warm chaud,e II/4A
warten attendre I/6C
warum pourquoi I/5A
warum nicht pourquoi pas I/4B
was qu'est-ce que *(Bestandteil einer Teilfrage)* I/3B
Was ist das? Qu'est-ce que c'est? I/2B
Was? (ugs.) Quoi? *(fam.)* II/2A
wegen à cause de II/7A
weggehen partir II/5A
weil parce que I/7A
weiß blanc, blanche II/6A
weit weg (von) loin (de) II/4B
weiterführen continuer I/7A
welche,r,s quel, quelle, quels, quelles II/3B
Wellensittich perruche *f* I/9B
wenig peu I/8A
weniger moins I/6C
wenn quand I/9C
wer qui I/1A
bei wem chez qui I/4B
mit wem à qui I/9C
von wem de qui I/4A
für wen pour qui I/9C
etw. **werfen** lancer qc II/5B
Wetter temps *m* II/5A
Das Wetter ist schön. il fait beau II/5A
Wie ist das Wetter? Quel temps fait-il? II/5A
Wetterstation station météo *f* II/5A
Wettervorhersage météo *f* II/5A
Wettkampf compétition *f* II/4A
wichtig important,e II/1A
wie comment I/1B, comme I/2B
Wie alt ...? ... quel âge? I/5A
Wie geht es dir? Comment vas-tu? II/4A
Wie geht's? Ça va? I/1A
Wie spät ist es? Quelle heure est-il? I/6B
wie viel combien I/8A
Wie viel kostet ...? C'est combien? I/8B
Wie viel macht das? Ça fait combien? I/8B
wiederholen répéter I/6B
Wiederholt! Répétez. I/2B
Willkommen bienvenue *f* II/1A
Winter hiver *m* II/5A
Wintersport sport d'hiver *m* II/5A
wir *(Personalpron., 1. P. Pl.)* nous I/1A, on *(+ Verbform 3. P. Sg.)* I/3A
wirklich vraiment II/1B
etw. **wissen** savoir qc II/1B
Ich weiß nicht. Je ne sais pas. I/4B
wo où I/2A
woher d'où I/2A
Woche semaine *f* I/4B
zwei Wochen quinze jours I/9A
wohnen habiter I/3B
Wohnung appartement *m* I/1A
Wohnzimmer salle de séjour *f* I/5B
Wolke nuage *m* II/5A
wollen vouloir I/9B
wütend furieux,se II/2A

Z

etw. (be) **zahlen** payer qc II/6A
etw. **zählen** compter qc II/7B
zehn dix I/2A
Zeichnung dessin *m* II/7A
zeigen montrer II/4A
Zeit temps *m* II/3A
Zeitung journal *m* I/4A
Zentrum centre *m* II/4A
etw. **zerbrechen** casser qc II/5B
Zeugnis bulletin *m* II/7B
Zimmer chambre *f* I/3A
zu (viel) trop I/8C
zu *(Richtung)* vers II/5B
Zucker sucre *m* I/8A
zuerst d'abord I/6C
Zug train *m* II/8A
zunächst d'abord I/6C
zurückgehen / -kehren retourner II/2B
zusammen ensemble I/4B
Zuschauer spectateur *m* II/8B
zwanzig vingt I/3A
zwei deux I/2A
zwischen entre I/6B
zwölf douze I/2A

Die Zahlen

Les numéraux cardinaux

0	*zéro*	[zero]
1	*un / une*	[ɛ̃/yn]
2	*deux*	[dø]
3	*trois*	[trwa]
4	*quatre*	[katr]
5	*cinq*	[sɛ̃k]
6	*six*	[sis]
7	*sept*	[sɛt]
8	*huit*	[ɥit]
9	*neuf*	[nœf]
10	*dix*	[dis]
11	*onze*	[õz]
12	*douze*	[duz]
13	*treize*	[trɛz]
14	*quatorze*	[katɔrz]
15	*quinze*	[kɛ̃z]
16	*seize*	[sɛz]
17	*dix-sept*	[dis(s)ɛt]
18	*dix-huit*	[dizɥit]
19	*dix-neuf*	[diznœf]
20	*vingt*	[vɛ̃]
21	*vingt et un*	[vɛ̃teɛ̃]
22	*vingt-deux*	[vɛ̃tdø]
23	*vingt-trois*	[vɛ̃ttrwa]
24	*vingt-quatre*	[vɛ̃tkatr]
25	*vingt-cinq*	[vɛ̃tsɛ̃k]
26	*vingt-six*	[vɛ̃tsis]
27	*vingt-sept*	[vɛ̃tsɛt]
28	*vingt-huit*	[vɛ̃tɥit]
29	*vingt-neuf*	[vɛ̃tnœf]
30	*trente*	[trɑ̃t]
40	*quarante*	[karɑ̃t]
50	*cinquante*	[sɛ̃kɑ̃t]
60	*soixante*	[swasɑ̃t]
70	*soixante-dix*	[swasɑ̃tdis]
71	*soixante et onze*	[swasɑ̃teõz]
72	*soixante-douze*	[swasɑ̃tduz]
73	*soixante-treize*	[swasɑ̃ttrɛz]
80	*quatre-vingt***s**	[katrəvɛ̃]
81	*quatre-vingt-un*	[katrəvɛ̃ɛ̃]
82	*quatre-vingt-deux*	[katrəvɛ̃dø]
90	*quatre- vingt-dix*	[katrəvɛ̃dis]
91	*quatre-vingt-onze*	[katrəvɛ̃õz]
92	*quatre-vingt-douze*	[katrəvɛ̃duz]
100	*cent*	[sɑ̃]
1000	*mille*	[mil]
1000000	*un million*	[miljɔ̃]

Die Ordnungsahlen

Les numéraux ordinaux

1er	*le premier*	[prəmje]
1re	*la première*	[prəmjɛr]
2e	*le, la deuxième*	[døzjɛm]
3e	*le, la troisième*	[trwazjɛm]
4e	*le, la quatrième*	[katri(j)ɛm]
5e	*le, la cinquième*	[sɛ̃kjɛm]
6e	*le, la sixième*	[sizjɛm]
7e	*le, la septième*	[sɛtjɛm]
8e	*le, la huitième*	[ɥitjɛm]
9e	*le, la neuvième*	[nœvjɛm]
10e	*le, la dixième*	[dizjɛm]
11e	*le, la onzième*	[õzjɛm]
12e	*le, la douzième*	[duzjɛm]
13e	*le, la treizième*	[trɛ̃zjɛm]
14e	*le, la quatorzième*	[katɔrzjɛm]
15e	*le, la quinzième*	[kɛ̃zjɛm]
16e	*le, la seizième*	[sɛzjɛm]
17e	*le, la dix-septième*	[dis(s)ɛtjɛm]
18e	*le, la dix-huitième*	[dizɥitjɛm]
19e	*le, la dix-neuvième*	[diznœvjɛm]
20e	*le, la vingtième*	[vɛ̃tjɛm]
21e	*le, la vingt et unième*	[veteynjɛm]
30e	*le, la trentième*	[trɑ̃tjɛm]
70e	*le, la soixante-dixième*	[swasɑ̃tdizjɛm]
80e	*le, la quatre-vingtième*	[katrəvɛ̃tjɛm]
90e	*le, la quatre-vingt-dixième*	[katrəvɛ̃dizjɛm]
100e	*le, la centième*	[sɑ̃tjɛm]
1000e	*le, la millième*	[miljɛm]

Das Alphabet
L'alphabet

a [a]	**f** [ɛf]	**k** [ka]	**p** [pe]	**u** [y]	**x** [iks]
b [be]	**g** [ʒe]	**l** [ɛl]	**q** [ky]	**v** [ve]	**y** [igrɛk]
c [se]	**h** [aʃ]	**m** [ɛm]	**r** [ɛr]	**w** [dubləve]	**z** [zɛd]
d [de]	**i** [i]	**n** [ɛn]	**s** [ɛs]		
e [ə]	**j** [ʒi]	**o** [o]	**t** [te]		

Die Akzente
Les accents

Exemple:

l'accent aigu — *le cin**é**ma*

l'accent grave — *le fr**è**re*

l'accent circonflexe — *être, la fenêtre, l'h**ô**pital*

Die Cedille
La cédille

Die Cedille unter dem *c* bewirkt, dass *c* vor *a,o, u* als [s] gesprochen wird.

Exemple:
ça [sa]
français [frɑ̃sɛ]

Das Trema
Le tréma

Das Trema bewirkt, dass zwei aufeinander folgende Vokale getrennt gesprochen werden.

ï *i tréma* — *Exemple:* *Aïcha* [aiʃa]

Die Konsonanten
Les consonnes

[b] **b**onjour, ta**b**le
[d] **d**ouze, sala**d**e
[f] **f**acile, télé**ph**one
[g] ma**g**asin, ri**g**oler, ba**gu**ette
[ʒ] **j**ournal, **g**ymnase, sonda**g**e, ma**g**ique
[k] **c**arotte, é**c**ole, char**c**uterie, **qu**atre
[l] **l**ivre, e**ll**e
[m] **m**erci, po**mm**e
[n] **n**ous, copi**n**e, a**nn**iversaire
[ŋ] campi**ng**
[ɲ] Allema**gn**e, monta**gn**e
[p] **p**arfum, a**pp**artement
[r] **r**ue, a**rr**iver, jou**r**
[s] *stimmloses, zischendes s:* 
soupe, cla**ss**e, fran**ç**ais, pi**sc**ine, direc**t**ion
[z] *stimmhaftes, summendes s:* 
mai**s**on, **z**éro, le**s**‿amis, si**x**‿étudiants
[ʃ] **ch**ambre, **ch**er**ch**er
[t] **t**rois, ba**tt**erie, fê**t**e
[v] **v**ous, li**v**re, élè**v**e

Die Vokale
Les voyelles

[a] limon**a**de, **a**mi
[ə] l**e**, j**e**, r**e**garder
[e] id**ée**, parl**er**, cahi**er**, ferm**ez**, **é**tage
[ɛ] **ê**tre, p**è**re, av**e**c, c'**est**, m**ai**s
[i] l**i**t, sour**i**s, **i**l
[o] *geschlossenes o:* métr**o**, tabl**eau**, all**ô**
[ɔ] *offenes o:* enc**o**re, c**o**llège
[ø] *geschlossenes „ö":* monsi**eu**r, j**eu**di
[œ] *offenes „ö":* s**œu**r, b**eu**rre
[u] **ou**, **où**, j**ou**r
[y] **u**ne, t**u**, sal**u**t

Die Nasalvokale
Les voyelles nasales

[ɑ̃] **an**, restaur**an**t, apparte**men**t, ch**am**bre
[ɔ̃] **on**ze, m**on**, c**om**bien
[ɛ̃] c**in**q, **un**, m**ain**tenant

Die Halbvokale
Les semi-voyelles

[j] fami**ll**e, fi**ll**e, b**i**en
[ɥ] c**u**isine, h**u**it
[w] m**oi**, v**oi**là, **oui**

Stichwortverzeichnis • *Index*

Bildnachweis • ***Références photographiques***

Umschlag	V. Bussolin, Crest M. Piel, Hennef
S. 9	B. Ösbaz, Hofheim a.T.; S. Dietsche, Königstein; Walt Disney 2004; Fondation Maeght; V. Bussolin, Crest
S. 10	S. Dietsche, Königstein
S. 12	I. Diedrigkeit, Potsdam
S. 13	J. Müller, Rötha
S. 17	I. Diedrigkeit, Potsdam
S. 19	M.-H. Stucky, Planckstadt; S. Dietsche, Königstein; M. Piel, Hennef; Fondation Maeght
S. 24	Éditions Normandes LE GOUBEY-CAEN
S. 26–28	V. Bussolin, Crest
S. 28, 29	H.Thumser, Frankfurt; B. Guzzi, Gréasque; S. Dietsche, Königstein;
S. 30, 32	I. Diedrigkeit, Potsdam
S. 31, 32	V. Bussolin, Crest
S. 34, 35	V. Bussolin, Crest
S. 35	S. Dietsche, Königstein
S. 39	M. Dietsche, Königstein
S. 43	S. Dietsche, Königstein; M. Piel, Hennef; H. Thumser, Frankfurt
S. 45	I. Diedrigkeit, Potsdam
S. 49	© Picture-Alliance/Akg-Images; Walt Disney 2004
S. 56	Sam Bellet; Daniel Rapaich/SCIM Ville de Lille; B. Ösbaz, Hofheim a.T.; Picture-alliance/dpa; Siemens Transportation System
S. 59, 61	S. Dietsche, Königstein
S. 62	R. Gerber, Potsdam; I. Diedrigkeit, Potsdam; S. Dietsche, Königstein; M. Piel, Hennef
S. 63	I. Diedrigkeit, Potsdam
S. 65, 76	S. Dietsche, Königstein
S. 77	Werek Pressebildagentur/Ullstein Bild
S. 78, 79	C. Junge, Althen
S. 80	Robert van der Hilst/Corbis
S. 81	N. Bartel, Dortmund
S. 82	S. Dietsche, Königstein; H. Thumser, Frankfurt; W. Posselt, Rötha
S. 84	Larousse/VUEF 2003
S. 88, 89	N. Bartel, Dortmund
S. 93	M. Dietsche, Königstein
S. 96	V. Bussolin, Crest
S. 97	I. Diedrigkeit, Potsdam
S. 98	S. Dietsche, Königstein
S. 100	I. Diedrigkeit, Potsdam
S. 101	Zeppelin/Action Press
S. 104, 105	V. Bussolin, Crest
S. 108	R. Gerber, Potsdam
S. 109	ddp/Ullstein Bild; Ehapa-Verlag, Stuttgart; B. Ösbaz, Hofheim a.T.; Pix United
S. 110	Flammarion, Paris
S. 113	S. Dietsche, Königstein
S. 126	ZITS Partnership, 1997, distributed by King features syndicate
S. 129	L'Express 7/8/2003
S. 132	I. Diedrigkeit, Potsdam
S. 133	Das Rennrad-Magazin 7, Juli 2003, Christian Rolle
S. 137	S. Dietsche, Königstein; M. Piel, Hennef
S. 138	M. Dietsche, Königstein
S. 139	L'Express 19/6/2003
S. 141	M. Piel, Hennef; R. Grassl, Mannheim; Reuters/Corbis/Wolfgang Rattay
S. 145	S. Dietsche, Königstein M. Piel, Hennef
S. 148	B.Guzzi, Gréasque; MEV/Michael Pohl
S. 149	B.Guzzi, Gréasque
Vorsatz hi.	Office du tourisme, Lille, plan map 2002